陌生人的力量

The
Power of
Strangers

The Benefits of
Connecting in a
Suspicious World

[美] 乔·基奥恩 / 著

傅岳竹　孙敏唯 / 译

中信出版集团 | 北京

图书在版编目（CIP）数据

陌生人的力量 / （美）乔·基奥恩著；傅岳竹，孙
敏唯译 . -- 北京：中信出版社，2023.1
　书名原文：The Power of Strangers
　ISBN 978-7-5217-4838-3

　Ⅰ . ①陌… Ⅱ . ①乔… ②傅… ③孙… Ⅲ . ①心理交
往—通俗读物 Ⅳ . ① C912.11-49

中国版本图书馆 CIP 数据核字（2022）第 203675 号

陌生人的力量
著者：　　〔美〕乔·基奥恩
译者：　　傅岳竹　孙敏唯
出版发行：中信出版集团股份有限公司
　　　　　（北京市朝阳区惠新东街甲 4 号富盛大厦 2 座　邮编　100029）
承印者：　北京盛通印刷股份有限公司

开本：880mm×1230mm　1/32　　印张：12.75　　　　字数：280 千字
版次：2023 年 1 月第 1 版　　　印次：2023 年 1 月第 1 次印刷
京权图字：01–2022–5473　　　　书号：ISBN 978–7–5217–4838–3
　　　　　　　　　　定价：69.00 元

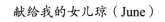

献给我的女儿琼（June）

真正的探索之旅，青春永驻的唯一源泉，并非奔赴异域，而是见他人之所见，透过他人的眼睛，欣赏感悟这茫茫宇宙、大千世界，从千百个人眼中窥得千百个宇宙，从千百个人眼中凝视千百个灵魂。

——马塞尔·普鲁斯特（Marcel Proust）

我的经验告诉我，一个与我邂逅的陌生人身上，可能会有一种令人难以抗拒的吸引力。这种吸引力往往会颠覆我们所囿于的常规视角，宛如一阵风可能吹落舞台的背景板。有些东西看似近在咫尺，却远在天边，而有些东西看似遥不可及，实则触手可及。

——加布里埃尔·马塞尔（Gabriel Marcel）

当你是陌生人时，人们会变得古怪起来。

——吉姆·莫里森（Jim Morrison）

目录

序　言
出租车里的陌生人

首先，我想和你分享一个关于陌生人的故事。

几年前，我有幸在楠塔基特岛上度过了两周，参加编剧家们的一个活动。我和另外三个作家共居一室，磨炼写作能力，和同行见面交流。此间，我们抽空参加了各种聚会，悠闲自如地享受美酒佳肴。一天清晨，天还没亮，我们的聚会刚结束，四个人走到外面，等着搭出租车回去。我告诉几位作家，尽管我从事的纸媒体可能真的江河日下，逐渐被人们遗忘，尽管我的未来、我的希望以及我的梦想一片渺茫，但我也不会牺牲这种体验来换个行当，因为这份工作给我提供了一个机会，让我既可以和陌生人交流，也能顺道养活自己。我接着说，和不认识的人说话时，你会发现他们都有金子般的闪光点，每个人至少会有某个观点或给你带来惊喜，或让你不禁莞尔，或让你感到震惊，或让你深受启发。陌生人通常不需要什么激励就会告诉你一些事情，有时候这些事情会让你走向深刻，让你重新获悉人类多彩而富有魅力的经历，抑或让你设身处地地体味到他人的痛苦。陌生人在讲述自己的故事时，展现了他们独立的精神世界。当你被允许走进他们的世界时，你可以内化其中的养分，让自己获得成长，由此变得更有智慧，更能感同身受、理解他人。

出租车终于出现了，司机是一位老妇人。我们几个迅速挤了进去。我刚才说过，我喜欢和陌生人打交道，现在我想让朋友们看看我的本事。（如你接下来所见，我对出租车司机有一种特别的好感。）于是我开口问女司机在楠塔基特岛生活的情况，她娓娓道来。接着我问了些其他事，她对答如流。谈话渐入佳境，她对我们的交谈感到舒适。短短20分钟的车程，她敞开心扉，向我们讲述了自己的人生故事。她出生于曼哈顿上西区，生来便享有荣华富贵。当她还小的时候，当地上层社会盛行一种病态的风尚，家家户户随大溜，纷纷捆绑孩子的小腿，而她的父母也不外如是。她解释说，当时人们认为，小孩子的腿要是没有被捆绑过的话，就显得不够优雅。社会名流如果被人看到和这样的孩子待在一起，则会深感羞辱。凡此种种，不过是为了让这些所谓的正人君子免遭羞辱罢了。

父母出于无知捆绑了她的小腿，她却因此落下残疾，不能正常行走。我不禁开口问道："当你的父母意识到问题时，他们采取了什么补救措施吗？他们咨询过外科医生或理疗师吗？他们试图弥补他们所造成的伤害，让自己的亲生女儿恢复正常的行走能力吗？他们为此向你道歉了吗？"

出租车司机说："没有。"

"那他们做了什么？"

"他们带我去上舞蹈课。"

"天哪!"我惊讶道,"他们为什么让你去上舞蹈课呢?"

她回答道:"因为他们想教我更优雅地摔倒。"

读者朋友们,我的祖父、父亲和兄弟都是马萨诸塞州波士顿的爱尔兰天主教殡葬师。这样的成长背景塑造了我的世界观和幽默感,我种种情绪皆源于此。我想说,关于人类的悲惨境遇,我这辈子从未听到比这更精妙的总结了——就在这个夜里,这个陌生人向我讲述的一个发生在大西洋小岛上的"搬起石头砸到自家孩子的脚"的故事。

那次交谈后,我开始思考关于陌生人的种种问题。为什么我们不与陌生人交流?我很好奇。我们什么时候才会与陌生人交流?当我们这样做的时候会发生什么?实际上,除了工作需要,我在外确实没有和陌生人交谈过。我有这份工作,还有一个年幼的女儿,所谓的去平衡工作和生活经常感觉像是一场消耗战。我几乎没有时间在可以与陌生人交谈的场所驻足流连,也没有精力去和他们细细交谈。即使我真的挤出半个小时待在酒吧或咖啡馆,我也不跟人开口攀谈。因为当我这样做的时候,总会事与愿违。我估计是因为我的大脑有点短路了,对此,有小孩的父母估计都深有同感吧。我通常独处一隅、畏葸不前,要么翻看闲书,要么一直内心毫无波澜地浏览着手机信息,几分钟后,我就完全记不得在手机上刷了什么了,这种感觉很不好。结果是,我不再和他人说话,哪怕眼神交流都觉得多余,因为眼神交流让人感觉像是一件苦差。

让我感到意外的是，让自己从与他人的交流中退出真是易如反掌。城市社会学家理查德·森尼特（Richard Sennett）毕生都在研究城市，他一直提倡一个叫作"摩擦"①的理念，也就是促使你和陌生人互动的低效率事件，比如向屠夫询问烧烤技巧，向路人问路，或者打电话订比萨。这些行为看起来微不足道、多此一举，而且随着技术的进步，与陌生人的互动越发没有必要。我怀疑，这样的技术进步正在削弱我们的社交能力。我自己便是个典型。即使便利店收银员那里没人排队，我也总选择自助通道结账，这是为什么呢？当店员问我打算买些什么时，我为什么会烦躁不爽？虽然我很清楚，陌生人会告诉我的事情通常比推特上流传的蛊惑人心的信息泥石流有趣得多，但为什么我还是沉溺在自己的手机世界里，不和陌生人聊天？这些问题的答案，我也不大清楚，但我确实没再和陌生人交流。对此，我的感觉并不太好。

尽管如此，在一些时候，我最终还是选择和陌生人交谈，就像在楠塔基特岛上，我们相谈甚欢，仿佛打开了一个新世界。我从中学到新的观点、了解到有趣的见闻、领会到思考问题的不同方式，当然，也听了一个好故事。除此之外，更重要的是，这让我如释重负，尽管这话说出来很奇怪，但我也想知道为什么我会有这种感觉。

这些问题一直萦绕于我的脑海，甚至渗透到我的日常工作中。有一次，当我采访演员艾伦·阿尔达（Alan Alda），问他

---

① 理查德·森尼特曾说，公共空间的重要角色之一就是带来一些社交的摩擦，让本不会遇见的人聚到一起。——译者注

怎么向科学家传授沟通技巧时，我就提到了那次与陌生人交谈之后奇怪的解脱感。听到这一点，他面露喜色。"那种如释重负的感觉对我来说特别明显，"他说，"以至我想知道为什么与他人交谈不是一种正反馈。为什么我们不能本能地去与人交流呢？"

是啊，人们为什么不能本能地去和陌生人交流呢？

人们一听说是陌生人，就感觉来者不善。著名乡村歌手默尔·哈格德（Merle Haggard）没有给他的乐队取名为"陌生人"，因为他想让我们相信乐队成员都是好公民。如果他真的把乐队取名叫"陌生人"，那是他想告诉我们乐队成员很危险。希区柯克的电影《火车怪客》（*Strangers on a Train*）讲的并非在火车上邂逅一个浪漫的伴侣，或是认识一个新客户、交到一个新朋友，也不是在旅行中和人展开激烈对话而拓宽了思维。电影讲述的是，如果你不小心，一个外表迷人的精神病患者就将把你卷入谋杀你的妻子、害死他的父亲的阴谋中。威廉·戈尔丁（William Golding）的小说《蝇王》（*Lord of the Flies*）最初的名字并不叫《内心深处的陌生人》（*Strangers from Within*），因为被关在一个岛上的痛苦经历激发了英国男学生最好的一面。

当然，还有最著名的"陌生人"。阿尔贝·加缪（Albert Camus）的小说《局外人》（*The Stranger*）讲述的并非一个阿尔及尔人来到法国，向当地人介绍阿尔及利亚丰富的饮食和文化传统，并过上了美好生活的故事。相反，小说的主人公几乎与世隔绝，甚至对自己都感到很陌生。当他的母亲去世时，他无动于衷。在一次意外中他失手杀了人，他思考着在行刑那天，他面对绞刑架时，一大群观众冲他发出仇恨的叫喊声，这是唯一件能让他感到不那么孤独的事。事实上，他堪称史上第一个"网络喷子"。

自从有陌生人这个概念以来，我们就一直对陌生人抱有畏惧，即使有些人看起来友好，我们依然觉得他们毫无逻辑、背信弃义、道德败坏、身心不洁。这种观念由来已久，在狩猎–采集时代就已产生。随着乡村、城市和国家的出现，这种观念逐渐深化。20 世纪 80 年代美国曾一时兴起"陌生人是危险的"这个观念。特斯拉首席执行官埃隆·马斯克也不能免俗，将地铁乘客描述为"一群随机的陌生人，其中一个可能是连环杀手"。甚至在 2018 年，富饶的佐治亚州哈里斯县的一名警长还当众树立了一个警示牌，上面赫然写着："欢迎来到佐治亚州哈里斯县，我们的公民都有武器防身，一旦你杀了人，我们就可能会杀了你。我们有 1 个监狱和 356 块墓地。祝您旅程愉快！"

时至今日，我们依然难以与陌生人相处。西方正遭遇着广泛的政治动荡，一方面是因为陌生人不断迁移进来，这些人与西方文化并不契合。他们为了逃离战争、连年贫困和当局暴政，来西方寻求一处安全的庇护所，寻找充分发展的机会。这给许多西方人造成了归属感和自我认知的冲击。

随着这些新面孔纷纷出现，我们对陌生人本就有的恐惧变得越发强烈，他们遭到当地人的一致抵制，由于人们缺乏相互理解，反对呼声声势浩大。根据几项民意调查，西方人过分高估了移民的规模，也过分低估了新移民融入新国家的能力。

　　另一方面，政治两极分化、种族隔离、阶级歧视和不平等现象已然将一国的同胞变成陌生人。事实上，在美国，无论如何人们都无法忍受彼此的目光。2016 年，皮尤研究中心发现，"目前政治党派对于敌对党的看法比近 25 年以来的任何时候都更加负面"。三年过后，皮尤研究中心的报告称，"分裂和敌意的程度进一步加深"，双方党派都有越来越多的拥趸认为对方阵营成员比自己更没有道德，思想更狭隘。双方都不知道如何理解对方，因为双方根本就没有尝试去理解。跨越党派的友谊越发少见。两极分化使他们各自为政，双方不仅不愿意开诚布公，而且懒得顾及对手，哪怕细想一下他们那缺乏意志、毫无同理心、没有积极性且低智、邪恶、愚蠢的废物对手（对手甚至称不上人）都会感觉在浪费时间。

　　然而，具有讽刺意味的是，当今的政治环境不断要求我们与同党派的人团结一致，但同时我们也会产生深深的孤独感，这种孤独感很危险。研究发现，在美国和英国，有很多人感到孤独，尤其令人震惊的是，越来越多的年轻人的孤独程度甚至超过了老年人。医学研究人员发现，孤独对人的危害不亚于吸烟，成为真正威胁公共健康的因素。

　　孤独的原因错综复杂。当科技减少我们和陌生人交谈的需要时，我们的社交能力就会减弱，同时结识新朋友的能力也在削弱。随着越来越多的人涌入城市，我们离开了熟悉的亲朋好友，身边是一群又一群陌生人，这让我们很难与街坊邻居产生联结感。随着全球化的持续发展，数百万人迁移流动，当我们和邻居交谈时，可能就像和身在印度的陌生人交流别无二致。这创造了一种现象，政治学家克里斯·拉姆福德（Chris Rumford）称之为"陌生感"。

"对于那些日常生活中我们亲近的地方，我们可能不再感觉完全为我们所有了。"他写道，"我们居住在当地社区，感觉到街坊邻居生活在一起，但并没有觉得大家有多么团结友爱，这种感觉不像是待在社区……我们不再确定'我们'到底意味着什么，也很难分辨谁是'我们'的一员，谁是外部成员……陌生感意味着，我们必须意识到'我们'对他人来说也可能就是陌生人。"

当然，不只是大城市有这种状况，小城镇也无法置身事外。在城乡小镇，人口迁移和社会经济因素形成合力，造成深刻的变化，甚至可以使我们的家乡变得面目全非，倒是我们自己，在土生土长的地方竟成了陌生人。可以料想，当环境日益多元化时，和新来的陌生人交谈会让我们焦虑不安，这无关彼此的政治倾向。有时，这种焦虑让我们避免与不同人群甚至是自身群体交流接触。

凡此种种，都让我们感到漂泊无根，仿佛脱离了周围的世界。"我们从根本上改变了生活的环境，"神经科学家约翰·卡乔波（John Cacioppo）生前如此写道，他整个职业生涯都在研究孤独，"随着全球资本主义的发展，职业模式、居住模式、死亡模式、社会政策也发生变化，数百万人早已感受到长期的孤独，而世界上许多地方采取的生活方式让这种孤独感更为严重。"

在过去的 200 万年里，陌生人之间大多关系不善，有鉴于此，有人愿意和他们搭话就已经算是一个奇迹了。然而，我们做到了，我们也必须和陌生人交谈。因为没有陌生人，我们将一事无成，我自己的人生经历便是铁证。我不是一个盲目乐观的人，我当然知道人类彼此造成了何种伤害，我对此深感绝望。在这个世界上生活了 40 年后，我再次震惊于这种伤害是多么没有必要，毫无意义和道理。对我来说，智人常常是一种极度混乱、自相矛盾和自带毁灭性的生物。然而，我生命中一些让我快速成长的经历都得益于和陌生人之间的交流。

那是在大学期间，我在费城郊外的一家乐器店里弹着贝斯，这时走进来一个戴着牛仔帽的中年黑人。他看着我，又转头看着贝斯，最后看向我，慢吞吞地说："你这臭小子，看起来倒有几分柯南·奥布莱恩（Conan O'Brien）①的样子。"黑人当即雇用了我，邀请我和他组建的 12 人放克乐队一起演奏。之后，我们一起去费城附近的俱乐部演出，再后来，我们前往浸信会教堂参与福音演出。我是乐队中唯一的白人。对一个从白人生活区走出来的 20 岁年轻人来说，从接受年长音乐家的指导到去教堂演出，再到亲身感受人们对我这位白人异教徒的热情款待，这些经历非常重要，对我界定自己的身份以及如何看待这个世界产生了决定性的影响。

毕业后，我在一家书店发现某本书里夹着一张奇怪的传单，传单上写着一个新的刊物在寻找作者。这让我深受触动，所以

① 柯南·奥布莱恩，美国脱口秀主持人，同时也是一名作家、配音演员，长相俊朗，人气很高，深受大众喜爱，代表作有《辛普森一家》等。——译者注

我给联系人发了电子邮件。虽然这份刊物最后没有出版，但联系人碰巧是一家小型周报的发行经理，我们成了朋友，然后成为室友，他把我介绍给报社的编辑，我开始为报社写作，几年后我就开始经营这家报社，那是我从事新闻工作的开始。所以说，和陌生人交谈有利于做生意，有利于事业的发展。如果不是那张传单，我根本不会有现在的生活。

如果在此不提那个爱尔兰同事，我就有点愧对良心了。（我进入报社）大约一年后，一个爱尔兰同事拉着我去参加一个聚会，我在现场遇到了一个陌生人，后来他成了我的朋友，我又碰巧遇到了他的同事，他这位同事后来成了我的妻子和我4岁女儿的母亲。前几天，当我和女儿谈到"陌生人是危险的"这一话题时，她告诉我："爸爸，有些人可能害怕你，但我不害怕，因为我认识你很久了。"

此外，我的父亲埃德（Ed）和母亲琼（Joan）都很擅长与陌生人交谈。他们无论何时何地都在交朋结友：家里来客时，假期出游时，在餐馆吃饭时，走在路上时。结交新朋友，联系老熟人，对他们来说是永无止境的。许多老年人也许会消极地坐在家里，社交圈不断缩小，而我的父母却总是乐此不疲地结识新朋友。对他们及其许多朋友来说，人活着就要和陌生人交谈。

毫无疑问，因为陌生人，我才是我，行我所行，想我所想，居我所居。然而，现在我却坐在酒吧里，离另一个人只有几英寸远，低着头，垂下眼帘，沉默不语，把脸埋在手机冰冷的蓝光之中，并且我自己也不喜欢这种感觉。

我们为什么不和陌生人交流？我们什么时候才和陌生人交流？当我们这样做的时候会发生什么？

本书是我寻求回答这些问题的结果。事实上，我发现和陌生人交流让我们变得更加美好、更加聪明、更加快乐，陌生人对我们来说不再那么可怕，整个世界也变得更加可爱了。大量的新研究发现，与陌生人交流有助于拓宽我们的个人世界，为我们带来新的机会和关系，打开新的视角。它可以缓解我们的孤独感，增强我们对自己居住地的归属感，即使这些地方正在发生变化。与陌生人交流，无论他们是逃难灾民还是政治对手，都能减少彼此之间的偏见，缓和党派之争，且有助于缝合破裂的社会。正如哲学家夸梅·安东尼·阿皮亚（Kwame Anthony Appiah）所写的那样，"当一个陌生人不再是想象中的人物，而是真实地出现在你面前，和你一起生活在人类社会时，你可能喜欢他，也可能不喜欢他，可能同意他的观点，也可能不同意他的观点，但如果你们两个都愿意，你们最终是可以理解对方的"。

接下来，我们会一起浏览全书，从小处入手，渐观全局。本书从心理学家的新见解讲起，讲述当我们与陌生人互动一下时会发生什么。随后，我们将继续深入探讨为什么和陌生人互动一下会让我们感觉很好。为此，我们将回到远古时代人类起源之时，从猿类祖先身上寻找答案。我们将了解到早期人类如何变成科学家口中的"超级合作猿"（the ultra-cooperative ape），这种生物既害怕陌生人，又需要陌生人。之后，我们将了解到狩猎-采集者怎样创造出与陌生人安全地进行交流的方法，这是他们的一种生存手段。随后，我们将了解到，对陌生人的热情态度如何成为人类文明的基石。我们还会看到，大众宗教真正的变革性智慧在于能够让陌生人在素未谋面的情况下就彼此熟稔起来。我们还将得知城市是如何兴起的，这是因为人们想和更多的陌生人生活在一起，而非竭力避免和陌生人接触。我们将了解到人类文明是如何发展的，这在很大程度上是因为人类学会了缓解与陌生人打交道的恐慌，以从陌生人那里获得一些机会。我们会一起探讨所有阻碍我们与陌生人交流的因素——从技术到政治，再到芬兰这个美丽安静的国家的公民身份。

当然，我们还会遇到很多陌生人——街上的行人、活动人士和研究人员，后两者试图塑造一种与陌生人交流的文化，以帮助解决一些最紧迫的社会问题，降低其所造成的破坏性影响。我们在主动和陌生人交流时，也会得到一些有用的经验，知道如何在生活中变得更善于与人交流。这些沟通技巧我自己也会反复实践，因为我会刻意将自己重塑为一个社交高手。

本书始于回溯大约 200 万年前的故事，最后以今天的故事结尾，我所希望的是，证明我们有理由与陌生人主动交流。多年来，媒体、政治家、学校、警察等一直灌输给我们的观念是"陌生人是危险的"，但事实相反，对陌生人缄默不言要比和他们主动交流危险得多。

与陌生人交谈不仅仅是一种生活方式，更是一种生存方式。

01

第一部分

当我们与陌生人交流时
会发生什么

第1章
教室里的陌生人

我千里迢迢来到伦敦，重拾一项人类最原始的有趣技
能，但我总感觉不太自在，似乎有什么事情即将发生。

这天天气晴朗，我坐在伦敦摄政大学的一间小教室里，
还在倒着时差，大脑晕乎乎的，手里紧握着咖啡，这已经是
今天喝的第三杯咖啡了。教室里还有另外4人。庆幸的是，他
们的精神头似乎比我好一点。我们大老远来这里，是为了学
习如何与陌生人交谈。我们的老师是一名充满活力的29岁
女孩，名叫乔吉·奈廷加尔（Georgie Nightingall）。乔吉创办
了一个名为"展开对话"（Trigger Conversations）的人际关系
组织，该组织总部位于伦敦，定期举办社交活动，旨在促进
陌生人之间展开有意义的对话。我能和乔吉搭上关系，全靠
一位著名心理学家的推荐，我们很快也会谈到这位心理学家。
他向我推荐乔吉之后，我便和乔吉取得了联系，当得知她正
计划筹办一个为期三天的关于与陌生人沉浸式交流的研讨班

时，我马上订了一张机票。没多久，我就到了伦敦，只睡了几个小时，然后一大早来到了教室，续了好几杯咖啡，准备好学习。

2016 年，乔吉创立了"展开对话"组织。在那之前，乔吉拥有丰富的人生经历。2014 年，她从大学毕业，其间她攻读哲学学士学位，而她在硕士期间的主要研究方向是"从心理学和语言学角度解读情绪、可信度和欺骗"，这使她对语言和谈话感兴趣。在课余时间，她试着从事一些不同的工作。她在一家初创公司实习过，做过一系列项目经理的工作，还曾在世界著名的生物医学研究机构弗朗西斯·克里克研究所工作过一阵子。乔吉说："那是我最后一份真正意义上的工作。"从那以后，她开始自己创业。

乔吉总是很健谈，尽管她还是对与陌生人交谈的项目前景有些踌躇不安，她说"部分是因为社交焦虑，人们担心与陌生人交谈是不正常的"。然而，她也对与新朋友的对话感到厌烦，因为人们通常总是问："你从事什么工作？""你今天过得怎么样？"这些互动最终并不能产生一些建设性成果。她想帮助人们认识到这些对话不必枯燥乏味、流于形式，它们也可以是五光十色、信息丰富和充满探索的。创立"展开对话"组织后，她起草了一份简短的宣言，大意是："我们是对话中的冒险者。我们是没有目的地的旅行者。探索未知，心无挂碍。我们每个人都是老师，每个人都是机会。"

事实证明，乔吉的确在探索未知的甚至暗藏危机的领域，比如人们之间的谈话。某种程度上，伦敦乃至整个英国可以说是新兴的与陌生人交谈运动在全球范围内的中心。这在很大程度上是因为，英国全国上下齐心协力，共同消除英国人的孤独感。最近一项英国红十字会的研究发现，1/5 的英国人经常甚至总是感到孤独。2018 年，英国任命了第一位"孤独大臣"。这位高级官员负责政策引导，以修复破裂的社会关系，增强社会凝聚力。

过去几年，英国民间组织层出不穷、不可计数，其目的都是试图让英国人在咖啡馆、酒吧或公共交通工具里与陌生人展开交谈。人们发起了一项名为"闲聊咖啡馆"的倡议，即在酒吧和咖啡馆给一些桌子专门贴上标记，陌生人可以在那里聊天，这一举措已经推广到整个英国及世界各地的 900 多个场所。2019 年，BBC（英国广播公司）推出了一档名为《跨越鸿沟》的系列栏目，旨在激励人们超越社会、文化或意识形态的差异，彼此建立联系。该栏目包括录制"巴士闲聊日"，在这一天，栏目组鼓励乘客互相交谈，BBC 特别项目负责人埃米莉·卡斯里尔（Emily Kasriel）解释了这么做的原因："这可能是我们接触家人、朋友和同事之外的陌生人的唯一机会。"

一般来说，英国人尤其是伦敦市民在公共交通工具上的举止并非如此。^①然而，尽管"巴士闲聊日"严重违反了由来已久的社会规范^②，它还是大获成功。"这是我坐过的最棒的公共汽车。"一名妇女告诉 BBC，她总是对社交抱有强烈的焦虑感。也有一些市民对这些举措表示怀疑，他们的态度也许算不上敌意，但对于以伦敦人的性格能否接受这种恶作剧，他们觉得还很难说。有一次，我在伦敦和一个英国朋友喝啤酒，我跟他说自己最近在城里学习如何和陌生人交谈，他回答："你该知道我们英国人在这方面是世界倒数第一，对吧？"

乔吉很早之前就对她的新冒险举措感到紧张不安，这不难理解。原因不仅仅是当地人害怕在地铁上聊天。她担心没人愿意参加这样一个试图促进人们与陌生人对话的组织，或者人们可能愿意与陌生人对话，但他们不喜欢专门参加这类活动。当

① 当地人性格冷漠。一位名叫乔治·米凯什（George Mikes）的匈牙利移民在 20 世纪 40—70 年代写了一系列指南，指导别人如何成为英国人。当提到在公共交通工具上与陌生人交谈的时候，他提出了一些建议，其中便讲述了这个令人毛骨悚然的故事。

　　20 世纪 50 年代末，一名男子在英格兰中部犯下了一桩谋杀案。后来，在犯罪现场附近，有人看到一名浑身是血的男子上了一辆载有大约 50 人的公共汽车。当他下车时，地板上留下了一摊血泊，但是没有一个乘客问他做了什么。他们是真正的英国人，事不关己，高高挂起……如果另一个人胳膊下夹着某个受害者的头颅，那么情况也不会有丝毫不同。你带的包裹是你自己的事。

② 在这里，我不得不补充一点，根据知名民意调查机构绝对伏特加（Absolut Vodka）在新冠肺炎疫情期间受委托进行的 2020 年民意调查，23% 的年轻英国人表示怀念与陌生人聊天的日子。

乔吉第一次开展对话活动时，她意识到，人们往往会因为焦虑和社会陈规不与他人交谈，她必须坚决与此做斗争。他们会说什么？从哪里开始对话？他们该怎么参与进来？她说，当时的问题是，人们不知道怎么去和陌生人交流。"因为如果你跟人说'邀请你来参加一个活动，内容是与陌生人进行有意义的交流，我们不谈工作，也不谈你住哪里'，他们就会说'那我该谈些什么呢'，那一刻他们不知该说什么是好。"

乔吉终于意识到，和陌生人交流一开始多少会有点尴尬，克服这种尴尬的方法不是提供想谈什么就谈什么的自由，而是恰恰相反，施加一些限制。她把人们分成2~3人一组，每人都分有卡片，卡片上写着具体问题，并设定时间限制。这样人们就能完成必要的基础工作，顺利展开对话：找个人，引入话题，开始聊天。这样一来，人们被拒绝的可能性为零，也无须担心不知道怎样结束对话。人们可以直接进入对话，然后在蜂鸣器响起时心安理得地结束谈话。她说："这种解放实在不可思议。"

自乔吉在2016年创立"展开对话"组织以来，她已经在伦敦和世界各地开展了100多次活动和多次培训，覆盖了公司、社区、大学、工会和陌生群体。例如，在2020年，她与伦敦大学学院合作开发了一个项目，旨在帮助大学生更好地相互联系。正如我们所见，与人交流是多数大学生的难题。她观察到，人们体验过这些活动后变得更加自信了，好奇心也增强了，并有信心将这些对话经验运用到生活中。她说："这么多人来参加这些活动，但有时他们会说：'我在现实生活中该怎么做？

我想和陌生人开口攀谈，但我总不能拿着一张写有问题的卡片走到他们面前直接说：能回答我一个问题吗？'"

乔吉在看到这种明显被压抑的交流需求后，萌生了新的想法。她想要开发一套教授人们如何在日常生活中进行对话的课程。她开始参加自我发展研讨会，阅读她所能找到的一切相关资料，认真学习和陌生人轻松展开交谈的方法。她很好奇："如何开口可以迅速破冰？怎样才能提出正确的问题，以便建立融洽的关系，或者可以深入探讨，或者让对话变得富有创造性和趣味性？我们怎样才能展现真实的自己？有哪些关于我们自己或关于别人的限制性观念，影响了我们和他们沟通？"

乔吉了解到，对很多人来说，与陌生人交流最困难的地方是不知道怎么开始。首先我们得接近某人，并让他们感到安全，然后迅速传达出我们没有什么意图，只是出于友好或好奇。例如，乔吉发现老年人更易于开口攀谈，而年轻人则需要多一点信心。她注意到，如果你真诚地回答"你好吗"之类的问题，那么是能够在陌生人之间建立一点信任的，并且有利于你们之后的交谈。因为这体现了你的脆弱性和好奇心，同时会鼓励对方做出同样的回应。当乔吉这样尝试时，绝大多数人与她进行了互动，而且大多是实质性的互动。据她而言，许多互动是"有意义的"。

当她开始收集各种想法，通过这些技巧展开实验的时候，她对与陌生人交谈的潜在价值有了更清晰的认识。她回忆说，在她早期举办的一次活动中，一名参与者走过来感谢她。"这太不可思议了，"那个男人告诉她，"我本来不会选择和那个人说话，然而当我这样做的时候，却发现实际上我们有如此多的共同点，而且我对一个与我完全不一样的人产生了不可思议的联结感。"

乔吉说她现在每天都有这种感觉。"我发现，只要我能看到如何以某种特定的方式与某人产生关联，这就意味着我更喜欢他们，更信任他们。我会感觉到，我们实际上是一个更大世界的一部分，而不仅仅生活在自己的一方天地里。"她说，"这让生活变得更加丰富多彩、更加充实。我更少愤怒，因为我知道每个人就像我一样，在这个世界上生活着，每个人和我一样都有自己的成长故事，而我们的经历很可能并没有那么不同。"

她也开始相信（这很重要），与陌生人交谈能让人心情愉悦。在深刻的真正的交流中，人们能感受到真正的快乐。如果这种交流可以广泛实践，她相信那将有助于修复日渐分裂的社会。她说："我们不只是在谈论一些个人私事，我们谈论的是一个系统性问题。这是一种不同的生活方式。"

站在我们面前的乔吉聪明伶俐，能说会道，魅力十足。接下来的几天里，她会带着我们历经 4 个状态，分别是无意识无能、有意识无能、有意识的能力、无意识的能力。换句话说，我们目前在与人沟通方面做得并不好，而且自己也不明所以，但我们能通过学习补齐短板，并且不断改进。我们有望变得更精通于交流，以至与人交流成为我们的第二天性。

我们在教室里走来走去，互相做自我介绍。我说自己去上课的主要原因是我最近在写一本书，过去寻找素材。之所以写这本书，是因为我见证了和陌生人交流对我父母产生的裨益。对他们来说，与人交流是件很自然的事情，我想在这方面做得更好。40岁出头的贾丝廷①从澳大利亚远道而来。澳大利亚的文化鼓励人们与陌生人交流，她也喜欢这种文化。但她在到达伦敦后，但凡对人流露一丝友好，人们就会格外警惕地看着她。她在酒吧里和一个男人打招呼，并不是调情，只是表示自己的友好，结果对方马上告诉她，自己已经有女朋友了。那些反应削弱了贾丝廷的信心，使她畏葸不前。她想知道人们不想和她说话是不是因为她胖。她说她注意到，地铁上她身边的座位总是最后才有人来坐。她一般都在家工作，因此没有多少人际交往。她想和陌生人说话，但不知道该说什么。

还有个叫葆拉的学生，20多岁，聪明伶俐，颇有个性。她说自己做过许多工作，出于工作需要，她待人彬彬有礼，做事动作麻利，这可能会让人觉得她有点高冷。当她和人说话时，她认为："我说的话没有意义，因为我只是习惯性地在表达，没有展现真实的自我，我觉得这一点阻碍了人们与我交流。"有一些老朋友告诉她，他们不清楚她真实的样子。葆拉说"那听起来很伤人"。尽管如此，她还是担心，如果真的敞开心扉，人们就会对她说了什么提不起一丝兴趣。

---

① 为保护其他学生的隐私，本书均采用了化名。

另外一名叫尼基的学生，20多岁，身材矮小，话不太多。他在一个农场长大，最近搬到了伦敦郊区。他告诉我们，他在说话的时候容易紧张，难以把自己的想法表达清楚。他想变得更具创造力，提出更具建设性的问题。他后来在吃午饭时告诉我，希望能更好地和陌生人交流，"这样我就自由了"。他渴望旅行，并相信当他越来越擅长社交时，融入任何地方对他来说都不再困难，而学会与陌生人交流将是打开他新世界的钥匙，如此一来，他在世界上任何地方都不会不习惯。

要说的第五个学生名叫玛戈，她在我们班年龄最小，刚20岁出头。她告诉我们，她只是对别人不感兴趣，但也想走出自己的世界。她性格多疑，有些固执，话也不多，在说出自己的想法时，只是平铺直叙，没有修饰。她解释说，与人打交道时，她这种语言风格并没有让她更加从容。当老师要求我们想象一个与人交流的场景，然后设想一个和自己对话的角色时，我提议"服务员"。

"你为什么想要和服务员对话？"玛戈问。

我说是因为顾客总把端盘送菜的服务员当成机器人一样对待，这让我觉得不舒服。她说："因为你是美国人，你才会有这种想法。"后来有一次，我们进行了特别激烈的对话练习，其中一方连续几分钟不间断地表达个人感受，另一方要根据对方所说的来表达他对对方的印象。玛戈告诉我，我给人一种很稳定的感觉，但这也令她想起了自己的父亲。她既欣慰，也感受到了惊吓。对此，我也不知道该说什么是好。

我觉得以后的课程中还会出现这样不舒服的时刻。在接下来的日子里，大家相互之间会有很多私人的谈话。谈话时，我们得长时间盯着对方的眼睛。在和不认识的人交谈时，我们要密切关注自己的感受和想法。我们需要彼此触碰手臂以示友好。不仅在课堂或者校园里，在伦敦以及其他很多地方的交流也让我感到不适。为此，我付出过相当大的代价。我开始践行一项使命，那就是主动变得善于和陌生人交流，把自己塑造成一个更善于社交的人。事实证明，我还有很多东西要学。

第2章
我们从未利用身边的快乐源泉

本章中，我们将了解到与陌生人交流会让我们更快乐、更健康，减少我们的孤独感。但我们很少与陌生人交流，因为我们并不十分确定陌生人是否算得上真正意义上的人。

在正式向你推荐这套与陌生人交流的高质量课程之前，我先要带你简单浏览一下心理学的最新研究成果，越来越多的研究尝试去探索我们与陌生人交流时发生了什么。在过去的15年里，研究人员发现，与陌生人交流可以让我们更快乐，让我们与我们生活的地方有更紧密的联结感，还会使我们思维更敏锐、更健康、更加信任他人、更加乐观。在本章中，我们将了解到其中一些研究人员得出了怎样的研究成果。接下来，我们会碰到许多事情，每件事都有研究成果作为基础。但我想先向你介绍一个人，她深切体会到了这些科学家的研究发现。她叫妮克，是拉斯维加斯的一名护士，和陌生人展开交流改变了她的生活。

妮克在加利福尼亚州圣克鲁斯县的一个海滩小镇长大，父亲性格多变，母亲历经坎坷，这些都对妮克产生了一些影响。她长大后总是对世界感到恐惧。"我的脑海中一直浮现着一个声音：'世人都不是什么善类，他们会让你遍体鳞伤。'因此我要对每个人都心存戒备。"妮克告诉我，"我以为我本就该对这一切感到惴惴不安。"

长大后，她确实总是惶恐不安。妮克回忆起自己的童年，大部分时间都在躲避他人。"只有那样，我才会感到安全。"她说，"我的书不可计数，我还有狗，有猫，有小仓鼠，它们都是我的宠物，我真的不需要其他东西了。这些动物都十分了解我，能够给我安全感，它们永远不会伤害我。"

妮克的青少年时代过得艰难无比。她有埃及犹太人和苏格兰人的血统，在绝大多数都是白人学生的学校里，她那一头浓密的头发和皮肤上的囊肿性痤疮让她显得格格不入。"经常会有人骚扰我。"她说。但被人们排斥也有好处。妮克总是与外表看起来与众不同或者成长背景不同的孩子交上朋友。如果学校里新来了一个黑人或者拉丁美洲学生，他们会自然而然地走到一起。"我记得遇到过一个从法国转到我们小学的女孩，自然而然地，我俩成为最好的朋友，因为我俩都形单影只。"妮克告诉我。正是因为都被人疏远，她们才建立了友谊。

妮克从小就害怕陌生人，这一点，她母亲难辞其咎。当然，整个国家本身对陌生人就抱有恐惧。在这个国家，孩子一出生，"陌生人是危险的"几个字就被灌输在他们的脑海里。但是妮克在和这些陌生人有交集后，她发现他们既不危险，也不可怕。陌生人实际上带给她安慰，给予她归属感，还拓展了她的世界。妮克通过与这些陌生人一起交流，过上了更美好的生活。"就这样，我从小就遇到了许许多多的好人。"她说，"这彻底改变了我：我本来应该对与陌生人相处深感压力，但现在我觉得得心应手。"

妮克把这整个成长过程称为"灰狗疗法"（Greyhound Therapy）[①]，随着年龄的增长，这些生活中数不清的点点滴滴帮助她克服了对陌生人的恐惧，让她以更好的姿态活在这世界上。妮克内心深处的恐惧根源于她的童年时代。她的家人从未旅行过，因为他们害怕陌生人。这成了家里的常态，年幼的妮克在家里关得太久了，身上便产生了一种强烈的欲望，想要赶紧逃离这个鬼地方。她说："我内心有一股声音，它告诉我要赶紧离开这里。"妮克早年结识了许多不寻常的新朋友，这段经历让她对童年时代身边人的因循守旧、愚昧无知感到不满，她对外面的世界充满兴趣，想走出去看看。她记得当时所想的是，上帝创造了一个巨大的地球，上面有那么多人，她必须去见见他们。

妮克的确做到了。在她 17 岁的时候，她有机会和高中同学一起去欧洲待了 10 天，所有的经历都令她感到震撼。她说："那时候，不认识的人也会过来和我讲话，在欧洲，他们发现你是美国人，就会主动上前交流，我就这样遇到了这么多美好

---

① 这个做法没有贬义色彩，不要把它与美国的惯例相混淆。在美国很常见的是，健康中心的专家只会把患者移到别处，而并非提供患者所需的治疗。

的人。"这给了她一些信心。她想："如果欧洲人愿意和我讲话，那么也许我并没那么糟糕。也许我主动和他们讲话，也不会怎么样。"

18 岁时，妮克第一次独自出游。她开车前往加利福尼亚州的尤里卡县，只因为喜欢尤里卡这个名字。她独自在那里的一家旅馆住了一晚，然后开车回家。这是一次短暂的旅行，但给妮克增添了不少信心。自此以后，她去了更多的地方，开始和更多的人交谈。她原本因恐惧而紧张不安，担心有坏事发生，但事实上，她和别人的交谈总是十分顺利。"从那时起，我真正开始拓展自己的视野，随机与人交谈。"她说。那是灰狗疗法的开始。从字面意义上来说，它指的是在长途汽车上与你的同座人交谈。但是，妮克逐渐把它应用于能与陌生人交谈的任何地方，比如餐馆、公共汽车站、杂货店等。

然而，生活并不总是一帆风顺。她 21 岁从护理学校毕业，几年后，和一个男人陷入热恋。他们都喜欢驾驶和汽车，因此走到了一起。妮克喜欢汽车，也是受到了她父亲的影响，她父亲是一名卡车司机。这是她唯一能和父亲聊得上的话题。她嫁给了那个男人，但他最终变得喜怒无常，对她恶言谩骂。不到一年，他们的婚姻就破裂了，两人大打出手，劳燕分飞。她被打掉了一颗牙，还在医院缝了好几针。

后来她遇到了另一个男人，他是纽约人，身上带点传奇色彩。妮克与他认识之后，便迁居至纽约和他一起生活。"他生来就是纽约人，性格实在不讨喜，与我的脾气完全相反。"她说。他是一所大学的厨师，所以时间自由，同时他也热爱旅行。

他们会特意驾车从纽约到阿拉斯加，再从阿拉斯加开到墨西哥，一路上都在和人们交谈。她和那个男人在一起4年，但终究还是合不来。那个男人后来沉迷于可卡因，接着开始酗酒，像是完全变了个人。因为之前有过这样的感情经历，妮克选择了离开。他最终死于毒品和酗酒，但妮克还是从他身上学到了好的一面。

此后的一段时间，妮克独居在一个陌生地方的公寓里，她感到很孤独。"这不太合常理，作为一个内向的人，我从未想过会感到孤独。"她说，"所以，有一段时间我会寻求灰狗疗法。我尽量寻找与人交流的机会，只是为了摆脱孤独。"

"然后就成功了？"我问。

"嗯，的确如此。"她说，"我每次回家时，都会带回来一些新鲜有趣的故事，当然，我没人可以分享，但我仍然拥有这些属于我自己的故事。"这也是一种"考验我勇气的方式，如果你想要考验的话"。"我与人交往越多，就越自信。"

这改变了妮克的生活。如今，妮克是一名成功的护士，她很擅长与病人沟通。她嫁给了一个心地善良、善于社交的男人，两个人住在拉斯维加斯，一起生活得很幸福，如她所说，这"简直妙不可言"。她一如既往地出去旅行，当独自一人上路时，她仍然寻求灰狗疗法。她会打量坐在她旁边的人，或者那些独自坐在桌边或酒吧里的人。如果他们戴着耳机，或者散发着不感兴趣的气息，妮克就不会主动上前交流。但如果他们看起来愿意交流，她就会主动打招呼，"嗨，我是妮克"，然后看看情况会如何发展。她不会冒失鲁莽，也不会无知轻信，毕竟她不是在一个陌生小镇的黑暗小巷子里和一个陌生人搭讪。在家庭关系不和睦的环境中成长的小孩，都善于审时度势，妮克便是这样的孩子，所以她的感觉特别敏锐。她能看透人心，一眼就知道情形如何、问题在哪里，这都是天分。但对话通常进展得都很顺利，而且每一次成功的对话，都会反过来强化她的信念——并非每个人都有意来伤害她。

妮克说："我经受过许多苦难。"但是每当面临挫折时，她就会向陌生人求助，希望他们帮助自己渡过难关。这些让她相信世界上仍然有善意存在，人类还是能找到归属感的，并且这些伸出援手的陌生人传授给她一些无价之宝。她说："永远不要低估主动和陌生人交流的力量，哪怕是最微不足道的示好都会迸发积极的力量。"

那么，这股力量究竟是什么呢？在心理学中，妮克所说的那种交流被称为"最小社会互动"。大约 10 年前，加拿大心理学家吉莉恩·桑德斯特伦（Gillian Sandstrom）也有类似的感悟。只是她的研究围绕着一辆热狗车 ① 展开，最后她得出一系列关于与陌生人交流的研究结果。这让桑德斯特伦成了社科领域一颗冉冉升起的学术新星，她如今在伦敦东北部的埃塞克斯大学任教。

桑德斯特伦 48 岁，她在加拿大长大，她父母性格外向且都是老师。"要是分段位的话，我父亲就是与陌生人交流的王

---

① 热狗车通常是街边设立的流动式餐车，向路人出售以热狗为主的简餐以及汽水等饮料。——译者注

者,"她说,"他情不自禁地要和人说话。"她母亲也喜欢和陌生人交流,但她倾向于和那些看起来孤独的人或者是大家不愿搭理的人说话,有大人,也有小孩,她觉得和他们说话能让他们不再感到那么孤独。某一天,一直认为自己性格内向的桑德斯特伦意识到,当走在大街上时,自己总是低头看马路。她也会和人对视,但马上就会低头看向人行道。

"我觉得那样挺蠢的。"她说。于是她走路的时候,开始抬起头,与人们进行眼神交流。"这是我与陌生人交流的第一步,"她说,"我只是想纠正这个奇怪的习惯。"当这样做的时候,桑德斯特伦发现眼神交流不仅不奇怪,而且实际上感觉很好,即使和擦肩而过的路人进行眼神交流并不多见,但对方似乎也不抗拒。在多伦多的地铁上,有两个人主动和她交谈,认为她一定不是多伦多人。她问他们为什么会这么想,他们说,因为她会和人们进行眼神交流。她说:"我当时想,啊!这太悲哀了!我压根没注意到人们一直望着天花板或地板,而非互相对视。"

不久之后,桑德斯特伦不再只是和陌生人进行眼神上的交流,而是开始和他们交谈。她惊讶地发现,与人交谈轻而易举且充满乐趣。她心里暗想:"怪不得爸爸经常和别人说话呢!"她回想起,有一次她在地铁上看到有个女人手里拿着一盒包装精美的纸杯蛋糕,她便走上前去,问起关于这些蛋糕的事,然后她们聊得越来越多。她说:"我也不知道怎么聊到那儿的,她告诉我人类可以骑鸵鸟,我被说服了。那是一次愉快的谈话。我想再继续尝试,于是后来,我更频繁地和陌生人交谈。"有了这种感悟，她确立了未来的研究方向。

2007年，桑德斯特伦又有了新的感悟，当时她正在多伦多瑞尔森大学攻读硕士学位。读研很难，桑德斯特伦经常觉得自己像个冒名顶替者。当然，研究生院不止她一人对此感到苦恼，事实上，这种感觉在生活中也不少见。她的实验室在一栋楼里，她的导师在另一栋楼里办公，两栋楼相距很远。她在路上有足够的时间思考自己的不足之处。每天奔波流转时，桑德斯特伦都会从一个卖热狗的女人身边经过。有一天，她微笑着向女人挥手打招呼，女人也微笑着向她挥手回应。桑德斯特伦内心迸发出一丝火花。从那以后，和这个女人打招呼便成了她的习惯。"每次我经过的时候，我都会和那个女人打招呼，希望能够产生交集。"她说，"我意识到，每次我见到她，她也向我问好时，我就感到很快乐。我仿佛觉得，自己的确属于这片土地。"虽然觉得有几分荒谬，但她还是笑着说道："我觉得我属于这里，因为这位卖热狗的女士认识我。"

桑德斯特伦开始思考正在发生的事情，为什么人与人之间的联结让人感到如此快乐。她和她的博士生导师伊丽莎白·邓恩（Elizabeth Dunn）进行了一项实验。邓恩在不列颠哥伦比亚大学任教，是一位受人尊敬的心理学家，研究课题是幸福。她们让一群成年人在早上买咖啡的时候尝试主动和星巴克的咖啡师聊上几句。这样的要求有点不合常规。人们买卖东西时总是追求效率，尤其是在城市里，他们很少交谈，有时候甚至连眼神交流也没有。但是桑德斯特伦和邓恩觉得，如果不与柜台工作人员接触，只是把工作人员单纯看作服务人员，而没有把他们看作真正的人来对待，那么我们可能在拒绝一些有益的事物。"我们有没有可能错过了一个隐藏的快乐源泉，错失了本可以获得的归属感？"桑德斯特伦和邓恩对此很好奇。

当时这个观点在心理学领域相当新颖，现在仍然如此。多年来，大量研究发现，判断一个人过得是否幸福的最佳指标，便是他的社会关系质量。社会关系好的人，身心更健康；社会关系不好的人，更容易患精神障碍和心血管疾病等。这是很简单的道理。但这些研究通常只集中在人们的亲密关系上，比如家人、朋友、同事关系。桑德斯特伦和邓恩想看看与陌生人互动是否对我们也有好处。这并非为了替代亲密关系，而是作为一种人际关系的补充，可以说，和陌生人交流是一种有助于创造更平衡的社交的方式。

桑德斯特伦和邓恩在一个繁忙的购物区的星巴克门前招募了 60 名成年人，其中包括 30 名男性和 30 名女性，他们分布在不同的年龄段。实验要求一半的参与者与咖啡师进行互动——"微笑，通过眼神交流建立联系，进行简短的交谈"，而另一半参加者则只是尽可能高效地交易。随后，所有参与者被要求进行反馈。事实证明，桑德斯特伦和邓恩的假设是正确的。与咖啡师交谈的参与者报告称，他们有了更强的归属感，心情更好，整体体验也更满意。因此，2013 年，桑德斯特伦和邓恩在联合撰写的一篇论文里总结道："下次当你需要一点提神的东西时，你可以考虑与星巴克的咖啡师互动，把他们当作熟人而非陌生人，以挖掘这种随时可用的快乐资源。"

大约同一时间，桑德斯特伦和邓恩发起了另一项研究，探讨为什么桑德斯特伦每天向"热狗女士"挥手会让她自己觉得有归属感。研究人员早已发现，社交越多的日子里，人们就会越快乐，但没有人研究过"弱关系"中的互动。与我们产生弱关系的可能是路过的点头之交，或者我们只是认识但不一定是朋友的人。为了观察与这些人的互动是否会影响幸福感和归属感，桑德斯特伦和邓恩给了58名学生红色和黑色的点击器，其中包括15名男生和43名女生。学生们被告知，在遇到如朋友或家人等与其有着"强关系"的人时点击红色点击器，在遇到像"热狗女士"等与其有着"弱关系"的人时点击黑色点击器。每天结束时，她们会记录互动的次数，并询问参与者一系列问题，比如他们是感觉到人际交往中的联结感，还是感到孤独，以及他们是否感受到了来自社会的支持，获得了集体归属感。研究人员发现，那些有更多强关系互动的人倍感幸福，集体归属感也最强烈。这并不意外。令人惊讶的是，在像与"热狗女士"建立的弱关系中，互动越多，人就会越快乐，也越有归属感。更重要的是，在弱关系互动较多的日子里，人们会更快乐一些。

不过，上述参与者毕竟都是大学生，这意味着他们不能代表所有群体。因此，桑德斯特伦和邓恩招募了社区里25岁以上的41名成员，其中包括30名女性和11名男性，重复了上述实验，最后她们得到了相同的结果。在这两项研究中，她们发现，在参与者不怎么和人交流的日子里，弱关系的互动能让人更加精神振奋，这可谓是孤独时代的真知灼见。就像饥饿的人在吃饭，口渴的人在喝水，当人们倍感孤独之时，弱关系的互动会让人觉得倍受滋养。

桑德斯特伦并不是唯一一个发现这一点的人。2013年，芝加哥大学的心理学家尼古拉斯·埃普利（Nicholas Epley）和他当时的学生朱丽安娜·施罗德（Juliana Schroeder）在探究，为什么像智人这样的社会物种在与陌生人交流时经常犹豫不决，起因是他们在上下班高峰期看到拥挤的车厢里总是一片寂静。他们指出："不管是火车、出租车、飞机，还是候车室，这些地方的邻座陌生人之间可能只有几毫米的距离，但是大家都选择完全忽略对方，物化彼此，而非将其看作一种幸福的源泉。对人类这样一个可以从彼此的交流中受益匪浅的物种来说，为什么如此靠近反而总是更愿意独处？为什么如此高度群居的动物有时显得这么不合群？"埃普利和施罗德认为，人们不和陌生人说话，原因就在于他们认为独处会让他们更加快乐。

埃普利和施罗德进行了一系列实验，他们让参与者在搭乘公共交通工具和出租车以及在候车室时主动与陌生人交谈（这简直难以想象！）。他们进行的第一个实验是在伊利诺伊州郊区进行的，实验对象是97名平均年龄为49岁的上班族，其中61%是女性。参与者被分成三组。对第一组的要求是："今天在火车上和一个陌生人交谈，试着尽量去建立联系。找出对方身上发生的一些有趣的事情，同时分享一些自己的故事，谈话时间越长越好。"对第二组的要求是："自己待着，享受今天在火车上的孤独时刻，花点时间独自坐下来思考。目标是专注于自己和未来。"第三组则被要求像往常一样通勤。之后，参与者按要求填写一份关于他们的性格和通勤经历的问卷。

正如研究人员预测的那样，凡是与陌生人交谈的人都在报告里反映出，他们的通勤经历比那些没有与陌生人交谈的人更加积极、更加开心。他们的谈话平均持续 14.2 分钟，谈话者对和他们交谈过的陌生人印象很好。没有一个人报告有不开心的经历。无论参与者的性格如何，与陌生人交谈都产生了积极结果。外向的人和内向的人都有了美好的经历。

既然在上下班途中和陌生人聊天如此愉快，那么人们为什么不这么做呢？为了回答这个问题，埃普利和施罗德招募了66 名通勤者，其中 66% 是女性，平均年龄为 44 岁。他们被要求设想一下，如果他们参与了之前的三组实验，那他们分别会有什么感觉。三个场景分别是和陌生人交谈、保持孤独并专注于自己、一如往常。在之前的研究中，那些与陌生人交谈的人的报告体现出他们的通勤经历比那些没有与陌生人交谈的人明显更快乐。但是，在这些参与者的设想中，通勤时与陌生人交谈体验会更差。

埃普利和施罗德在芝加哥市中心的公共汽车上采集了新的样本，重复了这些实验。这个样本的平均年龄为 27 岁，其中49% 是女性，最后得到的实验结果相似。乘客原本以为，他们与陌生人交谈会产生消极体验，而实际上他们在与陌生人交谈后获得了很棒的体验。在出租车上进行的类似实验，其结果如出一辙。相比没有和司机交谈的乘客，和司机交谈的乘客更加享受他们的行程，也更喜欢司机。

埃普利和施罗德之后又重复了之前的实验，只是这次他们想看看，人们不去和陌生人交流，其主要障碍是不是害怕被拒绝。实验结果表明，确实如此。

参与者认为，和陌生人交谈时，陌生人不会像他们那样对谈话感兴趣。参与者预测，平均来说，他们接近的陌生人中，不到47%的人会与他们说话。他们本以为开始交谈会很难，但事实并非如此，且比他们预测的要容易。人们有兴趣和他们交谈，没有一个人被拒绝。埃普利和施罗德写道："通勤者也许会想，与陌生人交谈会有被社会排斥的风险。然而据我们所知，事实上一点风险都没有。"

到目前为止，也许会有质疑者与我第一次看到这些研究结果时产生同样的想法：当然，如果你是主导对话的人，与陌生人交谈可能就会很愉快，但那个陌生人的想法是怎样的呢？他们喜欢这样吗？毕竟，我们每个人都体验过在密闭空间里，对方滔滔不绝，全然不顾你表现出对此次谈话不感兴趣。

因此，为了测试交谈双方是否都享受谈话过程，埃普利和施罗德又进行了另一项实验，实验地点有点类似候诊室。他们给参与者分配了一些任务，这些任务与实验的真实目的无关。在进行下一项任务时，参与者要在等候室休息10分钟。这些受试者中的一些人被告知要和房间里的另一个人说话，一些人被告知不可以进行交谈，还有一些人被告知想做什么就做什么。凡是开口说话的人，无论是自己主动开始交谈，还是有人来找他说话，其报告显示他们比闭口不谈的人体验感更好。而且不管是出于自发的意愿，还是被要求这么做，他们都觉得很开心，这一点跟性格无关。

为了避免有人认为这些结果因美国中西部人普遍都比较友好而出现偏差，埃普利和施罗德在 BBC 的邀请下，于 2019 年在伦敦重复了这项实验。伦敦人并没有像美国人那样期望这些互动，但埃普利和施罗德得到了同样的结果。"据通勤者估计，只有大约 40% 的列车乘客愿意与他们交谈。"他们报告称，"然而，在我们的实验中，每个试图与陌生人交谈的参与者都发现，坐在他们旁边的人很乐意交谈。"

施罗德向我展示了她和埃普利向参与者征集的调查反馈。一位参与者表示："这个结果令人相当惊讶，伦敦人天生不喜欢在公共交通工具上与陌生人攀谈。但是，在换乘火车时，有一对夫妇坐在我旁边。我问了他们一个关于下一班火车的问题，然后我们便开始了交谈，直到 10 分钟后，他们的火车来了，我们才互相告别。"另一个人还说："这种感觉太好了！我喜欢我的谈话，这让我觉得我应该多和陌生人说话。"

所有这些研究的结果都令人振奋，与陌生人交谈并没有我们想象的那么艰难，甚至要愉快得多。也有人对研究人员的结论心存忧虑。他们写道："即使在某些不需要社交的情况下，或当地的社会准则不提倡社交时，与陌生人交谈可能还是比自己一个人独处愉快得多。这表明……人们对社交有一种很深的误解，即高度社会化的物种可能会忽略其他人，因为他们觉得与陌生人建立联系比自己一个人待着更糟糕……人类确实可能是社会动物，但其社交程度并不总是足以获得幸福。在一个日益拥挤的星球上，如果人们误解社交无益的话，那么势必会产生越来越多的问题。"

实验前，所有参与者都预计，他们与陌生人的互动会很糟糕，比如过程会艰难无比，人们会拒绝他们，但最终他们很高兴地发现情况并非如此。当他们与陌生人开始交流的时候，他们会更开心，并且有了更强的归属感。那么，为什么人们不在地铁上互相交谈呢？埃普利和施罗德认为，并不是每个人都真的喜欢沉默，但是大家都认为其他人不想说话，他们认为如果他们与人开始交谈的话，可能会吃闭门羹。这在心理学领域被称为"多元无知"。基本上，它意味着每个人对其他人都有误解。

但此处也有一种更深层次的因素在起作用。这些研究的参与者想象自己会遭到拒绝，从他们的回答来看，他们对谈话本身也并未抱有什么期待，而这恰恰是他们感到惊喜的原因。为什么呢？为什么一个萍水相逢的陌生人平易近人、亲切有趣，会给人带来这么大的冲击？简单地说，因为我们不期望他们是完整的人。

施罗德告诉我，在地铁上做这项实验的一部分灵感源自这样一个观念：在人群之中，却和人们没有交流，其实并不符合人性。这么说吧，对我个人来说，这是去人性化的，因为我失去了一个作为社会动物的机会，而社交是我作为人的本性。这对对方来说，也是不符合人性的。因为我不想和他们说话，也就意味着我只是粗略一瞥而没有试图去了解他们完整的人性。施罗德说："在大城市，人们对待陌生人的态度就像对待绊脚石一样，这种现象司空见惯。"这就陷入了一种怪圈：城市居民认为陌生人是没有感情的"物体"，所以不和他们说话；因为大家不和陌生人说话，我们也就并未完全意识到他们实际上是真实的人。理智告诉我们他们也是人，但是我们经常表现得我们并不认为他们是人。①

这属于"次级心理问题"，这一术语于 2010 年由埃普利和心理学家亚当·韦茨（Adam Waytz）命名。次级心理问题不容忽视。他们解释称，次级心理的工作机理如下：因为我们看不到别人头脑中发生的事情，所以我们有"一种普遍的倾向，认为别人的头脑不如自己的头脑复杂，别人比我们肤浅"。这意味着我们长期以来低估了陌生人的智力、意志力以及共情能力，认为陌生人无法理解人类的诸如骄傲、尴尬和羞耻等情感。也许这就是为什么我们假想与陌生人的互动会很糟糕：我们潜意识里认为他人的思想乏善可陈。②历史学家多丽丝·卡恩斯·古德温（Doris Kearns Goodwin）在《运筹帷幄》一书中，曾提到美国总统西奥多·罗斯福，她生动形象地描述了这一互动。

---

① 我只想说，我不评价这里的任何人。我住在纽约市，刚才出去吃午饭时，看到人行道上的人们不停地行走、穿梭、短暂停留，我有停下来反思他们的思考和行动能力吗？我考虑过他们的梦想和感受吗？他们的经历是否丰富且充满个性？我没有。我只是把他们看作混沌的一体，认为他们是愚钝的障碍物。说实话，我对他们还感到有些愤怒。

② 我记得当我开始撰写本书的时候，曾经说过我相信如果你和一个陌生人交谈，而且是真正的交流，你会发现每个人都至少有一件有意义的事情可以分享。肯定超过一件！我现在意识到，这是一种极其傲慢的想法，我要向世人道歉。

每周，西奥多都会前往参观莫顿庄园，与爱尔兰和德国的移民工人一起放松休息，与屠夫、木匠和马夫一起喝啤酒、抽雪茄，听他们讲故事，和他们一道玩牌，尽情享受欢乐愉悦的气氛。

"我经常四处走动，这样他们能熟悉我，我也能更了解他们。"他后来说，"于是，我们就开始说同一种语言，每个人都可以纠正对对方的刻板印象，忘记（19世纪美国作家）布雷特·哈特（Bret Harte）所说的'一个陌生人拥有的品质缺陷'。"

每个人身上都会出现次级心理问题，如果这些陌生人属于不同的群体的话，那么这种效应可能会特别强大。比方说，他们是外群体的一员，即来自不同的种族、国家或者党派。[①] 研究发现，我们并不相信外群体成员和我们一样能够有效地思考、敏锐地体悟，或具备同等的自制力。卡尔顿大学的心理学家迈克尔·沃尔（Michael Wohl）进行过一项研究，一群假冒的阿富汗士兵对"友军误击"表示道歉，但人们并不接受，因为加拿大的研究参与者不太相信阿富汗人会在内心深处真的感到愧疚。[②] 次级心理通常以隐秘的形式表现出来，但历史上有很多真实案例，如果激发了人们的次级心理问题，后果不堪设想。

---

① 一位好心的社会名流曾向人类学家霍滕斯·鲍德梅克（Hortense Powdermaker）询问她在新几内亚土著部落中的日子："你不认为土著和人类一样吗？你有注意到他们真的很感激善良之举吗？"

② 所有的参与者，包括假冒的阿富汗士兵都是加拿大人！

（稍后，我们将讲到这些。）

显然，如果一个人一生都认为其他人算不上真正的人，那么这种人生也称不上理想，至少这种人不大可能推动人类文明进步。那么，我们能做些什么来解决次级心理问题呢？施罗德解释道，鉴于"我们一直把自己封闭在自己的视角之中，因此解决这个问题的方法就是先坐下来，以一种更有意义的方式与陌生人交流，这便涉及语言"。"为什么语言会出现，一定程度上是因为人们要了解别人在想什么，是为了达到社会目的。"

换句话说，我们可以通过与陌生人交流来解决这个问题。

现在让我们回到吉莉恩·桑德斯特伦身上来。在她最初的研究取得突破并得到国际媒体的关注之后，她开始继续研究是什么阻止了人们利用这种"随时可用的快乐源泉"。虽然埃普利和施罗德认为，次级心理和悲观情绪让我们与他人保持距离，但桑德斯特伦的解释更简单一些，她认为人们只是不知道如何与陌生人交流。

这个想法部分源于她与伦敦一个名为"跟我说话"（Talk to Me）组织的合作。该组织由两名年轻女性波莉·阿克赫斯特（Polly Akhurst）和安·唐博斯科（Ann Don Bosco）于2012年共同创建。该组织向人们分发了"跟我说话"徽章，以传达人们想在公共场所交谈的意愿，并在公共场所、酒吧和公共汽车站设立了"谈话吧"，还提供了一些问题可以帮助人们展开对话。这种行为大概率会遭到一些伦敦人的反对，因为这不符合当地的社会规范，但阿克赫斯特很快就看到了成效。"有些人说他们对伦敦有了不同的感觉，"她说，"甚至在意识到真实的陌生人是谁之后，觉得生活更有安全感了。"

2014年，"跟我说话"组织在国际媒体上引起了广泛关注，唐博斯科主动联系桑德斯特伦，问她是否有兴趣一起工作，她欣然应允，于是他们开始考虑桑德斯特伦能做些什么。"突然有一天我想到了这个点子，"桑德斯特伦说，"当时我在弹钢琴，突然脑子里冒出一个想法：也许人们就是不知道怎么和陌生人说话。"她拿出手机记下一些笔记，开始计划举办研讨会，帮助人们与陌生人交流。

桑德斯特伦最终举办了6场这样的活动，向参会者展示了与陌生人交谈既富有成效，又能给人带来愉悦感。这些研讨会还让桑德斯特伦有机会为她所谓的"恐惧清单"收集数据，恐惧清单上列出了阻碍人们开口交谈的种种因素。与埃普利和施罗德的发现类似的是，参加研讨会的人同样担心其他人没有兴趣与他们交谈。他们担心自己未经对方的允许便开始交谈，会不受欢迎；担心一旦聊天开始，他们不知道如何收场；担心自己会不喜欢这种对话。他们还担心，一旦开始说话，自己最终会暴露得太多，这可能是我遇到过的最英国做派的事情。（后来，桑德斯特伦和一名同事在分析7项关于与陌生人交流的研究时发现，对于这些恐惧，男女之间没有明显的差异。他们还发现，害羞的人或者对社交感到更焦虑的人会更加恐惧。）

桑德斯特伦找到了一些能够减轻这些恐惧的技巧。例如，她告诉人们要跟随他们的好奇心，注意一些细节，赞美别人，或者问一个问题。不过，一般来说，她只是告诉参加这些研讨会的人要互相交流，然后观察他们如何自行找到交流的办法。有时候他们会提前到达，这时现场会十分安静，甚至有些尴尬。桑德斯特伦会告诉他们，去找一个他们从来没有说过话的人，然后一起交流。他们在克服最初的障碍后，就会发现交谈是自然而然的事情。"两个人开始交流，其实并不用花费什么功夫，一切都顺理成章，到最后人们会发现根本停不下来。"她说，"这是件很迷人的事。你都无法让他们停下来。我喜欢这种感觉。"

2018 年，桑德斯特伦作为研究团队的一员，参与了由心理学家埃丽卡·布思比（Erica Boothby）领导的一系列实验，实验场所包括实验室、大学新生宿舍和社区的个人发展研讨会，参与者需要与陌生人互动。随后，参与者需要反馈他们对与其互动的陌生人有多少好感，以及他们认为这个陌生人对他们有多少好感。

每一次，研究人员都会发现，感知和现实之间存在差距。参与者认为他们对陌生人的喜欢程度要超过陌生人对自己的喜欢程度。这种现象在那些特别害羞的人群中尤为明显。研究人员称之为"好感落差"，不难看出，这一点将阻碍人们与陌生人建立联系。即使你和陌生人的谈话进行得很顺利，如果你认为对方没有那么喜欢你，你也可能不会持续和对方互动下去，那么就无法享受到与陌生人交流的好处了。与陌生人交流，短期而言，可以提升个人幸福感和归属感，长期而言，可以结识莫逆之交、人生伴侣或商业伙伴。研究人员总结道："人与人之间促膝长谈，可以让陌生人变成朋友，让约会对象变成婚姻伴侣，让面试机会变成工作机会。但让对话变得艰难的部分原因在于人们……大都低估了对话伙伴对他们的喜欢以及对他们的陪伴的喜爱。"

这种好感落差从何而来？答案是社会规范、神经症和误解混在一起，造成了这种局面。与陌生人的对话是"礼貌的阴谋"，人们可以掩饰他们的真实感受，使得彼此之间看不透对方。比起和我们认识的人交谈，与陌生人交谈对认知层面的要求更高：因为你对对方并没有什么了解，所以你必须更仔细地倾听，记住他们说了什么，并思考你说的话以及对方会如何理解。[1] 因为你要花很多精力让对话进行下去，所以你往往会错过对方的积极反馈。与此同时，你倾向于假设对方很容易察觉你内心的想法和感受，比如你的尴尬或不安全感，但事实上并非如此。更重要的是，我们倾向于把所有对话中的表现与我们之前最好的一次做比较，我们假设其他人也是以同样冷冰冰的标准看待我们。讽刺的是，虽然我们总是期望自己在谈话中超常发挥，但我们对他人的期望很低。暂且称之为次级心理问题的好处吧：对他人期望值很低。因此，虽然我们经常对自己的表现感到失望，但通常会很高兴地发现，我们以前认为站在面前的或多或少无头脑的躯壳，实际上是一个有思想、有感情的人。这真是太好了。

---

[1] 实际上，心理学家奥斯卡·伊巴拉（Oscar Ybarra）在两项独立的研究中发现，与陌生人交谈可以提高认知能力，部分原因是这很难做到，就像锻炼一样。

桑德斯特伦通过继续研究发现，人们因为不知道如何交流就不去和陌生人说话，这一点其实很好解决。但还有一个深层次的原因是，社会规范反对人们与陌生人交流，且不限于我们所生活的地方。我们将在后文中更深入地探讨，文化是如何演变成支持或反对我们与陌生人交谈的。[①]但现在还是要提一下这一点，以便帮助我们更好地理解接下来的内容。

2013 年，桑德斯特伦在与伦敦泰特现代美术馆联合进行的一项实验中发现，当地的社会规范反对人们和陌生人说话，这项实验结果还未公布。她请博物馆的志愿者在博物馆涡轮大厅的展览上与参观者展开对话。这些志愿者没有接受任何关于展览本身的特殊培训，也没有接受任何关于谈话内容的指导。他们只是被告知去询问人们的想法，或者让参观者谈谈艺术给他们带来的感受。

随后，研究人员采访了志愿者和参观者，他们发现，总体而言，与志愿者交谈的参观者感觉与这场展览、展览中的其他人以及整个人类更亲近了，寻求这些互动的志愿者也比不寻求互动的志愿者感到更快乐、与周边产生了更多联结。桑德斯特伦回忆称，一名参与者告诉她："进展比我预期的要好，我没想到人们会这么喜欢说话。"然而，当桑德斯特伦问她以后是否会继续和陌生人聊天时，她为难地回答不会。桑德斯特伦认为，原因在于当地反对人们和陌生人聊天。"通过参与这项研究，她仿佛获得了能和人说话的许可证，"她说，"但如果没有

---

① 原因包括多样性、对疾病的恐惧、财富、生活在大城市、糟糕的公共建筑和 / 或居住在芬兰。

得到许可，她的想法就是：不，不能跟陌生人说话。"

桑德斯特伦开始思考如何改变这样的社会规范。她之前的实验虽然非常成功，但都不过是个例。参与者肯定会有积极的经历，但是那些经历从来没有成为一种习惯。"当你问起下一次谈话时，他们真的又开始担心了。"她说。她想通过设计一种情形来解决这个问题，在这种情形中，通过纯粹的重复，与陌生人交谈对人们来说会变得足够自然，以至他们会下意识地开始这样做，摆脱所有常见的恐惧和社交障碍。她认为，诀窍在于"让人们进行大量对话"。她希望通过足够多的重复，人们最终会克服焦虑，并持久地改变他们的行为。

2019 年，桑德斯特伦使用一个名为"徒劳无益"（GooseChase）的应用程序，创建了一个寻宝游戏，给 92 名普通参与者提供了一个可以与之聊天的人的列表：笑容满面的人、看起来像个艺术家的人、带一大堆东西的人、看起来郁郁寡欢的人、面相友善的人、注重时尚的人、热爱运动的人、有文身的人、领带很花哨的人。在参与者开始操作之前，桑德斯特伦要求他们预测陌生人对与他们交谈抱有多少兴趣，在有人与他们交谈之前，他们需要先接触多少人，开始交谈和维持对话有多困难，以及他们认为对话会持续多久。和往常一样，他们的期望值很低。"人们对与陌生人交谈感到非常悲观。"桑德斯特伦写道。

研究人员要求参与者至少进行一次对话，之后汇报自己的交谈经历。你大概能够猜到初步结果意味着什么。只有 24%的参与者预测，他们接触的第一个人会和他们说话，但事实上，

90% 的情况下，他们接触的第一个人都会和他们说话。另外，对话持续的时长是他们预测的两倍。

桑德斯特伦很好奇，人们如果展开更多的对话，是否就能纠正这种悲观态度。她从美国的一所大学和英国的一所大学共招募了 286 名学生，其中包括 209 名女生和 75 名男生，还有两名学生拒绝透露性别，他们的平均年龄为 20 岁。这些学生被分成两组，一组被要求使用寻宝应用程序持续 5 天每天与陌生人交谈，另一组人则只需要找到名单上的人，但不要与他们交谈。

研究结果一如既往地引人注目。参与者发现，与陌生人开始交谈和维持对话非常容易，而且对话持续的时长是他们预测的 4 倍。82% 的参与者说他们学到了一些原先不知道的东西。这不仅仅是一种愉快的打发时间的方式，他们还建立了联系。42% 的人说他们与对方交换了联系方式。参与者结交了朋友，开始约会，一起喝咖啡。他们中的许多人说，见到新面孔挺开心的。和桑德斯特伦的预测一样，他们对与陌生人交谈的悲观态度有所缓解，他们的预测也更加接近现实。完成寻宝游戏一周后，参与者对自己的对话能力更有信心了，也不那么害怕被拒绝了。

桑德斯特伦允许我浏览学生们对此次调查的反馈，我发现这些年轻人的许多观点都一针见血。下面是他们的一些心得体会。

我喜欢大多数和我交谈过的人……我意识到和陌生人

交谈比和朋友交谈容易，因为他们不知道我的问题。大多数谈话都是闲聊，但让我很开心，因为有时你会意识到别人也有糟糕的时候，或者同样认为天气很糟糕。

我觉得这些任务帮助我变得对一些不会每天与之交谈的人更加友好。我也能够在可能只是几句话的互动中发起对话，这让我感到更快乐、更充实。

陌生人一般都很友好、乐于助人。

我很享受以自己为伴和独处，但最近发现自己有点想要社交。我觉得我已经忘记了如何交朋友，但这项研究提醒我，大多数人都很友好，你只需要走出自己的圈子。

我觉得我和这个世界的联系更紧密了，周围的人也更友好了。对话进展得很好。虽然有时我没话说了，但对方会试着找话题，这让我感到很温暖。

这次经历太棒了……我是秋季学期的交换生，几乎不认识任何当地人或其他学生（除了其他的一些交换生）。把我这样一个"局外人"和当地社区联系起来，对减少我的乡愁真的很有帮助。（哈哈！）……我和以前从没说过话的同学开始说话了，还交到了真正的朋友，我们在上课的时候会经常碰到。非常感谢您给我这个交换生机会！

我遇到了一个非常好的女孩，她人超级友好。结交新朋友总是让人感觉很好。

只需要花一点功夫，你就能很容易找到好朋友。

我遇到了我认为会成为我的好朋友的人。

我在女卫生间交到了一个朋友。

新朋友！

当然，其中一些经历与大学环境有关。每个人都有一些共同点，比如年龄相仿，都是学生，甚至共用卫生间。然而，结果还是令人振奋。"能让这么多人认识新朋友，感觉真好。"桑德斯特伦说，"这也让我意识到，原来结交新朋友对好多学生来说是一件困难的事。"

新冠肺炎疫情暴发后，桑德斯特伦尝试了另一个实验。这一次，她想看看与陌生人交流是否可以治疗孤独。孤独作为一个已经很严重的社会问题，由于疫情变得更加严重了。桑德斯特伦让学生通过视频会议软件 Zoom、谷歌环聊（Google Hangouts）或其他平台与陌生人在线交流。她问了他们一些常见的问题，包括他们认为开展对话有多困难，对话会持续多久，等等。但这一次，她还问他们认为人们总体上有多仁慈，他们觉得自己有多孤独、有多被孤立或者在多大程度上和社会存在联系。同样，参与者发现与陌生人交流很容易，而且对话持续的时间比他们预期的要长，即使是网上聊天也不例外。他们还反馈，交流后感觉不那么孤独和被孤立了，还更加相信别人是仁慈的。

当我浏览桑德斯特伦所做研究的调查反馈时，仿佛产生了一种微妙的感觉，使我不禁心生宽慰。我曾意识到这一点，也一直疑惑，为什么和一个陌生人愉快地交流后我会感到如释重负。我向桑德斯特伦问及这件事，她想了一会儿，然后说了一些话，这让我想到了妮克的故事，她可怕的童年，以及她在灰狗疗法方面的经历。"我认为，这种解脱可能只是一种感觉，因为我们一直觉得，这个世界是一个可怕的地方。"桑德斯特伦说，"然后你随机找某个人聊天，一切都很顺利，于是心想也许这个世界并没有那么糟糕。"

这让我们想到一个大问题：为什么这种转瞬即逝、看似平常的互动会让我们感觉如此美好？为什么我们认为与陌生人交流会非常不自然，但当我们真的开始交流时，一旦克服了最初的焦虑，就感觉如鱼得水？答案是，因为我们天生擅长社交。人类进化花了很长的时间，然而我们不仅是为了学会社交而进化，还因为我们本来擅长社交而进化，并且我们很早以前就开始社交了。

在人类历史某个久远的时刻，我们开始遇见陌生人。我们从那些没有被我们杀死或远离的人身上学习，与他们进行交易。我们获得了他们的资源和陪伴，然后充分利用这些关系，进一步拓宽人际关系网络，从而最大限度地利用了他们的资源、技能和想法，由此开创了人类文明，新的物种应运而生。我们变成了那种可以通过和陌生人说话，或者只是朝他们挥手，甚至只是看着他们便能获得力量的生物。这种生物很自然地就会在最佳时期寻找新的朋友。我们变成了科学家所称的"令人叹为观止的进化异常"的生物：超级合作猿——一种可以和陌生人一起工作、一起生活的稀有动物。

如果我们想了解这是如何发生的，我们是如何成为一个能够拥有上述体验的物种的，那么随我去佐治亚州一趟吧。我们需要见一位了解黑猩猩习性的女士。

第3章
问候之门

我们先绕道去见见与我们人类基因最相近的两种动物。其中一种喜欢和陌生者打交道，至于另一种，一旦其身边出现陌生者，就会狂躁不安。我们不妨先了解一下为什么它们的性格迥然不同，随后也就开始理解为什么我们人类的性格会如此独特了。

地处美国佐治亚州亚特兰大市的耶基斯国家灵长类动物研究中心，是当地埃默里大学的一个附属机构，乔伊丝·科恩（Joyce Cohen）博士是该研究中心动物资源部的副主任。出于不同的原因，每隔一段时间，她会把一只黑猩猩介绍给一个它不认识的同类。也许黑猩猩群体中有一只已经死亡，而剩下的需要转入其他群体；也许该研究中心正计划筹建"养老院"，让年长的黑猩猩们可以生活在一起；也许该研究中心正在进行装修，需要先把它们集中安置，腾出空间来。不管是出于什么原因，工作人员都必须小心翼翼，毕竟黑猩猩在陌生群体中容易失控，变得暴躁不已。

"正式展开这项工作之前，工作人员需要先和它们'聊'上一阵子才行。"她说完顿了顿，似乎有些无奈地笑了笑，"所有帮忙照顾这些黑猩猩的人都要跟它们交流。"这些人包括日常照管它们的护理人员、提供医疗保健的兽医和了解它们习性的管理员。研究团队尽可能地采集了关于这些黑猩猩的所有信息，并列出了一个潜在的匹配列表，比如有的黑猩猩之前可能见过面。然后，他们开始考虑其中的利害关系：如果他们把黑猩猩 A 和群体 B 放在一起，会对现有的等级秩序产生什么影响？如果加入一个新成员，这个群体会形成怎样的格局，是分崩离析还是融为一体？科恩指出："黑猩猩群体非常看重成员的伙伴是谁，当该成员陷入争执或其他麻烦时会得到谁的支持，因此我们要考虑所有因素。"

如果要加入的新成员已经在群体中有了认识的伙伴，那么事情还算好办一些。像人类一样，黑猩猩也会为别的黑猩猩做担保。但在某些情况下，工作人员也无计可施，只能把一只黑猩猩引入完全陌生的群体。正如科恩所言，这的确是个挑战。

为了最大限度地避免发生混乱，研究团队可能会先从黑猩猩群体中选出一只，让它先行迎接新成员。研究人员的想法是，如果它俩合得来，形成了潜在的联盟，那么之后新成员融入这个大群体就简单多了。即便如此，研究人员也从未把两只素不相识的黑猩猩直接扔进同一个房间，而是把它们放在相邻的围栏里，中间隔着一扇门，科恩博士称之为"问候之门"，它是一块透明板，或是一块带有小孔的板，动物们可以透过小孔看到对方。

接下来，科学家开始观察。科恩博士说："如果真的出现了攻击性行为，我们可能会考虑调整整个方案。"但是，如果黑猩猩们在见到对方后并没有产生严重抵触的话，那么过一阵子，工作人员就会打开一道门缝，这样一来，这两只黑猩猩就可以触摸到对方的手指了。如果进展顺利的话（也有可能不顺利），工作人员会控制好进度，慢慢让它俩生活在一起。如果双方能够在一起生活下去，两只黑猩猩之间可能会开始形成纽带。它们可能会开心地喘着粗气，或者拥抱对方。在这种情况下，团队会考虑让它们待上几天或一周，进一步增进友谊。在二者的友谊得到深化后，团队可能会引入第三只黑猩猩，让这个尚不成熟的联盟进一步得到发展，或者拆散这两只黑猩猩，如法炮制把第三只黑猩猩再介绍给其中的一只。要是后者不奏效的话，研究人员会把它们彻底分开，再重新开始。研究人员也会让它们自己解决分歧。黑猩猩们可能在放声尖叫，或者向上攀爬，或者撕咬，或者在拍打中建立起关系。而后，双方可能会做出和解的姿态，比如握握手、拍拍对方、互相拥抱。科恩说："有时候它们能自行解决分歧，这是好事。"但也有些情况下，分歧是无法解决的。

科恩表示："一旦分歧未能解决，事态就会很严重，甚至会导致伤亡。"[1]

---

[1] 值得表扬的是，科恩博士的团队在耶基斯国家灵长类动物研究中心工作的 15 年里并没有出现动物斗殴致死的情况。

现在，让我们来看看另一种猿类遇到陌生者时会发生什么吧。倭黑猩猩与黑猩猩在基因上几乎完全相同，也就是说，它们与人类的基因也近乎一致。但从人们的观察结果来看，倭黑猩猩与黑猩猩大有不同：在野外环境中，它们混在其他群体之中，甚至与陌生者共享食物。一般而言，黑猩猩是排外的动物，而倭黑猩猩被视为"亲外"的动物，即和陪伴自身群体成员相比，它们实际上可能更喜欢和陌生者待在一起。

几年前，在刚果（金）的洛拉·亚倭黑猩猩保护区，杜克大学的研究人员布赖恩·黑尔（Brian Hare）和谭敬之（音译，Jingzhi Tan）做了一系列相关实验，研究倭黑猩猩亲外到什么程度。他们把一只倭黑猩猩放在一间房里，房内堆满食物。这间房的两侧各挨着一间房，其中一间房住着它不认识的同类，另一间则住着一只它所在群体的成员。这些参与实验的动物可以选择自己吃掉所有食物，也可以打开门，与认识的伙伴或者陌生者共享食物。

实验结果是什么呢？倭黑猩猩不仅喜欢分享，而且更喜欢和陌生者分享。在接下来几个实验中，研究人员做了不同的实验设计，结果依然如此。在每次实验中，倭黑猩猩都更喜欢分享，而且更喜欢和陌生者分享。只有当他们没机会见到陌生者时，倭黑猩猩才会把食物留给自己。与黑猩猩不同的是，倭黑猩猩不会出现攻击性行为。当陌生的倭黑猩猩进入房内时，它们甚至可以接受另一个群体的成员数量超过它们。关于这一点，研究人员曾在 2013 年写道："这与野蛮的黑猩猩的仇外反应截然不同，如果黑猩猩的数量不超过陌生者的三倍，它们就会迅速撤离现场。"

为什么倭黑猩猩会表现出这样的行为？原因很简单：对它们来说，对陌生者慷慨大方，从而形成潜在的联盟关系，整体而言利大于弊。这是出于实用性的考虑，和人类参与社交活动是一个道理。倭黑猩猩也想建立外部联系，将陌生者纳入它们的关系网中。正如谭敬之后来所说："你遇到一个陌生人，而这个人可能会在未来成为你的朋友或盟友……如果某个人未来对你而言很重要，你自然会友好地对待他。"

现在问题来了，既然黑猩猩和倭黑猩猩在基因上几乎相同，为什么倭黑猩猩对陌生者如此热情，而黑猩猩却充满敌意？这个问题的答案就藏在蜿蜒的刚果河两岸。黑猩猩和倭黑猩猩都是我们最后一个共同祖先的后代，在 210 万—87.5 万年前分化。根据哈佛大学灵长类动物学家理查德·兰厄姆（Richard Wrangham）的说法，它们最初开始分化可能发生在更新世冰河时代，在此期间，地球比以往更加严寒、更加干燥。随着降雨量日渐减少，刚果河逐渐干涸，部分黑猩猩终于能够穿过这条河流，换作以前，它们越过刚果河是不可能的事情。对岸也有一些其他的大猩猩，但由于它们的食物藏在河流一侧的山里，所以它们并没有迁徙。

历经千代繁衍后，降水逐渐丰沛，河面暴涨，猿类由此隔离。两岸植被恢复茂密，郁郁葱葱。然而这时最大的问题便是，一群黑猩猩不得不与另一群大猩猩生活在一片土地上，而对岸的黑猩猩几乎独享土地。这意味着这群后来演化成倭黑猩猩的

黑猩猩的生活更容易，而对岸的黑猩猩的生活更艰苦一些。倭黑猩猩从不需要为吃上一顿饭跋山涉水，而黑猩猩却一直在和大猩猩争夺食物。它们一直在寻找食物，跋山涉水，饱尝孤独。

兰厄姆教授认为，因为黑猩猩经常独自外出觅食，所以对雄性黑猩猩而言，它们更容易锁定惯于独处的雌性，强行与之进行交配。因此，攻击性越强，它们的交配频率就越高，随着时间的推移，具有攻击性和控制欲的物种便在自然选择中存活了下来。另一边的倭黑猩猩无须远行，雌性可以待在离家更近的地方，聚在一起形成更紧密的社会纽带。一旦有雄性发起攻击，它们便可以团结一致，共同对抗。因此，雌性倭黑猩猩比雌性黑猩猩势力更强，它们开始选择攻击性较弱的雄性，并与之进行交配。于是，这一物种逐步演变成母系社会，族群性格较为温顺。这也就是为什么雄性倭黑猩猩与它们的母亲关系比较亲近，且对雌性基本上没有性侵犯倾向，也从不会尝试阻止其他雄性交配。倭黑猩猩与黑猩猩不同，人们从未见过雄性倭黑猩猩杀死倭黑猩猩幼崽，圈养起来的倭黑猩猩之间也从未出现自相残杀的现象。如果群体内有摩擦纷争，倭黑猩猩通常会通过玩耍或交配来解决。黑猩猩会在边界巡逻，并试图从其他群体那里夺取领地，不仅与对方正面对抗，有时候甚至还会杀害对方。与之相反，倭黑猩猩与其他群体的关系很正面，它们之间会互相嬉戏，有的甚至会发展成为性伙伴。倭黑猩猩乐于分享，而黑猩猩甚至都不愿意和自己的孩子分享。此外，相比雄性黑猩猩，雄性倭黑猩猩生育的孩子更多，大概是因为它们不会在争斗和计谋上面耗费过多时间。总而言之，让黑猩猩加入一个新的群体困难重重，但对倭黑猩猩来说则是轻而易举。黑尔写道："一只倭黑猩猩，即使是在婴儿时期，也可以顺利地融入陌生群体。即便是包含分开数周、数月甚至数年的多只成年雄性的两个群体，都可以通过玩耍和交配重新融合。"

尽管如此，黑猩猩还是社会性很强的动物。它们不仅有感情，能够互帮互助，还异常聪明，擅长开展合作，至少在它们的群体内是这样的，但它们的关系往往十分脆弱和具有交易性质。彼此联盟至关重要，但这种关系也有可能在毫无征兆的情况下就转变了。1978年，传奇的灵长类动物学家珍妮·古道尔（Jane Goodall）观察发现，生活在坦桑尼亚贡贝保护区的一群黑猩猩有计划地消灭了另一群黑猩猩，原因不明，还有一对掠夺成性的母女残害并吃掉了10个新生幼崽，这让古道尔震惊不已。她当时跟《科学新闻》（Science News）杂志说道："我一直认为黑猩猩很友善，比人类更温柔。现在我们知道它们和人类极其相似。"[①]

黑猩猩和倭黑猩猩之间的区别不只是行为特征不同。实际上，二者看上去确实不太一样。灵长类动物学家弗朗斯·德瓦尔（Frans de Waal）对这两种动物都有研究，他写道："黑猩猩是强壮的健美运动员，而倭黑猩猩看起来智力比较发达。倭黑猩猩脖子较细，拥有钢琴家一般的手指，更像是在图书馆待了很久，而非在体育馆里锻炼。"然而，尽管倭黑猩猩看起来

---

① 你可能会说人类并没有多好，但我想说，起码人类不会吃掉别人家刚出生的孩子。

比较"聪明",但它们的脑容量没有黑猩猩的大。相比雄性黑猩猩，雄性倭黑猩猩的长相更加阴柔，它们的头骨更短更宽，眼睛更大，犬齿比黑猩猩的小，嘴唇和尾巴比黑猩猩更为白皙。倭黑猩猩体内的血清素水平不高，所以它们的攻击性不强。它们大脑中有更多的灰质，更能感知他人的痛苦和控制攻击性冲动。雄性黑猩猩在青春期的睾酮含量更高，所以和别的黑猩猩分享食物是冒险之举，而雄性倭黑猩猩的睾酮水平总体来说保持稳定，准确地说，它们的睾酮含量维持在相当低的水平。

这些都是科学家所说的"驯化综合征"的症状，一般家养动物都会出现这些症状，如圈养繁殖的银狐、狗和豚鼠。相比未驯化的同类，这些动物攻击性更弱，更有亲社会行为，也更爱嬉戏。但和银狐、豚鼠不同，倭黑猩猩是自我驯化的，某种程度上和狗也不太一样。倭黑猩猩并不是由饲养员驯化的，而是自己主动变得友好的，因为与同伴友好相处在它们的生存环境中行之有效。显然，它们已经适应了这一点。当然，还有一种猿类也是主动变得友好的，那就是我们人类。

第4章
人类交友

我们将了解另一种猿类是如何进化成围坐桌旁尽情享
受美食的生物，哪怕桌边坐满陌生人也毫不介意的。
这要归功于三个因素：天气、肉食和谋杀。

几年前，我在曼哈顿的第二大道地铁站台上，目睹了这
样的一幕：一位白人母亲，年纪30多岁，推着一辆婴儿车，
走到了楼梯边上，另一个方向走来一个黑人小伙子，身边还
有女朋友。这个小伙子接下来的举动可能每天都会在纽约上
演无数次。他跑向那位母亲，帮她抬起了婴儿车，那位母亲
欣然接受了他的好意。黑人小伙子抬起婴儿车的前端，那
位母亲抓住后端，一起走下楼梯。和纽约的其他地铁站一
样，这里的楼梯脏兮兮的，扬起的灰尘和潮湿的环境令人
烦躁。

小伙子和那位推着孩子的母亲一起下楼梯时，地铁缓缓
驶入。小伙子的女朋友看到地铁要来了，开始焦躁不安。当

他们到达楼梯底部时，车门正在关闭，女孩等得不耐烦，非常生气。小伙子把婴儿车轻轻放在平台上。那位母亲客气地道了谢，然后离开了。女朋友埋怨小伙子错过了地铁。一位身着西装的老人看到了这一幕，走了过来，对小伙子说道："小伙子，做得很好。"我也过去表扬了小伙子，告诉他我和我的太太最近也刚有了孩子，这样的帮助是很有意义的。我之所以会这么做，一方面是因为那确实是助人为乐的好事，另一方面是因为那个小伙子在那一刻像圣诞树一样瞬间散发光芒，而且我为他被责备而感到难过。我们聊了一会儿，另一趟地铁到了，他们便离开了。

就像我说的，在纽约，这一幕早已是司空见惯。在这个城市，每隔 4.4 分钟就会有一个婴儿出生。这个城市大约有 500 个地铁站，其中只有 1/4 的地铁站配有电梯。让我们先停下来，仔细回顾一下刚刚发生了什么。一个小伙子帮助了一个陌生的妇女，这个妇女和他属于不同的种族，性别不同，也不是同龄人。他之前从未见过她，以后可能也永远不会再见。要知道，这可是在一个人口多达 840 万的城市里，而这个国家有着 3.28 亿人口，人们素不相识，独来独往，而且它在历史上曾深陷种族主义的泥淖之中。诚然，抛开别的不谈，表面上看，这些陌生人之间还是有一些共同点的：他们都西装革履；纽约大都会运输署任由地铁环境日渐恶化，由此引发的不悦之感，毫无疑问，对他们而言都已是家常便饭，然而没人张牙舞爪地抗议，这无疑是有用的。

但是，他们两个素不相识。为了帮助这个妇女，这个小伙子付出了两种成本。第一种是时间成本，他为了帮助他人没能赶上地铁。第二种，恕我直言，从生物学角度来说，他可能浪费了一次遗传基因的机会。这要是放在大自然里，就非同小可了，毕竟在大自然中，所有活动的终极目的便是繁衍。假设现场的主角不是人类，而是三只黑猩猩，事情很可能一发不可收。母亲可能会遭到袭击，婴儿可能会被吃掉，楼梯会变得比现在更糟糕。

那么这个小伙子为什么要这么做呢？18 世纪的思想家亚当·斯密写道，我们人类似乎与生俱来的渴望就是"值得被赞美"。当然，这个小伙子确实值得表扬。但是当女朋友责备他的时候，两个走到他面前的陌生人和一位九泉之下的经济学家对他的夸赞不过是冷冰冰的安慰罢了，所以我们不妨把眼光放远一点。

任何人都帮助过陌生人，这是为什么呢？研究进化论的科学家和哲学家在这个问题上探究多年也无果，只好称之为"利他主义悖论"。这是人类经验的普遍特征，也是理解我们与陌生人奇妙关系的关键。按道理，人类进化的基础是个体的健康，因此人类倾向于自私，倾向于偏袒近亲，以确保遗传物质传递给后代，哪怕野蛮残忍也在所不惜。倘若真是如此，那么我们为什么总是耗费大量精力、时间、金钱，有时甚至冒着生命危险来帮助素未谋面、以后可能也不会相见且不会给予回报的陌生人呢？多年来，经济学家认为，像这样的行为要么是一时心血来潮，要么是深思熟虑的结果。笨手笨脚的服务员手端一碗汤时泼到的总是别人，而正常的家庭利他主义也会利于朋友和陌生人。或者我们这样做是因为我们自私但也理性，我们甘愿为此冒很大的风险，在我们的观念里，利他主义让我们有利可图。

有人认为，人类具有控制自我理性思考的能力。对任何在困境中熬过几周的人而言，这种观点显得滑稽可笑，不仅如此，总会有人对人性持悲观态度。有人告诉我们，我们已经无可挽回地堕落了。从亚当和夏娃的故事、潘多拉的魔盒、托马斯·霍布斯提出的"一切人反对一切人的战争"的自然状态，到18世纪传教士乔纳森·爱德华兹（Jonathan Edwards）认为我们让上帝恶心的论点，再到像《绝命毒师》（Breaking Bad）和《副总统》（Veep）这样的剧集，人们一直坚信，在内心深处，人类极其自私，简直卑鄙无耻。人类文明尽管有所成就，且自我完善，形成法律，但它不过只是一块易碎的岩石，在卑劣、贪婪和暴力的土壤里岌岌可危，有大量证据可以证实这一点。

作为在这个星球上生活的居民，总的来说我还不算愚蠢，我很清楚能够互相拜访的人类会做出怎样令人发指的残忍行径。作为一个有着爱尔兰血统的波士顿人，我所在的族群出了名地信奉"永久对抗论"。作为一名纽约市的居民，我有整整20%的时间对那些堵在地铁车厢门口的人、在拥挤的城市人行道上撑着高尔夫伞的人和不遵守交通规则的人感到非常气愤，他们的行径无可辩驳地证明了乔纳森·爱德华兹的论点。

所有这些都意在表明，诸如"人类是温顺的"，"我们像倭黑猩猩一样是自我驯化的和亲外的"这样的观点并不是我自己凭空捏造的。[①] 事实上，最初听到这些观点，我觉得充其量不过是糖衣炮弹，从负面来看，这些想法幼稚至极。但是如果"人类是被驯化的"这一观点难以令人信服，那可能是因为我们一开始就找错了起点。就在前几天，一个男人在地铁上对我出言不逊，我也不甘示弱。但是如果把 50 只陌生的黑猩猩放在一节地铁车厢里，你就会目睹像木星的卫星们一样可怕[②] 的大屠杀。

我们是如何成为能够在陌生的人群中生活的物种的呢？为什么和陌生人交流会让我们感觉很好？自我驯化的观点是帮助我们理解此类问题的关键。它表明，与陌生人建立联系是人类与生俱来的能力，而这本身就意味着，这种能力在某种程度上是人们主动适应而来的，与陌生人交流能够获得一种进化优势。也就是说，在和陌生人交流时，我们会获得奖励。为了理解我们如何成为这样的物种，我们必须把我们的

---

① 启蒙思想家约翰·弗里德里希·布卢门巴赫（Johann Friedrich Blumenbach）也有类似的观点："人本身就是被驯化的动物。但是为了谋求自我利益，人便驯化了其他动物，首先把相关物种的个体从野外环境中隔离开来，其次给它们提供住所，最后将其驯化。而人恰恰相反，生来就是被驯化的动物。在人的帮助之下，其他被驯养的动物也首次臻于完美，而人也是唯一一个让自己臻于完美的物种。"这种观点值得一提的原因是，一方面，它很有趣；另一方面，据此可见这位思想家目光如炬，颇具智慧。

② 频繁的火山活动让木卫一成为太阳系最恐怖的星球，它虽然没有在太阳的附近，但是自身的条件造就了一个可怕的表面。根据探测器的观测，木卫一表面分布着超过 400 座活火山，可以说是一个火山不断喷发的炼狱世界。——译者注

朋友留在地铁站台上，祝他一切顺利，然后一起回顾一下远古的历史。

这一切还要从大约 250 万年前说起，也就是在更新世冰河时代，出现了好色的倭黑猩猩。当时，气候严寒，雨水干涸，我们的远古祖先被迫离开树林，来到干旱空旷的草原上生活。这些早期的人类就像被逐出伊甸园的亚当和夏娃一样，在陌生的地带里找到了自我。掠食动物潜行想取其性命，饥饿和干旱的阴霾也一直挥之不去。要想在这种环境中生存异常艰难，远古人类祖先必须先进行社会创新，才能走上进化成今天人类的道路。

第一个创新举措便与食物息息相关。大约 200 万年前乃至更早的时候，人类开始寻找大型动物的尸体，后来他们学会了狩猎。[①] 远古人类食肉可是大有裨益，因为肉类富含脂肪，营养丰富，但是狩猎既辛苦又危险。开阔的热带草原使他们容易受到掠食动物的攻击，他们需要与大型猫科动物和鬣狗一较高低，争夺动物尸体。为了生存，远古人类必须团结起来。能人是人属的第一个物种，大约出现在 250 万年前。英国考古学家史蒂文·米森（Steven Mithen）写道："能人最

---

① 具体时间尚不明确。多年来，人们一直认为能人（第一个人属物种）一开始食腐，100 万年后人类才开始狩猎。但是最近一项在肯尼亚的考古发现表明，有的早期人类当时已经开始用石器狩猎了，一些小型羚羊骨骼化石上的切割痕迹可以做证。近年来还有另一项发现：2011 年，考古人员在肯尼亚图尔卡纳湖岸边发现了一套工具，该工具可追溯到 330 万年前，比早期人类早了几十万年。

高不过 1.5 米，重 50 千克就了不得了，攻击行为无外乎扔几块石头，也没有什么特别好的工具来对付鬣狗，所以群体生活还是很有必要的。"这些群体最终演化成今天我们所知的狩猎-采集者或流动觅食者，也就是地球上最古老的人类社会组织延续形式，人类在这个星球上 99% 的时间都是以这种形式生活的。

食肉可以让远古人类的身体更加壮硕，脑容量增大。150万年前，更加聪慧、腿部更长、体形更大的直立人开始迁移。领导史密森研究院人类起源计划署的古人类学家里克·波茨（Rick Potts）写道："这些是第一批大规模迁徙的人类。"以流动为生的直立人腿部更长，食用更多的肉，比腿部粗短和对饮食挑剔的生物更具优势。这是因为不管在哪里，肉类总是可食用的，不像随机遇到的禾本科植物和菌类，有可能给你带来一个令人难以置信的不愉快的结局。

我们再来思考一下，即便这些人类在寻找食物时成功避开了其他掠食动物的干扰，他们仍然不得不应对狩猎大型野生动物对运筹能力的挑战。首先，他们需要追踪动物，将其成功捕杀，其次把它拖回营地，屠宰烹饪，最后分给同伴，所有这些任务存在组织管理和交流方面的困难，而这远超其他物种的认知。所以早期人类学会了合作，这很新奇。尽管大多数猿类独自采集食物，但早期人类学会了一起采集，这是不得已而为之。杜克大学发展心理学家迈克尔·托马塞洛（Michael Tomasello）对猿类和人类进化做了大量研究，他写道："如果合作失败，他们几乎没有其他应急之策，即便有也是不尽如人意。他们必须每天与他人合作，否则就会忍饥挨饿。"

我们对早期人类知之甚少。正如科学家所说，行为不会变成化石，换种说法就是狩猎-采集者不会整理归档信息。但是，我们可以从学术界最近对狩猎-采集社会的实地考察中推断出早期人类是如何获取食物的。自20世纪70年代以来，人类学家金·希尔（Kim Hill）对巴拉圭东部森林中的阿切人展开了广泛的实地调查，讲述了阿切人在那个社会中是如何分享食物的。

> 在肉煮熟后，一个年长的男人（不是猎人）通常会把肉分成几块或几堆，然后分给其他人，另一个男人会帮忙喊每个家庭的成员名字，被叫到的领取自己的那一份。其他成员会马上提醒分配的人哪个家庭还没得到配额（他们从来不提自己，他们只知道其他人还没有吃饭）。人们将肉食集中起来，在成年群体中平均分配。一般情况下，猎人不会吃自己杀死的猎物。猎人的妻儿并没有什么特权，和游群中其他人分到的肉一样多。

人类学家已经观察到，世界各地的狩猎-采集文化体系显然发生过变化，这些变化使我们人类与猿类分道扬镳。黑猩猩往往是严格的礼尚往来型合作者，也称为直接互惠型合作者，比如你给我挠了后背，我就会给你抓痒痒。但早期人类培养了一种能力——间接互惠，通过这种方式，人类的处事更加灵活，更富有成效，在时间的作用下更有力量。间接互惠就像一张保险单，个人可以与他人一起分担风险。就像保险一样，它需要人们具备以下能力：信任、诚信和能够容忍延迟满足。如果你是个猎人，当天一无所获，那么你可以依靠游群中的其他成员来接济你。他们这么做，并不是因为他们希望你能回报他们等量的肉，而是因为他们相信，当他们自己出现食物短缺时，这个体系不会让他们忍饥挨饿。

为了能够这样合作，早期人类必须进化出一些新的心理能力：联合意向性和集体意向性，即向他人阐明目标，将他人视为一对或一组来对待，这些能力和我们的课题紧密关联；心理理论，这是一种理解别人有不同的观点并换位思考的能力；自我-他人对等性，这承认了我们的同伴和我们一样都是人，都值得同情。

这些早期游群的成员身份并非不可废除。一般只要生活在那里，或是在那里有血亲，成员的身份便会得到认可。合作是群体的神灵，是因果轮回，就像那些超自然力量一样，它让崇尚它的人从中获益，给那些不尊重它的人带来惩罚。根据违反合作原则的严重程度，惩罚形式各异，包括批评、造谣、嘲笑、羞辱、排斥甚至处决违背者，全都由同龄人执行。自私自利会危及整个群体。一旦过于自私，其成员身份便会被取消，最后沦为一个陌生人，成为低于人类乃至动物一般的存在，简单来说，就是不再具有人类身份，很可能被遗忘，现今刚果河流域的姆布蒂人称这种方法为"把事情交给森林去解决"。①

　　值得注意的是，之所以会出现合作机制，不是因为人们想要变得礼貌有加，或是渴望达到某种更高的道德境界，抑或是为了标榜美德。他们这样做，不过都是为了生存罢了。②发展心理学家迈克尔·托马塞洛广泛研究了人类进化问题，他认为这种合作是人类道德的开端，是平衡个人需求和集体需求的新途径，也是一种与他人交往的新方式。当人们一起打猎、一起吃饭、一起抚养孩子并凭直觉感受彼此的想法和需求时，个体和集体之间的界限开始变得模糊。诚然，每个人的个性不同，但是没有集体就无所谓个人，没有个人也无所

---

① 1961 年，英国人类学家科林·特恩布尔（Colin Turnbull）根据他和刚果河流域的姆布蒂人 起生活的经历，发表了一篇报道，揭示了在狩猎-采集游群中生活时被族人疏远，哪怕只是被威吓一番，会产生怎样的恶劣后果。有一个叫塞菲的猎人在狩猎时偷肉被当场抓住，特恩布尔表示："在俾格米人眼中，这是最令人痛恨的行为之一，而且游群中很少发生这种事。"塞菲回到营地后，发现气氛剑拔弩张，一个年轻人不让他坐椅子，这对一个老猎手来说显然是一种羞辱。当塞菲向游群的另一名成员要椅子坐时，得到的回应是："动物只配躺在地上。"根据特恩布尔的描述，当时事态升级，另一名游群成员告诉塞菲，他希望塞菲倒向他的长矛，既然是动物，就该自我了结，毕竟只有动物才会偷别人的肉。塞菲辩驳，他们不应该这样对待他，他是最好的猎人，可无济于事。族人对塞菲和他的家人一阵嘲弄，并扬言要把他们驱逐出去。塞菲泪流满面，只好道歉，把肉归还给大家。终于，大家允许他重新加入，并回归人类的身份。

② 我们人类的本性便是贪婪，想不劳而获，这并不意外。这也解释了为什么我们通常会对那些我们认为超额获取或未能尽责的人进行非人化对待。作为一个物种，在我们人类存在的 99% 的时间里，贪婪和占便宜都让我们付出了生命的代价。

谓集体。人们由此相互渗透，界限变得模糊，易受彼此影响，且能够对集体中的其他成员感同身受。个人与个人相互融合，便诞生了集体。在本书里，我将谈一些社会复兴，这便是人类的第一次变革：为了应对尚存的威胁，人类第一次变成了社会性动物。

也许你会说，这是大事一件。我们刚刚说到部落文化，很明显，人类对自己群体内部的成员友好而又温柔，而对待陌生人时却是个无耻的混蛋。这种情况屡见不鲜，真真切切地发生在我们身边，甚至是我们的一部分——在生理层面上。事实上，人类会分泌一种名为催产素的激素。催产素与母婴关系最为密切，例如，它会促使母亲分泌乳汁，在哺乳期间，母亲和婴儿的大脑释放的催产素会帮助他们建立纽带。实际上，催产素在维系群体方面发挥着更大的作用。一方面，催产素的产生使我们能够喜欢、同情群体中的其他成员，遵循共同的规范，信任我们群体的成员并与之展开合作；另一方面，当我们受到其他群体的威胁时，催产素帮助我们团结一致，共同保护自己的部落免受外人伤害，其方式是不把外来群体当人类对待，无视他们所感受到的痛苦。人生在世，种种甜蜜，悉数恐怖，仅存于一个小小分子之中，不由得令人生畏。

没错，我们天生就喜欢自己的同类，这可能是心理学领域最无可置疑的事实。但是部落文化的问题在于人们对它所形成的共识实际上毫无根据。有观点认为，200万年来，人类一直和自己的家庭成员生活在一起，待在自己的小地盘上，将陌生人拒之门外。历史风起云涌，他们做出了严重的误判，最终被陌生人团团围住。但是，上述观点并不正确。事实上，我们人类迁徙融合的历史由来已久。哈佛大学遗传学家戴维·赖克（David Reich）通过分析古 DNA（脱氧核糖核酸）来研究远古人类的迁徙情况，他发现早期人类具有这样的传统智慧：随着时间的推移，单一的族群会分裂成不同的群体。但他的发现也是错的，至少科学能够证明，这一观点并没有说服力。赖克写道："一路走来，人类一直都在融合之中。融合乃是确立我们身份之基础，我们需要拥抱它、接受它，而不是去否认它。"

的确，随着狩猎-采集游群的人口不断增长和迁徙，与陌生人群体之间的接触不可避免地增多，邻近的游群可能会尝试通过暴力来侵占他们的领地。雄性黑猩猩亦是如此，它们采用灵长类动物学家称之为"致命联合入侵"的策略，扩大了自己的领地。但根据文化人类学家雷蒙德·凯利（Raymond Kelly）的说法，人类做出了一项技术创新，这可能让我们走上了一条不甚好战的道路。

凯利[①]认为，大约 40 万年前，人类发明了可投掷的长矛，这加速了人类的分散。借助这种武器，人们可以远距离捕杀猎物，任何企图武力夺取领地的行为都会被长矛重创。在此之前，侵略成功与否可能只和人多人少有关。10 个拿着斧头的人自然胜过 2 个拿着斧头的人，可以轻易夺取对方的领地。然而，

---

① 值得注意的是，在人类本性的阴暗面之下，凯利也无法独善其身。当他在巴布亚新几内亚的埃托罗部落做实地研究时，部落里的人不断烧毁他的小屋。

如果双方使用长矛，那么入侵者的冒险程度将大幅上升。10个外来者进入另一个游群的领地时，树上躲着的一个当地人就能把其中3人当成活靶子。这样一来，一个群体要想统治另一个就比较困难了，最终大家一起进入了凯利所说的"旧石器时代的无战争时期"。①

除了阻碍暴力冲突，长矛的发明可能产生过更深远的影响——在不同游群之间创造积极的社会关系。2005年，凯利发表了一篇论文，其中写道：

> 这些发展标志着，群体间致命的暴力行为和相邻群体间关系特征的演变过程中出现了一个重大转折点……选择性的环境决定了侵略不再被视作获得领地的手段。相反，避免冲突，在群体内部建立友谊，形成互利共享的合作关系受到了青睐。

就这样，我们朝向能在地铁站帮助陌生人的物种发展。

随后，大约30万年前，地球上出现了智人，即富有智慧的人类。（这个词富有内涵，就像灯泡大部分时间是不亮的，但我们还是称之为灯泡。）智人为什么会出现？原因是随着人口的增长，早期人类若是不愿冒着被长矛刺穿心脏的风险，

---

① "战争"是一个模糊的术语。一些科学家，如理查德·兰厄姆，将战争定义为一群人联合起来对付一个敌人，这是黑猩猩发生冲突的方式。然而，对人类而言，考古记录中并没有任何大规模屠杀的证据。大规模屠杀的最早证据只能追溯到大约1万年前农业革命刚开始发展时。

就无法夺取领地，所以如果群体需要空间，他们只有两种选择：要么直面战斗，要么寻找新的土地。凯利认为，他们为了避免冲突，便跋山涉水，越走越远，这为早期人类走出非洲大陆创造了条件，而走出非洲大陆是如今界定我们身为行走物种的另一个关键性发展。我们是流浪者和旅行者，也是陌生人和寄居者。考古学家克莱夫·甘布尔（Clive Gamble）和人类学家蒂莫西·厄尔（Timothy Earle）写道："我们现在意识到，长途跋涉是人类历史的基本过程之一。我们似乎生来就是要出行的，我们在迁徙中得到进化。"

随着早期人类四处迁徙，不断融合，人口数量不断增长，他们开始了自我驯化。他们开始出现不同的特征，浓密的眉毛开始脱落，脸部变得短而偏女性化，犬齿变短，脑容量也微微缩小，这些与被驯化的动物体内血清素的增加有关——你应该还记得，我之前说过，血清素是控制攻击性的。此外，早期人类的眼睛也变大了，他们的巩膜失去了色素，取而代之的是眼白部分，这可以传达出我们正在看什么。对黑猩猩或狼来说，这将是一个明显的劣势——想想看，橄榄球的四分卫每次投掷就会表现出来。对人类来说，虽然我们的对手会预测我们的下一步行动，这是个隐患，但我们能够快速利用非语言信号传达我们的意图，可谓意义非凡。这样一来，我们与他人的合作便会更加容易、更加高效。

在迁徙的过程中，智人开始学会说话。人类语言究竟是什么时候出现的，对此我们暂不清楚。但许多科学家认为，语言产生的一部分原因很可能是群体规模不断扩大。英国人类学家罗宾·邓巴（Robin Dunbar）发现，随着灵长类动物群体规模不断增大，猿类相互梳理毛发的时间也会增加。当然，这时的毛发梳理不仅是简单的清理，而且关乎成员之间的联系和沟通。因此，随着群体规模越来越大，之前的方式不可能照顾到所有成员。在这种情况下，群体需要一种更有效的传递社会信息的方式。邓巴认为，对人类来说，这种方式就是语言。

那么，自我驯化的过程给狩猎-采集者带来了什么呢？一方面，他们会更倾向于迁徙。当你愿意与陌生人合作，而他们也愿意与你合作时，你的选择就会更多，而非限于单纯的战斗或逃跑。在过去的约150年间，人们对这些群体进行了研究，根据我们从中了解到的情况，狩猎-采集生活的主流模式被称为"裂变-聚变"。在裂变-聚变的社会模式中，人们会在游群间流动。有时你离开你之前的游群，转而进入另一个游群；有时你嫁入另一个游群，或者娶进另一个游群的女人；或者你的表弟离开后，带回了一个你从未见过的朋友，最后可能是你而非你的表弟和她成婚。有时候，游群规模太大而无法维持，最终只好分裂成更小的游群。

由于人们在群体间不断迁徙流动，群体变得更加多元化，这种结果出人意料。2011年，研究人员对32个现存的狩猎-采集社会进行了统计分析，结果发现，平均每个游群大约只有1/4的成员存在血缘关系，1/4的成员存在婚姻关系，1/4的成员有姻亲关系（比如你和你丈夫兄弟的妻子），1/4的成员根本没有关系。科学的说法是，他们在基因上是陌生人。然而，这不妨碍他们被当作家人一样对待。今天，人类学家给这一社会类别取名为荣誉亲属。

这并不是说，在狩猎-采集者的生活里不存在冲突和领地纷争。这些在所难免，如果环境拥挤，或是存在资源竞争，就可能刺激我们内心的黑猩猩。美国人类学家道格拉斯·弗赖伊（Douglas Fry）是研究狩猎-采集社会暴力行为的首席专家，他把狩猎-采集社会称为"流动觅食社会"。根据他的说法，敌我矛盾是人类最大不幸的根源，而裂变-聚变社会中的关系网是对抗过程中一块巨大的绊脚石。弗赖伊道明了原因："若是没有明确定义的群体，群体忠诚就无法存在。"换句话说，如果没有稳定的"我们"，也就没有稳定的"他们"。

2013 年，弗赖伊和同事帕特里克·索德伯格（Patrik Söderberg）基于过去实地研究的数据，在 21 个真实的狩猎-采集社会的代表性样本中调查了暴力致死事件。非人类学家对并非真正的狩猎-采集社会进行了研究，自信地提出早期人类生活在一种永久战争状态的理论，弗赖伊和同事对此感到无奈、厌倦。（事实上，一些最常被引用的研究往往来自更复杂的等级社会，他们或者与更复杂的社会交流不善，或者能够接触到像酒精之类的东西）。弗赖伊和索德伯格通过分析发现，大多数致命事件都是单独的个人所为，其中近 2/3 是由意外事故、家庭内部纠纷、因违反规则被群体内部处决或诸如争夺某个女人的个人动机造成的。有 3 个社会根本没有杀戮，群体间的公然冲突也很罕见。

事实上，在人类的大部分历史中，杀死陌生人通常没有道理可言。^①对许多人类学家研究过的狩猎-采集社会来说，仇外心理和暴力行为会让他们损失惨重，因此他们会谨慎地做出选择，尽量少迁徙。仔细想想看，地形总是不可预测，有时食物丰富，有时则会面临短缺，有时用水问题可以得到解决，有时则不能，所以游群之间不得不发展关系。困难时期，他们可以依靠邻居的帮助生存下来；形势好的时候，邻居也能够得到他们的帮助。人类学家波莉·维斯纳写道："我们对（这些）平等社会的演变知之甚少。然而，显而易见的是，平等社会一旦建立，个人和社会群体之间的平等关系将会极大地促进共享互惠和流动。"

人类学家罗伯特·汤金森（Robert Tonkinson）在研究澳大利亚广阔的西部沙漠的马尔杜族人时，率先观察到了这一现象。2004 年，他写道："默许群体之间的斗争冲突，以此来强化社会和领地边界，这无异于自杀，因为在下一场雨到来之前，没有一个群体能够指望其领地内现有的水和食物资源能够帮助他们渡过难关。因此，马尔杜族人没有'世仇'或'战争'这两个词汇，就不足为奇了。没有证据可以证明，群体之间长期存在的敌意与世仇直接相关。"

如前所述，我们总是倾向于对我们这个物种持负面态度。一直以来，人们认为我们的祖先对陌生人抱有仇恨，会做出极

---

① 波莉·维斯纳（Polly Wiessner）给我讲了一个她在卡拉哈迪沙漠与朱瓦西人一起生活的故事。她曾经告诉他们，在美国，有时候人们会谋杀陌生人。她说："当时他们都在笑，反问为什么美国人要谋杀一个不认识的人。如果你的弟弟有你没有的东西，你可能会杀了他，但你不会去杀一个你不认识的人！"后文将会讨论人类谋杀陌生人以及被陌生人谋杀的可能性。

其暴力的行为。这样的成见让我们误以为人类天性如此，我们天生就是排外的，与陌生人好好打交道不过只是例外，而非既定的准则。我们对狩猎-采集社会的长期误解更让我们觉得如此。人类学家埃莉诺·利科克（Eleanor Leacock）在1976年哀叹道："'部落'一词仍在使用，这让人们产生了一种误解，即（这些）民族是在封闭的地区形成的，他们遵循统一的习俗，并由权威控制。'人'远比'部落成员'这个词所表达的含义更具世界性。人会四处走动、谈判、交易，不断在各种行动方案中做出选择。"①

　　弗赖伊跟我说过一些类似的事情。他说："裂变-聚变这种文化结构非常有趣，因为它反映出我们今天拥有什么。至少当今西方的大部分国家正在转向某种世界主义，在这种世界主义中，你甚至不清楚自身到底属于哪个群体。人们认为这是前所未有的，但对许多流动觅食者的研究表明，流动的群体身份才是人类生存的主要方式。"简单地说，根据弗赖伊和索德伯格的观点，狩猎-采集社会"不利于发动战争。流动觅食者默认与邻居和平相处，而非与之短兵相接。关于流动民族在战争、和平和人性等方面的研究给予了我们诸多教训，而这一点无疑是重中之重"。

---

① 利科克指出，这些游群给予男女平等的地位。它们没有更复杂的社会经历过的征服和隔阂。她写道："在平均主义盛行的游群社会结构中，没有什么会迫使女性特别尊重男性，没有什么经济和社会责任会约束女性，让她们对男性的需求和感受更加敏感，反之亦然。"他们从事不同的工作，女性无论是觅食还是抚养孩子，都和捕食、防卫的男性一样，没有尊严上的不平等。无论男女，所做的事情对于游群的生存延续都至关重要，都应受到尊重。

当然，这也是人类和黑猩猩的另一个不同之处。生物学家彼得·里彻森（Peter Richerson）和人类学家乔·亨里奇（Joe Henrich）指出，黑猩猩"一看到另一只陌生的黑猩猩，就会产生恐惧，滋生敌意，想要攻击，而人类则不然，如果一个陌生人没有威胁性，或者显然不是来自敌对阵营，那么人类会将其视作潜在的合作者"。这就是自我驯化在起作用。

随着不同的游群开始交往，社交网络不断扩大，他们之间形成的关系代表着更大范围的间接互惠，这让"我们"超出了游群的范畴。自我驯化假说的主要支持者布赖恩·黑尔将其称为"一种特殊类型的友好"，他认为"人类文化创新之所以得到加强，是因为成百上千万的创新者能够悦纳陌生人并与之合作"。随着人口密度的不断上升，人们除了有更多潜在的伴侣或同伴，还涌现了更多的想法，进行了更好的实践。在《人类成功统治地球的秘密：文化如何驱动人类进化并使我们更聪明》一书中，人类学家乔·亨里奇打了一个很好的比方来说明人类集体合作的意义。

现在来细想一下两个大规模的类人猿群体，暂且将其中一个命名为天才，另一个命名为蝴蝶。假设天才群体在10代以内创造出一项发明，而蝴蝶群体要笨得多，每1 000代才能创造出同样的发明。这就意味着天才群体的聪明程度是蝴蝶群体的100倍。然而，天才们并不合群，他们只能向一个朋友学习，而蝴蝶们可以向10个朋友学习，这让它们的社交能力达到天才们的10倍。现在，这两个

群体中的每个人都试图创造出一项发明，既可以自己琢磨
出来，也可以向朋友学习。假设向朋友学习会降低难度，
即一个朋友创造出一项发明后，他的伙伴仅需一半时间就
能学会。在每个人都自我探索并向朋友学习之后，你认为
创新发明是在天才群体中还是在蝴蝶群体中更加常见？

在天才群体中，只有不到 1/5（18%）的人最终创造
出这项发明，其中一半是自己想出来的。同时，蝴蝶群体
中有 99.9% 的成员能够创新发明，但只有 0.1% 的成员是
自己琢磨出来的。

这些早期人类还是偏护他们自己的群体，但是随着他们
的群体变得越来越大，他们需要一种方法来快速表明成员身
份，这样他们就可以一眼看出哪些是群体成员。就这样，我们
今天意义上的文化就开始形成了。人们创造了共同的方言和习
俗，用物质文化来展示归属感。考古学家在非洲和亚洲西南部
发现了可追溯到 9 万—7 万年前的装饰性贝壳和雕刻物品，它
们很可能是用作交易的商品或是礼物，佩戴者是为了向遇到的
人证明，虽然他们是外来者，但他们并不是真正的陌生人。这
一过程也伴随着我们人类体内发生的独特化学反应。黑尔写
道："由于人类大脑会分泌催产素，即使存在一定的距离，我
们也能感受到迎面走来的与我们相似的陌生人的善意。"这是
我们又一次的社会复兴。

心理学中有一个概念有助于揭示文化的作用，同时也可以
解释文化如何在最大限度上纾解陌生人的恐惧，这个概念便

是"纯粹的归属感"。举个我的例子：有时候，我会戴一顶波士顿红袜队的棒球帽。我之前说过我住在纽约，所以戴上红袜队的帽子会让我成为一个局外人。就像生活在波士顿的洋基队球迷一样，我并非一个被讨厌的异类，而是一个被容忍的少数派。几乎每次我在纽约街头戴上这顶帽子时，街上便有陌生人走来和我攀谈，这就是这顶帽子的力量。尽管他们对我一无所知，但这顶帽子表明和我交谈没什么危险，也让他们相信我们会有话可聊。

问题是，我已经很久没有关注红袜队了，几年前我就不再着迷了。我之所以戴着这顶帽子，是因为波士顿是我的家乡，而且这顶帽子是（美国职业棒球）大联盟里最好看的。因此，当街上的某个陌生人向我走来，开始谈论昨晚的比赛时，我不得不试图向他解释我往日对波士顿红袜队爱恨交织的漫长故事，写成一本书也不在话下，理想中那是一本心理学教科书。而后，与我交流的陌生人脸上总会浮现迷惑的神情。这种情况仿佛是我穿着一件罩袍在街头行走，一个穆斯林男子走过来打个招呼："祝你平安！"我回答道："哦，别误会，我只是喜欢这袍子罢了。其实我是圣公会教徒。"[①]

[①] 在撰写本书时，我有幸与一位名叫伊桑·塔克（Ethan Tucker）的犹太拉比交谈，彼时他刚刚骑行 40 英里（约合 64 千米），穿越了纽约市。最令他触动的是，在他参加自行车比赛时，和陌生人聊天感到十分自然，他说："3 万个完全陌生的人一同骑行，令我印象深刻的是，我和另一个人聊了许多次。我们是陌生人，但穿着一样的少数民族服饰。我在这条封闭的赛道上，戴着一个奇怪的紫色头盔罩，因为这个奇怪的元素，我们陷入了同样的压力。我们之间的陌生感被完全消除，仿佛这是一种与生俱来的本能。"他说得没错，人类确实有这种本能。

"纯粹的归属感"是由社会心理学家格雷戈里·沃尔顿（Gregory Walton）和杰弗里·科恩（Geoffrey Cohen）二人共同提出的。根据他们的说法，哪怕存在极细微的社会关系线索，人类都对其高度敏感。当我们找到了一丝共同之处时，它就会成为建立社会关系的一个入口，一个与他人或者其他群体存在社会联结的线索。人类具有强烈的归属需求，所以当我们遇到陌生人时，我们会寻找所谓的偶然的相似之处。这些相似之处让我们确信，我们有共同点，我们归属于彼此。如果我们和一个陌生人有一个共同点，无论这个共同点多么微不足道，我们都很有可能喜欢上他们，信任他们，和他们聊起来，因为我们认为他们是我们的一员。这个共同点可能是一项红袜队的帽子，尽管从历史上看，这顶帽子并不能保证戴着它的人头脑冷静或彬彬有礼。这个共同点也可能是一只宠物狗，尽管希特勒也有一只名为布隆迪的狗，当它离开人世时，希特勒也悲痛不已。

和陌生人拥有共同点到底会产生多大的能量？有大量研究表明，即使一些共同点毫无意义，也会让陌生人更加亲近，更愿意给对方提供帮助。心理学家亚罗·邓纳姆（Yarrow Dunham）曾发起一项研究，研究对象是一群5岁的孩子。研究人员通过抛硬币，随机将孩子们分成红色组和蓝色组，并让他们穿上相应的红色和蓝色T恤，然后给他们展示穿着红色或蓝色衬衫的陌生小朋友的照片。参加实验的孩子需要根据自己对陌生小朋友的喜好程度给每张照片打分。研究人员给了他们每人5枚硬币，当他们在照片中看见比较顺眼的小朋友，就把硬币分给他。研究人员还会问他们一些问题，比如"谁为他们所有的朋友做了饼干"和"谁连问都没问就拿了钱",并指导这些孩子从照片上的小朋友中选择潜在的玩伴。结果,孩子们对同性别的小朋友表现出最强烈的偏好,除此之外,他们会更喜欢选择和自己身穿同色衣服的小朋友,他们会给这些小朋友更多的硬币,更愿意和他们一起玩,并对他们的性格做出更加正面的评价。

其他研究表明,即使人们相互之间的共同点不足称道,他们也会更加善待彼此。有一项研究发现,当有人告诉大学生他们和某个陌生人名字一样,或同一天过生日,或指纹相似时,大学生更有可能答应那个人提出的捐款请求,或更有可能接受那个人的调查问卷。另一项研究发现,当销售员告诉人们他们同一天过生日时,人们就会更喜欢这个销售员,更有可能去买他推销的产品。

心理学家詹姆斯·琼斯(James Jones)开展过一个研究项目,研究人员向参与者介绍了新伙伴,这些新伙伴和他们有一些无关痛痒的共同点,比如姓氏中都有一些相同的字母。研究人员还看似随机地给参与者分配了和他们出生日期类似的数字代码,并询问他们:"在接下来的对话中,你有多期待去了解对方?""如果你了解了这个人,那么你觉得你会在多大程度上喜欢他?"结果表明,参与者更容易被那些无关痛痒的相似之处吸引。在后来的一项研究中,琼斯和他的团队让参与者写下他们自己作为潜在约会对象的最大缺点,以此来故意制造一种危机感。他们发现感到危机的人更容易被与他们姓氏相似的假想伴侣吸引。在面临威胁的时候,我们往往和自己人团结在一起，虽然有时候我们对"自己人"的定义显然过于宽泛，近乎可笑。

在心理学家约翰·芬奇（John Finch）和罗伯特·恰尔迪尼（Robert Cialdini）于1989年进行的一项研究中，这种倾向甚至近乎荒唐。参与者被要求阅读一篇关于拉斯普京（Rasputin）的传记文章——《俄罗斯妖僧》（The Mad Monk of Russia）。研究人员引导其中一半的参与者相信他们自己与拉斯普京在同一天过生日，而另一半参与者则不知道他的具体出生日期。那些和拉斯普京在同一天过生日的参与者对这个狂妄自大的施虐狂的性格做出了更正面的评价。这就是归属感的强大之处。它不仅表明我们对群体有据可循的喜爱，而且体现了我们对群体定义的弹性程度，以及在整个人类历史上群体的扩展有多么容易。在适当的情况下，它甚至并不需要太多的因素。

现在，我想澄清一下，这并不是说人类生来善良，因为推动人类繁衍的并不是善良，这有关扩张、繁殖和权力。高度合作是一把"双刃剑"。它可以将一个群体团结在一起，共同抚养一个陌生人留下的孤儿，也可以发动一场针对那个孩子所属宗族的种族清洗运动。但是，展开合作并扩展我们群体的本能，以及我们在这方面取得的成功，证明我们与陌生人联系、合作和交流的非凡能力是天生的。正如2 000年前的罗马皇帝马可·奥勒留对他的同胞所写的那样："我们生来就是一起合作的，就像一个人的双手、双脚或双眼，或像一个人的上下两排牙齿，互不配合是违反自然规律的。"

毕竟，如果我们的远古祖先对陌生人见一个杀一个，那么我们这个物种肯定无法实现长远发展。如果我们在过去几千年的演化里一直对外保持高度警惕，从不敢远离营地，也从不结交新的朋友，还枕戈待旦，那么我们肯定不会长途迁徙，也不能创造各种丰富的文化和技术。正因我们懂得接受陌生人，我们才学会了如何在各种气候下实现繁荣发展，合力建造出供数百万人在没有战争肆虐的情况下安居乐业的城市。这不由得让人振奋。之前我一直在寻找一类儿童书籍，是关于宣传男人们联合起来的致命暴力的题材，但是困难重重。我敢说，这和上面的原因不无关联。

所以，用性善论或是性恶论来界定人类都是不妥的。人类并非一成不变。灵长类动物学家弗朗斯·德瓦尔称人类为"两极猿"（bipolar apes），我喜欢这个说法。但是杜克大学的艾伦·布坎南（Allen Buchanan）教授和波士顿大学的拉塞尔·鲍威尔（Russell Powell）教授提出了一个更好的比喻。他们专攻一系列令人生畏的学科，认为人类有一个道德罗盘，在不同的情况下有不同的反应，有时会更加包容他人，有时会更加排斥他人。就我们的目的而言，包容意味着我们给予陌生人充分的道德关怀，并平等地对待他们，而排斥则意味着我们认为陌生人根本算不上人类，无论是折磨他们还是将其杀死都无可厚非。

从考古记录来看，就像我们了解的，战争是一种发生在群体之间的大规模屠杀现象，但相对来说，战争更接近一种现代产物。例如，莱克·图尔卡纳（Lake Turkana）在肯尼亚发现，最早的有关大规模屠杀的考古证据可以追溯到 1 万年前，也就是在农业文明出现后不久。德国也有类似的发现被认为是大规模处决，时间可以追溯到大约 7 000 年前。受害者的胫骨尽碎，对从遗骸中提取的同位素的分析表明，他们是当时的外来者。

大约在 1.2 万年前，农业文明最初兴起之际，狩猎-采集社会被组织模式更复杂的社会取代，比如酋邦和国家。这种社会的特点是能够积累财富、树立地位，而这些往往又令无数人觊觎、争夺。农业发展促使人口激增，也让人类第一次扎根于一片土地，不再迁徙。每当发生冲突时，我们的祖先再也不用消失在森林中，或选择搬离。他们能够使用工具来自我防御，这意味着邻居也具备防御的能力，且邻居有东西值得偷。于是，我们所熟知的战争开始了。社会分层亦是如此——阶级和政治等级开始出现，争斗和嫉妒也随之而来。在新的社会里，人们以支配地位而非合作为导向。随着社会越来越关注贸易和战争，女性的地位下降了。在这种情况下，宗教也产生了，宗教内部的男性等级制度随之形成，并与政治权力、征服意愿互相融合。

狩猎-采集者的传统在一些地方延续了下来，但在欧洲探险者和殖民者造访之后，加快了衰落的步伐。说得好听一点，这些人打破了这些平等社会的微妙平衡；说得不好听，则是他们亲手扼杀了这种传统。许多时候，早期人类学家对外所说的最排外、对陌生人最粗暴的传统社会，往往都是与来自复杂社会的陌生人有过悲惨接触后才变得如此。

1835 年，法国历史学家、政治家托克维尔写到美洲土著的生存状况："欧洲的暴政令他们的家庭支离破碎，让他们的传统模糊不清，使他们的历史记忆混乱不堪……由此，美洲的土著比以前更不守规矩、更不文明。"无独有偶，在此 15 年前，美国地理学家杰迪代亚·莫尔斯（Jedidiah Morse）也发表了同样的看法。1820 年，他在参观了美洲土著的部落后，执笔给美国战争部长写了一封信，信上说："在这些和白人交往最少的印第安人中间，我始终都能感受到他们最大的热情和善意。"

这种情况并非个例，而是遍及全世界。安达曼岛岛民生活在印度和缅甸之间的孟加拉湾群岛上，众所周知，他们是极端排斥外界的。人们认为，5 万年前，安达曼人从非洲迁徙过来，此后基本上未受到外界影响，他们极度孤僻，算得上我们星球上最神秘的人。我们有理由相信，他们对待陌生人的姿态正是我们人类的天性。但他们在历史上也曾遭遇创伤。18 世纪，欧洲外来者开始与安达曼人接触，他们对安达曼人施加暴行，并带来了传染病，使安达曼人数量骤降。在那之后，安达曼人对陌生人的恐惧已经上升到超自然的层面。"一个陌生人不幸身亡，或被安达曼人杀死，其下场不是被埋葬，而是被扔进海里或者分尸焚烧。"1906 年，人类学家 A. R. 拉德克利夫-布朗（A. R. Radcliffe-Brown）观察发现："关于这种习俗，当地人给出的一种解释是……这样做的话，有助于消除陌生人的尸体可能会带来的危险。安达曼人似乎害怕死人的血液和脂肪会带来邪恶的影响，他们说，要把尸体里的血液和脂肪赶到天空，化成烟，才能变得无害。"

然而，根据我们对狩猎-采集者的了解，谋杀陌生人一直是一种能力，是可行之事，而合作则是一种趋势，且经常为之。随着人口不断增多，人类变得越发复杂，我们的道德罗盘也偏离了方向。有时道德指针指向极度排外，然后一切都乱了套。但更多的时候，它可能会稍微转向相反的方向。我们独特的社交天分让"我们"具有更可塑、更广阔的定义。诚然，我们偏好同类，但事实证明"同类"可能确实是一个模糊的概念。今天，文化和心理上的界限区分了"我们"和"他们"，愤世嫉俗者、空想家和极端主义者将其误解为坚不可摧、不可侵犯的防线。然而，只要时机恰当，这种防线可能就会像栅栏一样漏洞百出。毕竟，我们和陌生人终归还是要见面的。

第 5 章
如何立即和几个陌生人聊天

在我得知与陌生人交流对我们有何裨益后，我和 7 个陌生人、1 个戴黄色帽子的男人展开了交流，以此来锻炼我的社交能力。我们讨论过敏感话题，但没有谩骂对方，也没有打架斗殴，离开时，我感觉我们的交流能力有所提升。

那么，我们知道什么？与陌生人交流会让我们更加快乐、更加健康、更加聪明，并帮助我们在一个混乱和疏远的世界产生归属感。此外，与陌生人交流其实远比我们想象的要更容易，陌生人也比我们想象中的更愿意交流。在与他们攀谈时，我们时常会感到惊喜和快乐。诚然，这部分是因为我们怀疑这些陌生者可能算不上真正的人类，所以设定的标准相当低。然而，我会接受这一点。我们可以以此为基础多多交流，且已经开始实践。

我们该如何与陌生人展开交流？当我试着探究个中方法时，

我想找一些适合初学者的内容。比如结构化的言行，它可以绕过和陌生人交流的规范，最大限度地减少我对被拒绝和失败的恐惧。我需要简单的方法，所以我就坐在了曼哈顿中城的一家餐馆里，对面是一个戴着黄色帽子的男人。

现年84岁的罗恩·格罗斯（Ron Gross）是哥伦比亚大学的著名教育家和作家，同时也是"对话纽约"（Conversations New York，CNY）组织的创始人之一，在他的管理下，"对话纽约"组织已经走过了25年。"对话纽约"组织会定期举办气氛轻松的集体交流活动，谈话对象主要是陌生人。在我和格罗斯见面之前，他给我发了一封邮件，告诉我他会听从康德的建议，碰面时戴上一顶黄色的帽子。我全然不知这意味着什么。当我到达那里时，他已经坐在那儿了，头上戴着一顶鲜黄色的帽子。他向我解释道："一般我在出行的时候会戴它，这样当我要参加一个访谈之类的活动时，接送的人可以立即找到我。"

"可是这跟德国哲学家康德有什么关系？"我问。

"我相信你很熟悉康德的绝对命令理论。"格罗斯对我说，"我们都应该按照他的理念行事，这样一来，我们的行事做派便可以成为人类的规则。几年前，一位司机对我说：'格罗斯先生，这是一个好主意，我希望每个到达机场的人都戴一顶这样的帽子！'当时我脑海所想的是，啊，这个人竟然已经反驳了康德！而且我非常赞同他的见解。"如今，"对话纽约"组织的所有志愿者在工作时都要戴上黄色帽子。

格罗斯不太懂得如何管理这样一个组织。他活泼健谈，但让他在户外和陌生人攀谈起来可就有些难为他了，毕竟他性格内向。他告诉我，他有一次整个夏天都在避开长岛老家附近的社区游泳池，原因是游泳池里的所有人都聊得热火朝天。他的妻子最后设法让他走出了家门，他说："我找到了一个地方，那里有一张桌子和一把椅子，我可以在那里工作。现在管理这个组织和当初的情况一模一样，总的来说，这是我最不想做的事情。"

那么，他为什么还是做了呢？他说："我其实知道，是我自己让很多人无法接近我。我真的需要做点什么，让自己不再倾向避免引人注目。"他从自己的著作，包括一本关于苏格拉底的广受好评的书中，了解到对话作为学习工具的重要意义。但正如他所说，他也想探索，"当你对其他人敞开心扉时，什么情况会发生"。

"对话纽约"组织的活动通常会在大学或者公园里举办，有40~80人参加。与会者分成各个小组，讨论一系列时事热点或哲学问题，时长90分钟。各种各样的人都会参加讨论，不分年龄、性别、种族、肤色、个性，格罗斯监督旁听，引导聊天的走向，偶尔赶走那些过于激进或不让别人说话的人。

从表面上看，"对话纽约"组织的谈话内容似乎是重点，人们互相交流想法和故事，但格罗斯把另一件与我们相关的事情提上议程，他想指导人们如何进行良好的对话。他说："我所期盼的是，人们开始了解，在谈话中，他们需要保持一种双重意识，甚至三重意识。他们能意识到对话内容是什么，意识到他们想说什么，还要有元意识，即我是否以一种良好的方式促进了整个对话过程，我是否太霸道了，我所说的是否无关主旨，我是不是没有努力参与。这就是暗流。"

他所谓的三重意识，正如我们在第 2 章中所见，揭示了为什么和陌生人交流对认知要求会如此之高。作为新闻记者，与陌生人主动交流成了我日常生活的一部分：在交流的过程中，你会专注地倾听，但你也意识到你想跟进了解的事情是什么，你会不禁自问如何才能最好地跟进此事，并试图让面前交流的这个人对你抱有好感。通常，你会不知不觉陷入恐慌之中，因为你担心可能无法获得想要的故事素材，进而无法得到回报。于我而言，这一直都是个挑战，就像说我的注意力持续时间跟松鼠一样长是对松鼠的侮辱一样。① 但我被"对话纽约"组织深深吸引，因为我觉得在美国历史上这样一个充满争议的时刻，和来自各行各业的 7 个完全陌生的人共围一桌，畅所欲言，是一件很棒的事情。

我参加了两次"对话纽约"组织的交流活动，过程既生动又有趣，但最吸引人的一点是观看小组成员自发组织对话的过程。事实上，组员不断进行自我调整，最终往往会找到一种平衡。在第 4 章中，我们将讨论达到平衡的许多相关要素。大家都有意展开对话，都同意他人和我们的观点不大相同，而我们会试着理解，这基本上就是关键。我们平等地对待彼此，当其他人获准发言时，没有人对他们发号施令。这些能力在许多年前就已经形成，与语言相互配合，这就是对话成功的原因所在。

毕竟，团队交流在本质上是一种合作冒险，像所有合作冒

① 人类的注意力持续时间短于松鼠。——编者注

险一样，它需要时间来摸索出最优方案，明确每个人的职责，以及弄清楚人员相互之间如何高效地配合。举个例子，我曾与一群人讨论种族主义，其中包括一名印第安美国人、两名年轻的亚裔美国人、一名支持特朗普的选民、一名退休的白人男性企业高管和一名年轻黑人女性，大家起初都小心翼翼，或者采取防御姿态，过程进展缓慢。几个人甚至漫骂起来，当然这是完全可以理解的。你不了解这些人什么来路，坦率地说，你没对他们抱有什么期望。也许你希望这些人和你设想的一样，而这让你无法真正听清他们想表达什么。也许在这帮人说话之前，你就已经放弃他们了。

但是当你坐在这些人对面时，你开始关心他们在想什么，或他们在说什么。这是情不自禁的。毕竟，他们就在你对面。你看着他们的眼睛，听着他们的声音，观察着他们的肢体语言，很快便会发现，他们的智力并不低。不可否认，他们确实是有人性的。当他们说话时，他们和刻板印象并不完全对应，人性的复杂性就显露出来了。这是一个不同于脸书或推特等社交网络的现实世界，在网络上你想说什么就说什么，而不必考虑你所攻击的对象脸上浮现的痛苦或愤怒，当然，他们也可以对你做同样的事情。在网络上，有人会给你点赞、好评，表达对你的喜欢和认可，这诱使人们弱化他人的复杂性。然而，坐在对面的人不是网络上形象化的符号。和这些有血有肉的人坐在一起，既有助于进行更有质量的对话，又能保证对话顺利进行下去。

尴尬的 15 分钟过去后，大家整理好了思绪，开始团结起来。这简直是奇迹。一切如此自然，又如此迅速。大家开始感到舒适自在，整个过程中都相互信任。这让他们对以前可能觉得敏感的事情感到好奇，他们可以互相辩论，而不必担心自己的言语会被视为人身攻击，也不用担心会被反唇相讥。他们允许自己被震惊到，我也开始意识到，我已经很久没有为别人的话感到惊喜了——我猜，这是因为我这大半辈子都活在过滤气泡中。有的人在说话，其他人则在倾听。我也在倾听，这通常不是我的风格。我妻子总爱说我是一个一流的健谈者。的确，我不擅长在对话中克制自我，这种自制力很少见，也容易被人忽视。但在这里，我全神贯注地沉浸在倾听之中。

时间一分一秒过去，谈话更加深入。有人开始分享自己的故事，以佐证他们的论点。自然而然地，其他人纷纷效仿，整个小组毫不费力地展开了一场很棒的对话，呈现了每个人之前所没料到的一面。例如，这位前高管在越南战争期间曾是一名拒服兵役者。我们讨论到好奇心有助于打破偏见时，他开口说道："对他人抱有好奇，以及好奇他们为何会有这样的感觉，也就是对自身情绪抱有好奇心。"一位年轻的亚裔美国妇女讲述了她被歧视的苦涩体验，她愤怒地说道："我唯一不能改变的是我的肤色。"特朗普的支持者告诉她："如果有人对你出言不逊，你就对他说：'谢谢，那你现在感觉好点了吗？'"有个经历悲剧的人怀着一丝痛苦，说道："我还是我，但已经不是以前的我了。"接下来，大家纷纷开始分享自己的故事，相比之前所给定的话题，我们到达了更有意思的层面。

这一点得到了研究的证实。研究表明，当一个人谈一些私人情况时，其他人便也会谈论私人情况。事实上，他们会以他人的故事为基础，在更深的层面上表露个人情况。这就是所谓的表露-互惠效应。这样一来，对话就会越发深入。此外，从生理学上而言，分享个人故事会让说话者感到愉悦。心理学家黛安娜·塔米尔（Diana Tamir）领导的一项研究发现，当人们透露一些个人信息时，会刺激中脑边缘多巴胺系统，这些大脑区域与奖赏有关。塔米尔写道："人类愿意传达有关个人经历的信息，可能缘于自我表露的内在价值。"这种价值在于，分享个人经历可以促进更深层次的对话，进而建立更深层次的联系，从而形成新的关系，或者加强现有的关系。

这看起来似乎是一个总是过度分享自我的人会使用的招数，他们把内心深处的想法和恐惧倾诉给在场的每一个人。心理学家南希·科林斯（Nancy Collins）和林恩·卡罗尔·米勒（Lynn Carol Miller）对现有研究进行分析后发现，那些分享自我的人只要在分享的过程中留有余地，并且不把人性最阴暗怪诞的部分展现出来，往往都会受人喜爱。虽然这种现象在熟人中会更常见，但研究人员认为，"陌生人初次见面时自我分享所产生的效果是不容忽视的，这一点很重要"。他们发现，这种效果是双向的。我们通常会喜欢我们愿意去倾诉的人。这个过程会自动调整，促进彼此形成亲密关系，帮助我们发展新的关系并深化现有的关系。

根据心理学家齐克·鲁宾（Zick Rubin）的说法，在这些交流中，有一部分行为属于建模范畴。一个人设定相互交流的条件，另一个人遵循并完善这些条件，这有点像即兴创作。"人们互相在聊天中捕捉蛛丝马迹，并做出相应的反应。如果在火车上，坐在你身边的人跟你谈论燃料短缺，你的回复可能也是关于燃料。"鲁宾写道，"如果他倾向于讲述自己的故事，而且告诉你他最近离婚的事情，恰好此时他主导了聊天，那么你可能会推测，自我表露令人期待，也是正确之举。"

这也涉及信任的问题。鲁宾写道："当另一个人向你展示自我时，你很可能会得出结论，认为他对你抱有好感，并且信任你。在这种情况下，通常的反应是向对方证明，他对你的好感和信任没有错付。"如果没有做出此类回应，就表明你还在对他进行判断。例如，我的一个伙伴在"对话纽约"组织的活动中说，"昨天有人在火车上对我进行了恶毒的种族诽谤，我崩溃地哭了"，这时候如果我回答"你昨晚看比赛了吗"，那么她会认为我不值得她信任，谈话随即就会停止。

回到"对话纽约"组织的活动上来，我们组内的交流正常进行着。一开始，时间过得很慢，然后加速，进而飞逝，最后结束。此后，参加活动的所有人都聚集在一起，围坐一圈汇报，格罗斯主要负责监督。有些人对他们团队的良好合作感到惊叹不已，也有更多的问题涌现出来。一个男人问："是否有可能去尊重你不喜欢的人？"他不好意思地承认，在他的生活中，有两个人他不喜欢。格罗斯咯咯笑着说："只有两个？我能想到几十个，你这个胆小鬼。"一个名叫安赫尔的拉丁裔男子冷淡地指出，他的搭档是一个年纪偏大、相貌粗犷的人，名字偏偏叫作"撒旦"，这让他觉得讽刺。安赫尔说："只有在这里才能发生这种事。"还有一位中年黑人，这样描述他的小组："在这里，我们一起成长，一起变得有智慧。"

格罗斯说，他总是会听到参与者跟他说，这些活动对他们而言是一次非常深刻的经历，即使那些不怎么说话的人也不例外。格罗斯说道："有的人向我反馈'我只想告诉你，今年在"对话纽约"组织的经历对我来说意味着什么'，对此我总会感到惊讶。有个人发邮件来说，他们在人生的低谷时参加了这个活动，那次经历确实帮助他们振作了起来。我不知道举办这样的活动竟会有这样的影响。让我吃惊的是，它似乎确实对一些人产生了深远的影响。"

事实证明，我自己也受益匪浅。第一次参加"对话纽约"组织的活动结束后（此后我又参加了几次），我在一个春天的清凉的夜晚，独自乘地铁回家。我感到有些疲惫，我们都知道这些谈话对认知要求很高，但也让人感到愉快，甚至有点兴奋。我并不是说，我变得更有智慧了，而是在和一些与我立场不同的陌生人进行了深入的讨论后，这一体验很好地提醒了我：在通往智慧的道路上，总是会有陌生人的身影，他们可能会帮我们指点迷津，即便此前我们素未谋面。当然，这并不是必经之路，却是个很好的选择。

第6章
从旧石器时代说起的交流史

我们时常会在图书馆遇见陌生人，只需简单打个招呼，这些原本在我们眼中不过是"死气沉沉的非人怪物"的陌生人，在下一刻就有可能成为我们的莫逆之交、人生伴侣，或者商业伙伴。

我想再和你们分享一个故事。前不久，我在公寓附近的公共图书馆分馆办公，突然想去洗手间。于是我向坐在对面的男人凑过身去，他体形偏瘦，年纪大概 50 岁出头，我之前从没见过他。我轻声说道："您好，不好意思，打扰一下。"他抬起头来望着我。我继续说道："您能帮我照看一下电脑吗？我需要去趟洗手间。"

"没问题，去吧！"他操着浓重的口音爽快地答应了。我回来后跟他道谢，他回复"不客气"。几分钟后，他的手机响了。他指着自己的笔记本电脑对我说："不好意思，您介意帮我照看一下吗？"

"当然没问题，去吧。"我笑着回道。

我的笔记本电脑大概价值 1 000 美元。它尺寸不大，容易被隐藏，又极其轻薄。如果我把它弄丢了，麻烦就大了。我想，他的笔记本电脑对他而言也同样贵重。在我俩各忙己事离开后，另一个人本可以轻易拿走对方的电脑，快步走出馆门，然后消失得无影无踪。诚然，我们生活在法治社会，但警察绝不会为了一台失窃的笔记本电脑而出动直升机全城追踪。当然也有另一种可能，失窃者夺门而出，一把抓住小偷，然后揍他一顿。但是，在图书馆门口大打出手可不常见，况且我也好多年没动过拳头了。另外，我讨厌奔跑。

我想说的是，相比那么多精心设计的盗窃案，偷走陌生人的电脑是再简单不过的了。

但我们没有那么做，甚至当对方财产受到他人侵害时，我们会毫不犹豫地站出来——虽然这种可能性不大，因为亲爱的图书馆工作人员会前来帮忙。事实上，我请求那位陌生人照看我的财产，他爽快地答应了。随后，他有所请求时，我也欣然同意。这就是陌生人之间的信任，毕竟我们从擅长合作的猿类进化而来。

到了中午，我在外面的桌子上吃着午饭，他走上前和我攀谈起来。他说他来自海地，到这里已经一年了，每当不必为了生存而疲于工作时，他就会来图书馆学习，并喜欢坐在外面和人们交谈来练习英语。他言语不多，友善真诚，说自己来这里很开心。他的这番话让我意识到一种隐约的尴尬：一些人想方设法要得到的东西，就那么幸运地降临在我的身上，宛如羽毛般轻柔。

像我和这个男人之间的故事并不少见。在我们的生活里，这样的事时有发生，而事实是，我们如此爽快地下了决定，都没来得及细想，这本身就很了不起。其实，像这样简单又日常的互动早就以某种形式存在于我们之间了。这恰恰体现了人类的社交天分，它也早已进化为一种机制，帮助我们更平和、更有效地和陌生人沟通交流。人类学家称之为问候仪式。一旦你和我一样了解了这种机制如何运作、为何存在，你就会发现其实这种机制无处不在。①

在狩猎-采集时代，人们很少会碰到完完全全的陌生人——与你的圈子没有任何交集的人。但随着社交网络的发展，一个全新的社会群体——内群体②陌生人出现了，它也许

---

① 重要说明：以下观点、记录都来自对狩猎-采集社会的人类学实地研究，其中大部分研究在20世纪展开，而有些研究之前就已完成。自从在地球上出现以来，人类在95%的时间里都是狩猎-采集者，所以研究人员经常借助人类学记录来推测人类社会在遥远的过去是如何运作的。但我之前也提到，由于人类的行为不会以化石的形式留存，因此这些观点无法确认，只能作为最合理的猜测。此外，为了简单起见，我将用过去时态谈论这些群体。虽然有一些群体依然践行着传统的生活方式，但这些文化中的绝大多数都已经不再是纯粹的狩猎-采集者了。

② 内群体（in-group）指的是个人可被看作其中一员的任何社会群体。外群体（out-group）指的是个人不属于其中的任何社会群体。实际上，特定的外群体通常是根据某一个具体的内群体来鉴定的。内群体和外群体的概念，明确地区分了我们和他们的界限。这种内外有别的观念不仅内化在群体成员的心里，而且有时通过外在的形式加以突出和强调，如一个群体有自己的名称、符号标志，或特殊的服饰、礼仪或习俗等。社会学文献使用内群体和外群体概念时，主要用来说明个人对于内群体的肯定和忠诚、对于外群体的排斥和疏远的态度。——译者注

早在 10 万年前就已存在。哈佛大学人类学家乔·亨里奇对此做出如下解释："他们并非与你没有社会交集这个意义上的陌生人，而是你与他们尚未谋面，或者要花上大半辈子才能认识他们圈子里所有人，他们是这个意义上的陌生人。"人类学家估计，这类纽带般联结的群体可能由 700~1 000 人组成。正如第 4 章中所述，是文化将他们紧密维系在一起的。

这些内群体陌生人相互之间是怎么认识的？我之前讲到，每个社会都各不相同，人类学家研究的社会可能与我们远古祖先的社会相去甚远，因此他们的研究也不可一味笃信。但见面打招呼是世界上所有社会的共通之处。亨里奇指出：问候仪式是"非常典型的互动方式，可以让陌生人彼此靠近"。通过见面问候，人们可以结交新友，可以开展富有成效的交流，同时也警惕着陌生人可能给群体造成的混乱。

这部分会稍微涉及一点心理学知识。我们都知道次级心理问题。事实上，我们往往倾向于认为陌生人，尤其是外群体陌生人，比我们低级一些。我们往往会更看重自己的群体。在心理学上，这被称为"内群体偏好"现象。当然，这并不是说我们讨厌其他群体。但如果我们真正受到了威胁，或者哪怕只是感觉到了威胁，我们的道德罗盘就会转动，轻易就坚信陌生人根本称不上人，而是动物、病菌或者恶魔。现实生活中的确发生了许多这种去人性化悲剧。但我想讲述一个轻松的故事，它源自印度尼西亚西巴布亚的科罗威人。科罗威人直呼外来者为"拉雷欧"（laleo）。这个词有两重含义：其一，是"外国人"；其二，是"死气沉沉的非人怪物"。我之所以认为这个故事相对轻松，是因为科罗威人热情和平地与外界通商贸易，他们为自己吸引顾客的能力感到自豪。

如此一来，我们便可以将日常的问候仪式视作对内群体偏好和次级心理效应的回应。当遇到陌生人时，我们倾向于认为，他们和我们一样缺乏意志力，头脑贫瘠，我们对此忧心忡忡，这一点不难理解。亨里奇跟我说过："陌生人让人恐惧的是，你不知道他们接下来会做什么。但是如果大家都遵守一个共同的协议，即每当见面时，我们便履行一下问候仪式，那么最起码我们可以先形成一系列惯例，比如，'嘿，我们现在要友好地互动了，只要我们都遵守规矩，没有人违背它，那么每个人都会觉得很舒服'。"他举了一个例子："当你靠近澳大利亚土著营地时，你不能径直走入营地，否则所有人都会愤怒，争斗在所难免。你必须在远离营地的地方摆个小摊，坐在那儿，把随身武器放在远处，然后耐心等待他们接近你。"

最近发生了一出悲剧，起因是当事人在接近陌生群体的时候掉以轻心。我之前曾提到过孟加拉湾的安达曼群岛。一名美国传教士约翰·召（John Chau）认为群岛中的北森蒂纳尔岛上的人们一直饱受撒旦奴役，于是在 2018 年，他孤身一人前去造访。他走近海滩，用自己的语言向他们大声呼喊，宣称救世主耶稣法力无边，可以给他们带来救赎。岛上的人们却纷纷向他开弓射箭。他在日记中写道："我感到有些恐惧，但更多的还是失望，他们没有马上接纳我。"其实他没必要感到诧异，因为在向古老族群的人介绍自己时，这种方式极不可取。正因如此，他最后命丧黄泉。

通过见面时相互问候，陌生人可以展现自身的自制力和智慧，表明自己不具有威胁性，实际上还可能给对方带来好处。稳定地缓和陌生人之间的紧张关系，促进彼此熟悉，从而有望建立良好的关系，这是个高度结构化、需恪守规矩的过程。换句话说，这相当于为黑猩猩设置的那扇问候之门，只是这扇门不适用于人类。

人种志上更是记录了许多有趣的问候仪式。1932 年，人类学家唐纳德·汤姆森（Donald Thomson）讲述了发生在澳大利亚北部的约克角半岛上的一幕。

　　　三个男人从营地北边的灌木丛中蹿了出来，每个人都带着一捆长矛、投矛器和火棍。有人立即察觉到他们在向营地靠近，营地内部开始兴奋不已，暗流涌动，但没有注意到这三个人究竟带了什么。他们慢慢接近，在大约离营地北部边缘40英尺①处，开始蹲在地上，彼此相隔几英尺，将武器放在前面，一言不发。很明显，即便过了一刻钟左右，也没人留意到他身上带了什么。不一会儿，一个老人手无寸铁地离开营地，他体形壮硕，悠闲地朝左边的男人走去，用脚在附近的地面上蹭了一个浅浅的凹坑（当地人就坐前的习惯），然后席地而坐，离他们大约 1 码②远。他们还是一言不发，眼眸低垂着，相互之间甚至都没有看

————————————
① 1英尺≈0.3 米。——译者注
② 1码≈0.9 米。——译者注

一眼。

几分钟后，营地的老人与其中一个来访者低语了几句，那个男人用随意的口吻回答了老人。当时我站在几码开外，听不清楚。另外两个人头也不抬，唯恐向监视他们的营地泄露丝毫情绪。最后，老人大声说了一个词"火"（Bat），一个男孩从营地里拿出一块焖烧的木头递给老人。随后，老人把木头放在和他对话的来访者之间。要是在以前，毫无疑问，这就算打过招呼了，但这次有所不同，老人还点燃了烟斗，递给来访者。此时，又从营地出来一个人，同样悠闲地走了过来，跟另一边的男人打招呼。他赠送了一份礼物给男人，并得到了回礼。

40年后，澳大利亚人类学家尼古拉斯·彼得森（Nicolas Peterson）写到这种问候仪式和类似的仪式："在整个澳大利亚大陆，无论来访者是单枪匹马还是结伴而行，如果没有正式告知当地居民他们来访，则会被视为怀有敌意，当地人可能因此攻击他们。然而，一旦来访者遵守仪式进入其领地，他们就可以与东道主平起平坐，共同使用这片土地上的资源。"

1934年，人类学家维克托·莱布策尔特（Viktor Lebzelter）和理查德·诺伊泽（Richard Neuse）观察到了卡拉哈里沙漠的桑人（当时被称为布须曼人）的另一种问候仪式。[①]"当两个身上带着武器的陌生人走近时，见到对方的第一件事是放下武

---

① 桑人并非纯粹的狩猎–采集者，他们与牧民之间的往来长达千年之久，但他们的问候仪式与我这里提到的狩猎–采集群体十分相似。

器，然后再相互问候。当布须曼人来到村庄或农舍时，他会在一定距离之外放下武器，坐下来耐心等待直到村民前来询问，哪怕要等上几个小时。"

1957 年，美国人类学家洛娜·马歇尔（Lorna Marshall）在一本书中展现了昆人对话时可能会有的样子，这本书取材于她在卡拉哈里西部的昆人群体中生活的日子。"他们称呼陌生人为'ju dole'。ju 的意思是人，dole 的意思是陌生的或来者不善的——在昆人的语言中，这两个概念用一个词来表示，就好像它们本来就是一个概念。"尽管如此，她发现让"坏"人变为"好"人并非难事。马歇尔写道："当一个昆人遇到一个陌生人，发现陌生人和他的某个亲戚同名时……他会安下心来，有了归属感。"以下是马歇尔所记载的：

哥哥高前往卡达姆，为大家办事。卡达姆在高查北部大约 115 英里①开外。我们当时住在乔阿纳，往北走大约 40 英里便到了卡达姆。问题是，他以前没去过卡达姆！住在那里的昆族布须曼人称其为"ju dole"。他急忙说，他听说当地有个人的父亲和他的父亲同名，还有个当地人的兄弟也叫高。卡达姆人说："哦，原来你和高同名啊！"他们领他来到篝火边，还送给他一份食用胶当作见面礼。

有些问候仪式更粗暴些，比如考验或比赛，乍看上去更像

---

① 1 英里 ≈1.6 千米。——译者注

是在捉弄他人，但在土著看来，这既迎接了陌生人，也考察了他作为潜在盟友的价值。1885 年，人类学家弗朗兹·博厄斯（Franz Boas）发表了一篇令人印象深刻的文章，详细讲述了位于巴芬岛东南部的加拿大因纽特人的问候仪式。

　　如果有一个陌生人前来造访，当地人会特意安排盛宴款待他。在东南部的部落中，土著会站成一排，一个男人站在前面。陌生人慢慢靠近，双臂交叉，头偏向右侧。然后，一个土著用尽全部力量打他的右脸，打完后，土著将头偏向一侧，陌生人一记重拳挥过来。周围的人漠然地唱着歌、玩着球。直到双方有一人被征服，才停止互揍。

　　西部的部落之间的问候仪式与东部的颇为相似，但去过西部的人还提到了拳击、摔跤、带刀上阵。在戴维斯海峡一带，几乎其他所有国家在初次迎接陌生人到来时都会上演"不择手段"的游戏。比如让两个男人脱去上衣，坐在一大块兽皮上，试图掰直对方弯曲的手臂。有时候，这类游戏充满危险，原因是胜利者有权杀死对手，但一般情况下，宴会都是以和平的方式结束的。①

---

① 1977 年，人类学家朱利安·皮特-里弗斯（Julian Pitt-Rivers）记录了这一问候仪式，他好奇的是，"在土著击败陌生人后，他有权处死他？……只是放弃这一权利，表明被击败的陌生人欠胜利者一条命？按理说，土著不太可能会获得这种权利。这样的事实显然基于社会纽带中的某种社会认可。在一个人全力为自己的生命而战斗，失败后被宽恕后，他肯定不会和对方依旧是点头之交"。就像一起服兵役、打比赛或者共患难的经历深刻地将陌生人维系在一起，这种仪式也有这种功能。

一个狩猎–采集者意外地遇到某个陌生人，这种情况虽不多见，但避免冲突依然有章可循。美国人类学家、历史学家和地理学家贾雷德·戴蒙德（Jared Diamond）撰写了《枪炮、病菌与钢铁》一书，书中解释了如何应对这些遭遇："要想缓解这种剑拔弩张的氛围，两个人可以先坐下来，每个人先说一下自己姓甚名谁，亲人们何名何姓，讲明是怎样的亲戚关系，然后再捋一捋，看看双方是不是有共同的亲戚。这样一来，你们两个多少都会沾亲带故，也就没有理由再去互相攻击了。"这一过程可能会持续好几个小时，如果两个人实在没什么关系，那么你有两个选择：要么战斗，要么逃跑。

当人类社会越发壮大、组织结构越发复杂时，问候仪式就被保留了下来，只是其形式有所改变。人们定居乡村，以农耕为生，一旦新成员受到吸引前来加入，就是一举两得的事情：既壮大了劳动力，形成实实在在的优势，也提升了领导者的声望。有些领导者甚至声称他们自己拥有吸引陌生人前来的魔力。1972 年，人类学家奥托·弗里德里克·劳姆（Otto Friedrich Raum）在描述非洲南部的祖鲁人时写道："从经济角度来说，外来的新人是部落的资产，不仅添了人丁，还可以增加财富、繁衍后代、传授专业知识和技能……陌生人会受到大家的欢迎，因为他们可以帮助改变当地的小社会，让这个社会的性格更多元、兴趣更多样。"但首要的是，他们的人身安全必须得到保障。在祖鲁人看来，陌生人既强大又弱小：强大是因为他们身份神秘，是外来的潜在危险；脆弱是因为毕竟他们不是本地的一员。所以问候仪式旨在调和他们携带的威胁和机会。

劳姆写道："陌生人进入村子，像是跨过重重关卡。"一个陌生人来到村口后，举手致意。一个男孩被派出来，先是询问他来自哪里，然后回去汇报给领导者。得到允许之后，男孩领着陌生人进村，让他住在专门分给陌生人的屋子，有时这屋子就是男孩的住处。劳姆写道："他多半不会离开他的屋子，如果他离开了，人们会怀疑他脑子不太清醒。"

1977 年，人类学家哈丽雅特·恩古巴内（Harriet Ngubane）记载了她在纽斯瓦保护区观察到的情况："在此期间，当地人有机会观察（陌生人），并判断他们是否'危险'，以及能否融入当地的社会生活。只有在考察期结束后，邻居表示愿意接受外来的陌生人，他们才可以开始盖房子。一旦房子盖好了，他们便会请来当地的工匠进行装修，同时会去找当地的医生，通过服用药物来调理身体，以便更好地适应新的环境。"

但需要留意所有这些仪式中的关键：规则、尊重、时间、有意义的接触，以及某种程度的共性，无论这些共性多么细微。你遇到一个陌生人，你了解你应该做什么，并且你也做到了，这些说明你事先有所准备，熟悉更广泛的文化，能够礼貌地尊重东道主以及基本习俗。[1] 作为一个陌生人，你有时候需要手无寸铁地坐上好几个小时或者让自己的脸反复被揍这样循规蹈矩地表现出你的自控力，证明你不易陷入混乱，头脑清醒，具备对方要求的特质。这样，大伙才能允许你走进村子。

---

[1] 研究祖鲁人的奥托·弗里德里克·劳姆死后，人们在其讣告中歌颂其功德，因为他揭示了"仪式化的行为有助于区分有礼貌的人和不礼貌的人"。

现在，我们不妨回过头来看看之前在图书馆发生的故事。我和那个陌生人开始接触时，并没有把我的笔记本电脑直接推到他面前，对他说"照看"一下。相反，我有意表现出冷静自恃，给人一种可以预料的感觉。我和他进行了眼神交流，但没有怒目而视。我礼貌而平静地请求允许进入他的空间——靠近他的身体，走近他的内心，并请求使用他的资源，同时由他来决定是否愿意提供帮助。当然，一般人们都会同意，我想他也会同意的。就像许多狩猎-采集群体一样，人们总是征询他人许可，他人也总是乐于同意。

在他人答应帮助我时，一种互惠关系便形成了。如果需要的话，我有义务回报这份帮助。事实上我也确实回报了，但即使我没有，可能也不会阻止这个人继续去帮助别人。我们在前面提到了直接互惠的概念。也许他只是认为他的善良是宇宙慈善银行里的一枚硬币，以后会由别人或者其他超自然力量来偿还。也许，作为一个超级合作者，他根本没有真正想过这一点。人类的行为往往始于对一个问题的实际反应，如果我们不断重复，随着时间的推移，这样的行为就会被编码在我们的基因中，我们不假思索便会这么做了。

从那以后，我再也没有见过这个人，也许以后也不会再见到了，但在那一刻，我和他构成了"我们"，彼此成了荣誉亲属：数万年的人类历史，在公共图书馆里，在两个完全陌生的人之间，在一个平常又毫不起眼的时刻，就这样达到了顶峰。事实上，这些事情发生在一个拥有数百万人口的城市里，发生在相貌不一、言语不同的陌生人之间，因为过于频繁以至我们认为它们是理所当然的。这些事情，是一项成就的体现，而这项成就即使在我们丧失希望的时候，也会被好好感激。

现在，我们依然坐着火车，好好感受一下漫长的旅程。

第 7 章
遇见杀人犯和另一个维度的来客

为了更好地与陌生人交流，我上了一辆列车，足足坐了 42 个小时。在此期间，我结识了新朋友，学到了食用绿叶蔬菜的好处，这种跨维度旅行让人兴奋不已。

朝阳初升，晨光熹微，火车开到了加利福尼亚州和亚利桑那州的边界附近，车上的两个男人聊着卷心菜。一个是高个子，年纪大概 65 岁，皮肤黝黑，身材魁梧，穿着法兰绒衬衫，看起来像个农场主，姑且就叫他农场主吧。另一个是美籍华人，年纪更大一些，他正读着《饮食的悖论》一书，暂且称他为素食者。现在是早上 5 点半，我们都睡醒了，因为列车会在这个时间提供早餐——没有人可以充分解释这一点。清晨，阳光透过车窗洒落车厢，列车从灌木丛生的亚利桑那州开向加利福尼亚州，我木然地喝着咖啡，凝望窗外，眼前风景的模糊轮廓一掠而过。

闲逛的农场主瞅了一眼素食者的书，然后在他旁边坐下。

"你喜欢科学吗？"他问道。

素食者回答："没错，我对科学很感兴趣。"农场主问这是本关于什么的书，素食者解释这本书谈到了植物凝集素的危险性，凝集素是一种植物蛋白，许多水果和蔬菜中都有。聊天话题很自然地转移到了节食和饮食上。素食者说自从他退休后，多年来一直吃素，经常节食。我插了一句，问他节食是否会让他脾气暴躁。这时，我身后的一个"大胡子"听到了我的问题，大声说道："你说的没错，我一节食就会变得很暴躁！我还是需要吃肉！"素食者也点点头，说没错，节食确实让他感到有点疲惫，但总的来说，他觉得状态非常好。

农场主想了一会儿，眯起眼睛问道："你觉得卷心菜怎么样？"

"卷心菜？"

"对，就是卷心菜。"

"卷心菜不错。"

"真的吗？"

这是 2019 年 5 月，我坐在这列火车上，从芝加哥前往洛杉矶，行程大约 42 个小时。为了更善于和陌生人交流，我想找一个常态化的聊天环境，"对话纽约"组织的活动毕竟还是有组织的。如果你正寻找一个必须与陌生人交谈的环境，美国是一个好选择。事实上，在西方人中，很少有像美国人一样健谈的，我个人也非常喜欢和美国人交流，即便当前美国处在一个令人忧虑的历史时刻。因为只有在美国，像"从未见过陌生人"这种陈词滥调才会如此讨人喜欢、受人追捧、令人自鸣得意，以至每天无数的美国人讣告中都会出现这句话。

英国伟大的演员戴维·尼文（David Niven）在他1971年的回忆录中回顾了他年轻时的一次巡演。他写道："在这次巡演中，我首次接触了美国人，我觉得这段经历让人感到很愉快。他们开朗豁达，好奇心强，充满真诚，一开始可能会把人吓到。他们一上来就会问个人情况，或者让对方把人生经历详细讲述一遍。在美国，人们会邀请并不相熟的陌生人跟朋友或家人一起进餐，这一点和西方国家很不一样。"

所以我做出了决定：在美国练习和陌生人沟通。但是具体而言，我应该去美国的什么地方呢？于是就有了在火车上交谈的灵感。我读过小说家兼旅行作家保罗·索鲁（Paul Theroux）1975年出版的《火车大巴扎》，这部著作主要讲述了他在乘火车跨越半个地球的途中与陌生人交流的故事。一次交流后，索鲁收获颇丰，他写道："这次谈话就像我之前在火车上的许多其他谈话一样，充满一种轻松的坦诚，我们共度了一段旅程，享用了舒适的餐车，也知道彼此肯定不会再见面。"最近，我还偶然看到了一本杂志上的报道，内容是关于作者乘着火车穿越全美的故事。作者在报道中指出："对火车上的人来说，闲聊就像一车可卡因一样令人精神焕发。"所以，我也上了火车。

不过，还有更深层次的东西吸引着我。美国人深深地迷恋火车，火车让这个国家发生了翻天覆地的变化，也改变了美国人。之前，我一直和一位这样的美国人来往，他是音乐家，名叫加布里埃尔·卡亨（Gabriel Kahane）。2016年，美国总统大选后，卡亨对这个国家深感沮丧。为了走出阴郁的情绪，他在火车上待了两周，和美国同胞混在一起。实际上，他想和陌生人说说话。此处的陌生人不仅是指他不认识的人，而且包括在文化和政治上与他有分歧的人。这次旅行之后，他在 2018 年创作了广受欢迎的唱片《旅行者之书》(*Book of Travelers*)。

卡亨告诉我："这段经历革新了我的认知，让我更加坚信，我们用来解读国民情绪的数字镜头已经严重倾斜了。我们之间并非没有意识形态差异，有些差异甚至关乎生死，可是当你与血肉之躯而非匿名的数字化身打交道时，这些分歧更容易得到解决。"卡亨说，这段经历迫使他直面自己对美国其他地区人民的偏见，尽管这在政治中很少被提及。他发现他与陌生人的大多数对话都自然而然地围绕着家庭展开，主要是关于人们对家庭的爱以及他们为了这个家做出的个人牺牲。他说："如果说我能从中得到什么启发的话，那就是这段经历让我更加相信人性。"

这对我来说已经足够了。我预订了美国铁路公司州际列车的卧铺车厢的票，车名为西南酋长号。出发那天，我打车去拉瓜迪亚机场。报摊边一位漂亮的女士问我要去哪里，我说芝加哥，但实际上，我要从那儿出发，坐火车去洛杉矶。

"天哪，那要坐多久？"

"大约两天吧。"我回答道。

"为什么不坐飞机？"

"因为我一直都想坐火车，这样有利于我工作。"

"我还是不懂，为什么你不坐飞机？"

"因为坐火车会很有趣！"我说。

她疑惑地看着我。

我说："这是一趟冒险之旅！我会遇到新的朋友！我会接触到很棒的观点！还有一张床能休息！"

"酒店里就有床。"

"我不会改主意的。"

她笑着祝我好运。随后，我准备登机时，在自动人行道上遇到了一个男人，他手上拿着一个奇形怪状的大塑料盒。按照桑德斯特伦的建议，我遵从了自己的好奇心。

"那是什么？"我问。

"这是一具尸体。"他回答，然后停顿了一下，"我开玩笑的，这是一个贸易展览的展台。"

几个小时后，我在联合车站登上了一列很大的火车，找到了我的车厢。我们一起出发吧。

火车缓缓开动，旅途开始了。列车员有哥伦比亚血统，颇具表演天分，他向我们双层卧铺车厢的旅客发布了两条通知："火车上提供新鲜的热咖啡，味道浓郁，咖啡豆产自哥伦比亚，跟我一样；这列火车上没有无线网络，两个月前取消了，所以你们只得互相交流了，希望你们会喜欢彼此。"在他详述卧铺车厢的规则和便利设施时，旅客们已经四下走动，探着头到不同的隔间自我介绍一番，问道："你住我们隔壁吗？"

我这趟旅行的愿望很快实现了。长途旅行的美妙之处在于陌生人毫不犹豫地、自发地相互交往。这是一个完全流动式的社会环境，像狩猎-采集社会一样，都是裂变-聚变的模式。人们聚在一起，互相碰面，然后把认识的人介绍给别人。更重要的是，人们预期与陌生人交流时往往会感到尴尬，而在火车上就没那么尴尬了。在火车上，人们邀你交流是一种社会规范，而且你总有一个很好的开场白："你要去哪里？"

在火车上，人们总是愿意开口。你不必为了和人说话，特意找个由头，也用不着为打扰他们而跟他们道歉。乘客们要么正聊得热火朝天，要么正打算加入新的谈话。如果你听到一些有意思的事情，你可以礼貌地悄悄走近。我敢说，这种完全开放的社交环境与以下几个因素有关。第一，这些人很多来自南方和中西部，那里的人习惯和陌生人交谈。第二，我们都在这铁皮车厢里，大家几乎经常打照面都熟悉了。第三，除非你们是4个人一起来的，否则你不可避免地会和陌生人一起吃饭。如果你和我一样，一个人坐火车，走进餐车后，就有人向你招手，自然而然地你就会跟他聊上几句。

我的第一顿晚餐是跟一对退休夫妇彭妮和比尔一起吃的，他们来自南卡罗来纳州，前往加利福尼亚州拜访比尔的兄弟。比尔是一名退役海军军官，由于工作性质，他们航游了全世界。彭妮告诉我，这是他们第29次搬家了。有一次他们做好了计划，打算去新斯科舍度假，没承想比尔告诉她要取消计划，因为部队打算去巴黎。彭妮沮丧万分，后来比尔只好宽慰她以后有的是机会。后来，她崩溃了，不想再搬来搬去了。她不会说当地语言，天生爱说话的她可接受不了。彭妮跟我说："我妈妈过去常说：'彭妮，别说话了，吃饭吧！'因为我的老师以前常常在我的成绩单上写着：'彭妮总是在说话！'这就是我的性格！"

她说，在巴黎养狗有助于和陌生人搭上话。她没想到养狗也算得上和陌生人的共同点，还打破了他们之间的隔阂。一开始，她在遛狗时跟迎面走来的男人打了招呼。后来有一天，那人主动开口："你好，你的狗叫什么名字？"她说它叫玛芬。他回道："不不不！它该叫……羊角面包！"此后，每次他们见面，他都会开口说道："你好，彭妮！你好，羊角面包！"再往后，他们就越来越熟了。从那时起，无论彭妮去哪里，她都会问狗的主人他们的狗叫什么名字。她说，这无疑是一种认识他人的方式。

我们聊了又聊，她告诉了我他们夫妇二人的所有冒险经历，有一次他们在英国的一个农场，帮助一个朋友顺利让绵羊产崽。她讲述这个故事时，想不起来某个词，就问比尔："公绵羊俗称什么？"

"山羊。"

"不是山羊！"她说。

"嘿，那我就不知道了。"他大声说，"我是海军！"

在我们谈话时，我就觉得我的运气太好了。他们四海为家，这让彭妮变得十分擅长和陌生人交谈。她说，说到底，如果她不去和陌生人说话，她就永远无法认识别人，也就无法找到归属感。她告诉我，她有个独门绝技，当人们问候她"你好吗"，她不会说"挺好的"，而是会说"我很棒，每天都在变好"。当她反过来问对方怎么样，而对方答复"挺好的"时，她就会追问下去："你真的感觉挺好的吗？"然后他们就聊了起来。"人们需要交谈。"她说道。

我们聊了两个小时，聊到火车上的食物、生活、政治，无所不谈。他们两个极有魅力又慷慨大方。彭妮两次叫我"国宝"，坦白说，这让我很受用。餐桌上的第四个人是一个身材匀称、皮肤黝黑的中年妇女，她穿着一件 T 恤，上面印着"LOVE"（爱）。她话不多，但谈到加利福尼亚州的大规模移民时，她便多说了几句，认为那是一场犯罪预谋。据她所说，她是在英国出生的。

那天晚上，我们被告知，因为堪萨斯州暴发了洪水，火车被迫停运。到了半夜，我们被赶下火车，换乘公共汽车，在死寂的夜里坐了三个小时。但即使在那个时候，人们还是一直聊着天，最起码刚上车的时候聊天的兴头是很高的。坐在我身后的人在一番闲聊之后，意识到他们都陷入了同样艰难的处境。几个小时后，大家也累了，汽车里一片沉默。一个高个子男人叮叮当当地走到车头，对司机说了些什么，又转过身回到自己的座位坐下。20 分钟后，他又走到司机那里。司机厉声说道："先生，请您回到自己的座位上。"其他乘客交换了一下眼色。20 分钟后，我们驶出高速公路，到达一个加油站的停车场，里面停满了警车。那个发出叮叮当当声音的男人站起来，走了出去，一句话也没说，向警察投降了。我们后来才了解到，之前他要求司机加速行驶，是因为"加利福尼亚州有几个他必须干掉的人"。

次日，"杀人犯"的消息不胫而走，火车上的人们聊得热火朝天。当天中午，我和三个同行的旅客一起吃午饭，一个是已经退休的男人，他来自印第安纳州，另外两个年轻一些的女士来自肯塔基州。我们喝着血腥玛丽鸡尾酒，凝视着窗外，列车正在穿越美国西部。我们说，美国的西部过于空旷，令人感到可怕。男人说这没什么，他最近正开始教授一门成人教育课，主讲宇宙到底有多大。他拿出一枚25美分的硬币，拍在桌子上，说："如果我们的太阳系是这个硬币，那么银河系就相当于美国大陆。"之后我们开始谈论敬畏感。当火车停在新墨西哥沙漠中时，另一张餐桌上的人问："唉，现在该怎么办呢？"

"我也说不好，但是外面停着几辆公共汽车。"我打趣道。

"其中一辆被那个'杀人犯'开走了。"我这边有人说道，"他在向我们挥手！"她也挥了挥手。

在接下来的旅程中，我不断加入各种新的对话，有些是随便聊聊，有些则聊得比较深入，涉及更多私人问题，比如和一名社工、一个奶农、一位美术老师等人聊天时就比较私人化了。大多数人都已年过半百，白人占了七八成。在一起度过的两天里，大家互相交流，在伴随着的隆隆的火车声中，共同穿过这个国家的西半部。充裕的时间让人彻底放松，壮丽的景色叫人心旷神怡。约莫一天后，我觉得自己已经学会如何和生人打开局面了——坐在位子上就行了，顺其自然是最佳办法。这是一种合作，而非竞争。这些天在火车上发生的事情，让人感到内心安定、精神抖擞。不可否认，每个人自有复杂之处，但每个人也会是很好的伙伴，每个人的故事都很精彩。他们足够熟悉，可以相互理解，又各不相同，让人感到有趣。

我们还是回到卷心菜的话题吧。关于节食，农场主和素食者也聊得差不多了，随后，农场主和我聊了起来。他肚子里还是有点墨水的，看他的相貌，他不像是说话古怪的人，这让我很感兴趣。我问他做什么工作，可他避而不谈。这两天，他偶尔说一句："也许我想得太多了。"

　　"你在想什么呢？"我开口问道。

　　他又反复跟我说他的想法不重要，他开始了解一些事情了。他说，今天清晨，他起身凝视着窗外时，生出了一个想法。他一直相信世界上是存在其他维度的，并越发相信，这些维度可能离我们比想象的还要近。他说，今天早上我们与一趟相向而来的货运列车擦肩而过时，有什么东西一下子占据了他的脑海。他注意到，在某种意义上，货运列车挡住了他的视线，但是如果他眯起眼睛，那么他仍然可以透过列车车厢之间的缝隙看到洒满月光的沙漠。他说，他把这列经过的货运列车想象成另一个维度，装满了未知的货物，列车行驶速度如此之快，我们甚至看不到它，我们只是通过车厢之间的缝隙看到我们自己的世界。

　　"也许在那时，"他说，"感知另一个维度仅仅是一个有关速度的问题。"他想知道我们是否有可能减慢思维速度，从而足以感知从我们眼前掠过的另一个维度。当他认为世界上存在其他维度时，他深感慰藉，也很高兴这个维度和我们之间相隔着几英尺。他笑着说："我可不想在外面走着走着，最后突然走到这个维度里。"

然后他不说话了，我开始在想，其实我对陌生人也一直有同样的感觉：他们像是装载着未知货物的容器，容纳着所有宇宙，日复一日，从我们面前悄然经过，而我们却毫无察觉。一些传统的岛屿文化认为，陌生人是来自已知地平线之外的其他维度的访客。从某种意义上说，的确如此。如果我们没有学会细细观察，那我们可能一辈子都"看不到"他们。

列车在加利福尼亚州的沙漠里迎来了破晓，我和他凝视着窗外，他说一个人只有在火车上才能生出这样的念头，然后起身离去，而我还没来得及问他的名字。

第8章
人类是怎样对陌生人的善意产生依赖感的

我们将了解到，在人类漫长的历史中，热情款待陌生人并非例外。它是一条神圣的律令，为人类文明奠定了基础。一旦违背，你就会在神的旨意下沦为鸟兽。

有两个男人来到一个村庄，他们衣衫褴褛，落魄潦倒，挨家挨户地拜访，以确认村民是否对陌生人客气友好。这两人中，一人是基督教中的救世主耶稣，人称上帝之子；另一人是圣彼得，耶稣的得力大弟子，现存最大的基督教堂便是以圣彼得命名的。耶稣和圣彼得来到一个上了年纪的农妇家里，向她讨了一些面包，农妇只给了他们一点点面包屑。耶稣还想给她一次机会，就让她烤箱里的蛋糕奇迹般地变大了，这样农妇就有更多的食物可以分享。没承想，农妇还是只给了他们一点点食物。耶稣和圣彼得觉得已经看到了她的本性，于是把她变成了一只猫头鹰。

这是一个流传在中世纪的欧洲民间故事，还有其他版本。在波罗的海一带的版本是，耶稣和圣彼得为了惩罚守财奴，强迫她把两条蛇当作孩子一样养大。还有个版本是，这个斯堪的纳维亚人变成了啄木鸟。在德国，他们把她变成了一只布谷鸟。

这些故事并非基督教所独有，也不仅限于欧洲或者中世纪。在西班牙、俄罗斯和土耳其，其流传着摩洛哥人的版本：先知穆罕默德化作乞丐，来到一户有钱的人家，富有的主人不愿杀羊款待，反倒是把猫给煮了。穆罕默德见状，便复活了猫，把富人变成了猫头鹰。在美国土著的民间故事里，有个老妇人带着孙子来到镇上，这里的人吝啬无比，把他们拒之门外。他们施计惩罚了吝啬鬼，将其及其子女都变成了鸟。①

在日本的民间传统中，陌生人是不同身份的人（ijin），他们经常以修理匠、外国人、乞丐或弱势的外来人的形象出现，但实际上，这些人要么是上帝、牧师、王子，要么是其他拥有神力之人。有这么一个故事，一位法号叫空海的佛教僧侣来到一个缺水的村庄。他穿得破破烂烂，像个要饭的叫花子，乞求有人给他一杯水。村里有个女人翻山越岭到达井边，为他打回了水。为表感谢，空海用他的手杖敲打地面，一股泉水直往上冒。而后，他来到下一个村庄，这里水源丰富，空海请求给点水喝，却遭到了拒绝。他怒不可遏，用手杖敲击地面，当地水井立即干涸，而村子也衰败了。

---

① 也许你在读这些故事的时候，就会开始琢磨，鸟类最开始是否就是这样来的。

在西方，古希腊人以深信众神活在陌生人之中而广为人知。据说陌生人由宙斯保护，宙斯既是众神之父，也是陌生人之神。他经常乔装打扮，化作流浪的乞丐，以确保人们不会虐待陌生人。创作于公元前 8 世纪的古希腊史诗《奥德赛》中提到，主人公奥德修斯与之前的奴仆久别重逢，奴仆已经认不出奥德修斯了，但依然热情款待了他。奴仆说道："你得吃点东西，喝点酒，好好跟我说说你打哪儿来，遭遇了什么困难。"在创作于公元前 360 年左右的《法律篇》一书中，柏拉图警称："所有的流浪者和乞丐都是宙斯乔装而来的。但凡一个人内心闪烁着一丝谨慎的火花，一生之中都会尽量不得罪陌生人。"这丝火花燃烧了数千年，世界各地的民间传统都有其缩影。美国蓝调歌手埃尔莫尔·詹姆斯（Elmore James）在他的歌曲《陌生人的忧伤》（*Stranger Blues*）中唱道：

> 我想知道他们为什么会这样折磨一个可怜的陌生人
> 我想知道他们为什么会这样折磨一个可怜的陌生人
> 他们都应该记得
> 他们会自食其果

在前面几章中，我们了解到，我们能成为如今的人类，很大程度上是因为我们学会了与陌生人合作。我们发展出形成荣誉亲属关系的能力，能够将毫无血缘关系的陌生人当作家人来对待。我们拥有了间接互惠的能力，从而能够与其他游群建立重要的关系。我们创造了文化，简单的装饰品就可以表明陌生人是不是我们群体中的一员。我们发明了问候仪式，以便与陌生人进行安全的交流。凡此种种，都让智人将"我们"的范畴扩大到了人类祖先难以料想的程度。

于是，人类再次在进化史上实现了一次巨大的飞跃，推动了又一次社会复兴——人类开始变得热情好客。就像荣誉亲属关系一样，人类好客最初只是为了解决新问题。漫长的历史证明，人类能够取得成功，热情好客是不可或缺的因素，以至最终嵌入我们的道德之中，成为我们下意识的行为，被编码在我们的基因深处。密歇根大学的人类学家安德鲁·施赖奥克（Andrew Shryock）教授专门研究人类热情好客的现象："有一点毋庸置疑，那就是人类广泛了解并一直践行着热情好客，就像对待亲缘关系、物物交换或男女性别一样"。"热情好客一直伴随着我们，和人类一起进化。"他补充道，"我有一种直觉，如果人类不好客，那么人类的社会交往是难以实现的。"

当然，对陌生人热情好客的传统不仅体现在这些与似乎极其讨厌鸟类的人们相关的民间故事里，还存在于几千年来人们的生活实践中。1906 年，芬兰哲学家爱德华·韦斯特马克（Edward Westermarck）出版了《道德观念的起源和发展》（*The Origin and Development of the Moral Ideas*）一书，他游历甚广，是公认的社会学创始人之一，这本书记录了他对几十个慷慨款待陌生人的传统社会进行的考察。韦斯特马克观察发现："人们在欢迎陌生人时，通常会给予他们特别关照。陌生人可以坐在上席，分到最好的食物，他优先于主人家里的所有成员，享有非凡的特权。"

在一些地方，招待陌生人是件光荣的事，当地人会争相招待他们。韦斯特马克写道，在西奈半岛的阿拉伯人群体中，"如果有人大老远看到一个陌生人向营地走来，那么第一个谈到这个陌生人的人，或者第一个惊呼'来的是我的客人'的人——不管是大人还是小孩，将拥有在当晚招待他的资格"。韦斯特马克发现热情好客和超自然的概念在许多文化中相互交织。陌生人代表了另一个维度，既体现着它的恩泽，又让人恐惧。韦斯特马克在书里记载：

> 在易洛魁人的宗教导师们所接受的教义中，有这样一条戒律："如果有个陌生人走到你家附近，你得请他到家中做客，热情款待他，说一些客气话，别忘了提一下大神①。"生活在阿纳托姆岛的当地人坚信，慷慨款待陌生人会在死后获得最大的福报。卡尔梅克人认为，不够热情好客会遭到愤怒的神的惩罚。坎德人常说，上帝赋予人类的第一项职责便是热情好客。"那些忽视既定仪式的人会受到神的惩罚，惩罚要么降临在今世，要么降临在来世"，神的惩罚包括让他们离开人世，令他们一贫如洗，叫他们疾病缠身，令他们失去子女，或是让他们遭受其他灾难。印度的宗教书籍反复提到好客是最重要的

---

① 北美许多印第安部落信奉的主神，在不同的部落中有不同的称呼，Great Spirit 是其较为普遍的英文译名。——编者注

职责，履行这一职责将会得到足够的福报。吠陀歌手告诉我们："待人冷漠的人，虽然还能呼吸，但不是真正地生活在世上。"按照毗湿奴的说法，在一个陌生人需要热情友好地被对待时，忽视他的人会下地狱。相反，对客人礼貌尊敬，一家之主便会获得最大的奖赏。"热情款待客人的人在第一天夜里会获得尘世的欢乐，第二天夜里飘飘欲仙，第三天夜里享受天堂极乐，第四天夜里则抵达了无与伦比的幸福世界，此后许多夜晚都在无穷无尽的欢乐之中徜徉。这在《吠陀》中早已声明。"《摩诃婆罗多》中记载："把食物施舍给从未见过的疲惫不堪的旅行者，是一个人的至善之举。"

许多这样的社会对待陌生人甚至过分热情。如果有个人杀了你的兄弟，还要求你好好招待他，那么你也别无他法，只好硬着头皮勉强答应。如果有人想要杀害你的客人，你必须上前保护，哪怕豁出生命。

施赖奥克告诉我，在许多文化中，热情待客和宗教信仰不仅息息相关，而且不可分割。他说："热情待客演变成宗教的一部分，并伴随着宗教一道发展，究竟是热情待客来自神圣的宗教，还是其将力量借予了神圣的宗教，这一点无从定论。"换句话说，究竟是我们因为热情待客而信仰宗教，还是我们因为信仰宗教而热情好客？这谁也说不准。施赖奥克历经数年，专门研究阿拉伯人的好客现象——当地人把热情好客称作卡拉姆（karam）。带着这项研究任务，他来到了约旦的巴尔加部落。2012年,施赖奥克写道:"一间屋子里要是没有客人,或是没有客人的容身之地,或是没有给客人准备食材,对巴尔加人来说,这不仅显得自己混得不好,而且是可耻的。"在当地,热情待客是一种深深的信仰,"一种'从父亲和祖辈'那里继承而来的'皮肤中的灼热感'"。一名巴尔加维男子告诉施赖奥克:"卡拉姆不仅仅是关于饮食的事情。热情好客是骨子里的东西,来自灵魂深处。"

据说,当地的贝都因人会时不时地款待陌生人,这种深切的责任感可能会化作一种疯狂的热情。具体来说,这是一种"阿拉伯式疯狂",当地人被自我的精神征服,毫无保留地把一切都送给客人。施赖奥克历经几年时间,搜集了流传在约旦河谷一带的特殊的民间故事。有一个人把他的孩子送给了一个陌生人,原因是他没有更有价值的东西可送了。类似的故事还有很多。在寻找上帝的过程中,狂热者可能会倾其所有。类似地,当一个卡里姆(karim,也就是好客的人)看到一个远道而来的陌生人时,也会过分好客,而这带来的后果可能是毁灭性的。

今天,当想到热情好客时,我们通常会联想到私营酒店行业。这些酒店招待疲惫的旅行者并收取费用,提供无线网络使谈话减少,早上7—9点的大厅里供应着奢侈的餐食,还有锈色的咖啡和用塑料薄膜包装的黏糊糊的松饼。但对我们远古的祖先来说,对陌生人的热情好客完全是另一回事,这种日常行为上升到了超自然层面,被塑造成神圣不可侵犯的法律,神、牧师及其他任何有权力的人都会让你为虐待陌生人付出惨重代价。①

　　这就引出了下一个问题：为什么会这样呢？

　　希腊人热情好客是有口皆碑的，希腊文中"xenia"指热
情好客，其词根"xenos"本意便是指"陌生人"，我们常说
的"xenophobia"（排外）和"xenophilia"（亲外）同样起源于
此。但是热情好客并非希腊人发明的传统，它的历史可以追溯
到很久之前。准确来说，我们也不清楚这段历史到底有多久远，
但考古证据表明，我们现在所理解的热情好客可能产生于大约
1万年前的农业革命时期。当时，狩猎-采集者的生活方式日
渐式微。就像合作、荣誉亲属关系和问候仪式一样，热情好客
在其最初阶段，可能不仅仅是一件好事或善举，更会让事情卓
有成效。

　　剑桥大学考古学家马丁·琼斯（Martin Jones）的研究方向
是在人类开始定居农耕之时商品、食物和文化的远途流通现
象。他写道，那个时期留下了大量的证据，表明人类一直都在

----

①　有时候超自然的力量也掌握在主人手中。1951年，在一次关于托拉查人（现
今生活在印度尼西亚南苏拉威西省）的研究中，尼古劳斯·阿德里亚尼
（Nicolaus Adriani）和艾伯塔斯·克里斯蒂安·克鲁伊特（Albertus Christiaan
Kruyt）道出了精髓。

　　　有时候，陌生人举止粗鲁，未经允许便擅自在别的部落领地划出一
　　块田地。有的陌生人知道，那片土地的主人不能公然跟他们的部落叫板
　　来表达不满，而是尽力避免产生不愉快。一位村民说："但在此之后，我
　　们就会诅咒这样的陌生人……然后我们的祖先便化身老鼠，来到这片田
　　地，吃光他们的大米和玉米，叫他们颗粒无收。"

迁徙之中，但后来突然开始了长途跋涉，越走越远。考古学家在一条连接土耳其中部和亚洲西南部的荒野小道上发现了贝壳和黑曜石，这些贝壳穿越了整条幼发拉底河（大约有1 740英里）。黑曜石是一种闪闪发光的黑色火成岩，用于制造装饰性刀片。在当今时代，这段路对我们来说可能算不了什么，但在他们那个时代，跋涉这么远就很了不起了，即便对一个骨子里热衷迁徙的物种来说也是如此。

据琼斯说，正因热情好客，这一切才得以实现。人类早已从狩猎-采集过渡到以农耕为生，以定居生活方式取代流动生活方式。社区一旦形成，便可以作为陌生人旅途中的驿站。琼斯写道，在安营扎寨的过程中，这些定居的人创造了固定的人文景观，旅行者能够借此实现长途跋涉。这些融合了固定性与流动性的新景观催生出新型社交形式，有时候完全陌生的人在相互打交道。今天，我们有城市和村镇、酒店和爱彼迎、机场和公共汽车站，这些极大地方便了我们长途迁徙，而在当时，这些原始人类新兴的定居点便实现了这个目的。

基于对古DNA的分析，琼斯认为这些迁徙者多为男性。更具体地说，他们游手好闲，无所事事，属于过剩劳动力。狩猎是男人们的传统工作，当农业取代狩猎时，琼斯认为这些男人无事可做。当今世界依然如此，过剩的男性不可计数，尤其是青年男性，这可能会产生问题。研究相关问题的政治学家瓦莱丽·赫德森（Valerie Hudson）和安德莉亚·邓波尔（Andrea den Boer）写道："对于过剩的年轻男性，他们的行为也明显遵循一种可预测的模式。理论表明，与社会中的其他男性相比，他们倾向于通过恶行和暴乱来寻求满足感，并努力获取资源，使自己能够在更平等的基础上与别人竞争。"然而，1万年前，也许是因为电子游戏和白人民族主义尚未发明，这些人直接踏上了征程。琼斯认为，他们成了一群流浪汉，在所到之处推销商品，包括装饰性的贝壳、工具和武器等代表社会地位的物品，以及鹰嘴豆、无花果、豆类和不同种类的小麦等粮食作物，跨越千山万水，不断更换居所。琼斯写道："他们向新地方的迁徙，成为形成当今世界人口分布形态的一个重要推动力。"

大约1000年后，随着庞大的社交网络的建立，人们为了找到新的安家之所，领着家畜，带着新的农业和建筑技术，承载着新的文化和精神信仰，开始了迁徙。社交网络不断发展壮大，革故鼎新越来越快，不相识的人开始相遇，人口融合，社交网络越发庞大。琼斯写道，个体最开始的亲密接触日益形成一种传统，这种传统"奠定了后续的人类文明"[①]。

热情待客对迁徙的人来说是一桩好事，这一点显而易见。当你旅行到不同的地方，人们会格外关照你，免费为你提供食宿。但是，这对主人本身有什么好处呢？既然他们已经有住所、食物和衣服，那么为什么要和一些萍水相逢的陌生人分

---

① 我知道，有人看到这里要跟我辩论几句，认为人类文明是一场生态灾难，人类就是地球上的毒瘤，要是我们一直都只是狩猎-采集者，一切都会变得更好。我理解这些论点，承认它们并非完全没有价值。然而，尽管要实现自己的承诺，人类文明任重道远，我仍然喜欢人类文明。而且我发现，我最喜欢的还是人。

享呢？主人还可能置自身于不利之中。为什么要让陌生人进入？1906年，爱德华·韦斯特马克对此也很好奇："一个陌生人，在另一些情况下被视为低等生物，或是仇敌，容易被打劫和杀害，而对方还可以逍遥法外，但他一旦成了客人，就享受如此非凡的特权，对一个研究人类道德观念的学者而言，最奇怪的反差莫过于此。有人可能会问：到底为什么要招待陌生人呢？"

关于这个问题，也许可以从以下几个方面来解释。从做慈善的角度来分析，主人可能看到了一个需要帮助的陌生人，也许他们会感同身受，或至少有些同情。在一些特别恶劣的气候条件下，比如在西奈沙漠，拒绝接待陌生人无异于谋杀。陌生人就站在你面前，谋杀之举极为不妥，所以让他活下来便成了你的责任。如果他真的一命呜呼，那么可能无事发生，但也许你信仰的神明会大发雷霆，也许你的邻居都会以你为耻，或者也许他的朋友就在附近，等着为他报仇雪恨。所以热情招待他是妥帖之举。

但热情好客也并非只是在进行风险管控。陌生人是潜在的盟友。例如，对古希腊人来说，地中海地区没有法律的约束，只有傻瓜才会错过任何与外人交好的良机。这些关系代替了中央集权国家的部分职能，让人们可以相互联系、提供有价值的消息和构建潜在的联盟，并得以穿越整个希腊国度。如果你招待了一些异域访客，那么当你出行时，便有安全舒心的地方可去。要是大家都称赞你待客有方，那么可能会有人特意上门拜访，一来二去，你就会拥有更多潜在的关系。这样的话，不论那个无情时代的大风如何肆虐，你在世上的地位也依然稳如磐石，这一点不可谓不重要。历史学家奥斯卡·尼巴肯（Oscar Nybakken）曾写道，对希腊人来说，"每个人都把招待陌生人视为自己的特权和不可推卸的责任。陌生人刚进入一个新环境，就会立即受到热情相待。对主人而言，没有立即招待便是一种耻辱"。

被誉为"希腊圣经"的《奥德赛》中有一幕把上述主人们的心态描述得淋漓尽致。当奥德修斯和他的随从们遇到库克罗普斯①时，他们要求受到款待。库克罗普斯嘲讽奥德修斯是个蠢货，并表示自己不怕宙斯，因为他的子民比任何神灵都强大，然后吃掉了奥德修斯的几个随从。奥德修斯恼羞成怒："你疯了吧，在这之后，会有过路人来看你吗？"书中传达的思想是，哪怕你真的是一个独眼怪，拥有一切所需，不惧神灵，要是没有人前来拜访你，那么你仍会感到发狂。这就是陌生人的可贵之处。

同样，热情好客的兴起并非由于主人相信人性本善。事实上，主人未必相信来客本性善良、值得信任，或是有趣，而与其待在一起。真要说起来的话，事实可能刚好相反，就像拉丁语中的"客人"（hostis）包含着"陌生人"和"敌人"双重意思。热情好客，是为了在不安的环境中减轻恐惧，抓住机会。当一个陌生人出现时，人们会深感矛盾，因为这个陌生人代表着未知，而未知既代表着威胁，也代表着机会。威胁在于，他

---

① 古希腊神话中的独眼巨人。——译者注

们可能会杀人越货，给你的生活和你的村子带来麻烦。机会在于，没人知道他们的身份，知道他们懂什么、拥有什么。

通过热情待客，你把这份恐惧带到你的居所，为陌生人提供食宿，实际上也是在克服这种恐惧。这样你紧张的神经渐渐放松下来，开始去了解眼前的陌生人。哲学家尼采认为，热情待客是"麻痹陌生人的敌意"的一种方式，但它可能同样也在麻痹主人的恐惧。接下来的几个小时，你很可能会和这个人一起坐下来，吃饭，望着彼此，相互交谈。毕竟在那个时候，你们没有苹果手机可浏览网页。如此，紧张的气氛便会得到缓解。

这样一来，双方就成了自己人，一些特别的事情便会发生。1975年，荷兰神学家卢云（Henri Nouwen）写道，在那一刻，"可怕的陌生人变成了客人，他们会向主人做出承诺"。这种承诺完全可能是友谊、盟友或贸易伙伴关系。也许他还会告诉你，他在哪里找了水，或者给你一些新作物的种子，或者向你展示一种耕作技术。也许他会给你一把匕首或者一些装饰用的珠宝当作礼物，甚至为你说一个笑话、唱一首歌、讲一个有趣的故事，就算只是跟他做个伴，打破一个人的单调乏味也不错。如果你要去他的地盘，那么他会报答你的恩情。这是我们在狩猎-采集游群中所看到的最早的间接互惠形式。伟大的人类学家朱利安·皮特-里弗斯认为，互惠是"维系社会的黏合剂，一旦交换了什么，双方就产生了关联"。

但在这些互动过程中，有比关切或招待更深一层的东西在交换，这可以让我们更加接近热情好客的核心要义。在过去的一个世纪里，哲学家、人类学家、社会学家和神学家一致认为，人们对陌生人的热情招待，除了有助于获取信息，确保形成联盟，无形中还有更长远的好处。德国社会人类学家弗洛里安·米尔弗里德（Florian Mühlfried）写道："陌生人的到来打破了一成不变的日常生活，打开了通往非凡世界的大门。因此，陌生人具有打破熟悉事物的力量。"

1985 年，耶鲁大学神学院前院长托马斯·奥格尔特里（Thomas Ogletree）这样说道：

> 对陌生人的热情招待就是去迎接新鲜、陌生且未知的事物……陌生人会讲述我们从未听说过的故事，这可以拓宽我们的认知视野，激发我们的想象力。这些故事让我们从新奇的视角来看待这个世界。分享故事这个过程本身可能有点危险，但事实也不尽然。也许讲故事会营造一种节日的氛围，一种庆祝跨越社会、文化差异的思想交流汇聚的欢乐。陌生人不只是挑战或颠覆我们假定的意义世界，他还可以丰富这个世界，甚至改变这个世界。

在大多数地方，尤其是在西方，这种热情好客如今已经基本看不见了。政府分担了一部分职能，比如提供福利项目、公共住房、庇护所、正式移民渠道和难民庇护。私营酒店行业也填补了一些空缺，为有条件的国内旅客提供服务。然而，研究约旦巴尔加人的人类学家施赖奥克告诉我，他认为像我们这样庞大而复杂的社会的崛起，"已创造出我们尚未定义、无法判定、难以解决的待客问题"。像许多其他社会一样，工业化国家继续接纳新出生的人口、移民和文化上的陌生人。随着个人不再那么热情待客，我们所失去的是和别人直接的接触。

一般来说，公民不会和这些新来的陌生人坐在一起，也不会和他们见面。当然，有些人还是会这么做，比如志愿者或社区中帮助新来的移民安家定居的组织成员。毕竟在很大程度上，国家已经接替了这个角色，使这些新成员在许多公民的心目中成了抽象的概念。瑞典研究员比·普拉宁（Bi Puranen）向我指出，她的国家出现了两难局面，他们接收了许多中东难民，却遭到了人民的强烈反对。她在一封电子邮件中写道："瑞典人均接收的难民数量比其他任何国家都多。但是，那算热情好客吗？瑞典的家庭很少邀请他们上门做客。"

为了解锁陌生人可能带来的机会，人们热情好客以克服恐惧，反之亦然。但是没有这种接触，恐惧更难被麻痹。我们天生对陌生人心存警惕，一旦受到刺激，我们对他们的偏见便会被激活，我们的想象也会因此变得疯狂，会认为他们没有人性。如今，我们不太可能重返人们招待路过城镇的陌生人的时代，但是招待陌生人、接受他们的款待和与他们建立联系仍然是人类的本能，这源于数千年的实践和一种信念，即这样做不仅会没事，而且会得到许多回报。那么我们该怎样利用这种本能呢？

为了回答这个问题，我们不妨一起前往洛杉矶看看吧，那里有一个街角写着我们的名字。接下来便是一段有点丢人的经历了。

第9章
如何倾听陌生人

在一段有一丝恐惧的经历过后，我们发现，即使只是倾听陌生人，也会对我们以及他们产生巨大的影响。倾听陌生人有助于减轻孤独，增强归属感，并为理解铺平道路。

现在，我站在洛杉矶的一个街角，手里拿着一个制作粗糙的广告牌，上面写着"无偿倾听"。站在我身边的是本·马西斯（Ben Mathes），我们正等着有人上前与我们说话。马西斯是一名演员，也是表演教练，还是"城市自白"（Vrban Confessional）组织的创始人。"城市自白"组织鼓励人们自制简单的展板，然后站在车水马龙的繁忙街道，倾听任何人诉说心事。我曾读过关于"城市自白"组织的消息，坦率地说，当我想到要在光天化日之下，站在一条繁忙的街道上，举着一个简陋的牌子，邀请陌生人前来向我倾诉心声时，我的反应首先是充满质疑，也许还略带些恐惧。尽管如此，我还是联系了马西斯。他邀请我来到洛杉矶，和他一起倾听陌生人袒露心声。我坐了 42 个小时的火车，补了一会儿觉，然后和他碰面，共进早餐。

究竟是什么能让一个人在大庭广众之下变得脆弱并暴露自我，把自己当成路人倾吐心声的容器？对马西斯来说，这不啻一场危机。他在佐治亚州长大，2005 年来到加利福尼亚州，在加利福尼亚大学尔湾分校获得表演学硕士学位。他成功塑造了一些角色——参演过《美国狙击手》(*American Sniper*)，也在罗素·克罗 (Russell Crowe) 主演的《罗宾汉》(*Robin Hood*) 中担任对白员，还参演了其他一些电影和电视节目。此外，他抽空会去教书，他很喜欢做一名教师并开办了自己的表演工作室。他 26 岁结婚，一切顺风顺水。

共进早餐的时候，我问他：“'城市自白'这个项目是怎么开始的？”

“我离婚了，”他说，“这是所有好故事的起点。”

按照惯例，离婚会让马西斯跌入谷底，但他并没有绝望。他以前做过志愿者工作，他的父亲经营着一家非营利组织，从事海外传教工作。他说：“我知道服务他人的同时，服务者也得到了滋养。”所以他开始寻找有用的方法。2012 年 5 月的一天，他在前往他的表演工作室时，一个无家可归的人走近他，伸手向他要钱。他身上并没有带钱，但当时内心有一股冲动。他建议，也许他们可以一起祈祷。

他说道：“我之前没干过这种事，但我做到了。”他当时也不明所以，并不是在尝试对话，也没有打算拯救那个人的灵魂。

那只是一种单纯的、普遍的对幸福的祈祷，是一种"自由祈祷"。他们祈祷着，出乎意料地，马西斯觉得他和那个人如此亲近，仿佛他们放下了一切，在那一刻只为彼此而存在。

祈祷结束后，他们分道扬镳，但这种感觉一直挥之不去。"我怎么才能重温这种感受？最接近自由祈祷的事情是什么？我想也许可以无偿倾听他人的心声。"那天，他走进自己的工作室，告诉他的学生，他将在周四外出，做陌生人的无偿倾听者。有几个学生加入了他。第一天，有一个女人走过来，说了一些很深刻的话，接着来了一个嘲笑他们的女人。"无偿倾听？"她说，"这 30 年来，都没人愿意倾听我。你们这又是何必呢？"然后她扬长而去。

然而，马西斯却着了迷。一年来，他每天都出去，一天 4 个小时。与此同时，他重组了离婚后的碎片生活，创建了"城市自白"组织。他还注意到，这些活动似乎对他正在倾听的对象产生了深远的影响。有人会担心你在推销商品，或者怀疑你是宗教信徒，试图改变他们的信仰，或者觉得这是某种社交媒体的把戏，但是一旦你打消了他们的疑虑，他们就真的敞开了心扉。马西斯发现，这个活动对他本人也有帮助。他告诉我："我了解到其他人的境况也不好，我对他们的遭遇感到同情。用这种角度看待问题，会让我更睿智一些。我成功了，但最重要的是，不再过度关注自我的感觉真的很好。"

其他人也纷纷开始加入，随着"城市自白"组织的逐渐壮大，马西斯根据自己的经验，为志愿者制定了一些简单的指南。首先要明白的是，主角不再是你。这不是要让别人看到你与众不同，或是让那些想找你倾诉的人认可你。他说："只有当你需要他们来和你说话时，你才会感到苦恼。"于是你成了仆人，成了别人疏导情绪的通道。

其次是"不平衡对话"的观点，也被称为"二八定律"。无偿倾听者谈论自己的时长不要超过总时长的20%。再次是"共情式赞同"，这意味着倾听者是在试图理解对方在说什么，而不是反驳自己认为错误的观点，或者试着为对方解决问题。这意味着，倾听者可以问一些开放式的问题，比如"你为什么会有这种感觉"，而不是提供意见或建议，或与之争论，或进行评判。又次，倾听者需要练习"非语言注意力"，这意味着与说话者进行眼神交流，点头，说"嗯嗯"等，最重要的是，不要翻看你的手机，这些表明你的注意力正在说话者身上。

最后便是"尊重沉默"。当有人停止说话时，你不用插进来说话，弥补空白。你可以让他们去思考，让他们自己去解决。这看起来简单，做起来很难。

马西斯表示，在这些方面，他没有专业的临床知识，他只是根据自己的经验提出了这些方法。但他的直觉很敏锐，大量研究都得出了许多与之相同的结论。这些结论可以追溯到"临床心理学之父"卡尔·罗杰斯（Carl Rogers），他认为共情式倾听可以治愈个体、缓解社会问题，甚至终结战争。

最近，两位专门研究倾听他人的以色列著名商学院教授盖伊·伊茨恰科夫（Guy Itzchakov）和阿维·克卢格（Avi Kluger）在《哈佛商业评论》中指出，管理者要想成为一个合格的倾听者，最佳办法就是遵从马西斯的建议，要么"全神贯注，要么不听"，"中间不要打断"，"不要评判"，"不要把你的解决方案强加于人"，以及"适当地问一些好问题"，这样的问题能帮助说话者更好地表达他们所述说的内容。研究人员已经发现，那些觉得自己被倾听的人，幸福感会更强，而且感觉不那么焦虑。他们可以更自由地说出自己的想法，而不用担心被拒绝或批判，这让他们不再那么防备，更有可能诚实地表达自我。

罗杰斯认为，当人们心理上感到舒适，并被问到开放式问题时，他们就有机会更深入地思考他们的言语以及他们的观念，因为这时他们觉得没有必要进行防御。这有助于他们更清楚地阐述一个想法或一次经历，从而能够更清楚地理解它、记住它。这样一来，通过潜在地揭示他们以前没有意识到的问题的复杂性或者矛盾性，他们变得更具有自我意识。这看起来是个悖论，很好地被倾听实际上会让人成为一个更好的说话者和思考者：更加冷静、更加清醒、更加细致入微、更有自我意识。

当"城市自白"组织的志愿者走上街头时，他们会两两站在一起，这是马西斯为了让志愿者更有安全感而制定的规则，因为现场有两个倾听者，说话者最初不会感到那么紧张。当说话者走过来时，志愿者会把牌子收起来，这样人们就不会感到拘谨、羞怯，或是担心承受异样的眼光。对路人来说，这看起来像三个人在街上闲聊。显然，现场也没有什么记录，所以谈话一旦结束，一切就结束了。它只留在参与者的记忆中。这些信息也不会被谷歌处理并卖给广告商。这不像发布在推特上的内容，你的竞争对手、与你观念不同的仇敌或者其他作恶多端的人无法深挖它们来恶意中伤你。这些话转瞬即逝，一说出口便烟消云散。

然而，这个活动确实有所裨益。多年来，马西斯和他的学生、朋友们一直无偿倾听他人，直到最近才有人发现个中益处。据报道，美国的孤独率不断上升，美国公共卫生局局长维韦克·默西（Vivek Murthy）对此忧心忡忡，他在 2016 年说道，"尽管社交媒体无处不在，但我们正面临着孤独感和社会孤立的大流行"，这也可能令受害者的身心状态雪上加霜。研究人员、活动家和西方政府开始寻找解决这个问题的方法。他们中的一些人转向了"城市自白"组织。这个组织日渐风靡，遍及全美乃至全球。马西斯开始收到来自世界各地的咨询，人们询问马西斯如何参与其中。目前，已经有 50 多个国家开展了"城市自白"活动。

亚利桑那州立大学著名的人类传播学教授萨拉·特雷西（Sarah Tracy）就对这个活动充满兴趣。她关注到，学生之间越来越缺乏面对面的交流，对此她深感担忧。她认为，数字化交流正在削弱前人视为理所当然的基本社交技能。她看到学生变得越来越独来独往，很难与他人正常交流下去。一个学生甚至坦言，她会尽量避开必须通过打电话来点比萨的餐馆，因为和电话那头的陌生人说话让她紧张不安。①

---

① 顺便说一句，我偶然在马萨诸塞州的地方报纸上发现了一个关于丹妮尔·克拉福德（Danielle Crafford）的故事。她是一位成功的建筑商。她认为自己的成功一部分得益于她的父亲培养了她与陌生人交流的习惯。"我爸爸让我每周五晚上给送比萨的人打电话。"她说，"我讨厌给人打电话。我讨厌和人在电话里交谈……但我爸爸会让我这么做，好像在说'你需要学会怎么和人交流'，然后他就让我给送比萨的人打电话。"

研究证实了特雷西并非杞人忧天。美国大学健康协会的一项研究发现，超过一半的大学生感到孤独。2018 年，美国信诺保险公司发起的一项大规模调查发现，18~22 岁年龄段的人比其他所有年龄段的人都感到更加孤独。69% 的人认为他们与周围的人貌合神离，68% 的人认为没有人懂他们。研究人员总结道，其他几代人的情况则要好得多，原因很简单："经常见面交流的人，比那些很少和别人见面交流的人，孤独感指数要低得多。"和他人缺乏联系不仅仅会让人感到孤独，还会对你这个群居动物造成伤害。另一项研究报告指出，在过去的 30 年里，大学生的共情能力下降了 40%，而面对面的交流是产生共情能力的关键。

特雷西博士听说过"城市自白"，认为这个活动很有价值，可能会帮到她的学生。于是她决定给学生布置无偿倾听的作业，以教会他们倾听，更重要的是，让他们更自在地与其他陌生人面对面交流。她告诉我："人们普遍认为倾听的能力是与生俱来的，但在当今时代，并非如此。"她在一封电子邮件中写道，她认为无偿倾听为学生提供了一种方式去体验"极大的奖励。他们只需敞开心怀，倾听他人的故事和想法，而不需要也不必期望进行大量的表达作为回应，或者要立即做出判断。学生们还懂得了，其他人经常和他们一样感到孤独，缺少联结——这本身就有助于应对孤独感。他们清楚地知道，他们真的很少邀请别人走近他们的世界，尤其是陌生人，而能够专注地倾听他人，不反复产生反抗情绪是多难的一件事情"。

其中一个学生名为尼基·特鲁谢利（Nikki Truscelli），来自加利福尼亚州，最近在亚利桑那州立大学获得了传播学博士学位。她精力充沛，在听说无偿倾听后，心里便琢磨着，不管那是什么，她都得去做。于是，她开始在校园里无偿倾听他人，而且乐此不疲。她说："这是有点不舒服，但是一旦开始，你就会觉得这是我们应该做的。"她还认为这对其他学生会有帮助。亚利桑那州立大学是美国最大的大学之一，特鲁谢利开始"注意到年轻人之间的联系是多么少"。她感到惊奇的是："难道我的学生甚至还不知道该怎么和别人交流吗？我也不知道。"因此，特鲁谢利开始将无偿倾听融入自己的课堂之中。

她说："我一直把它设定为选修课，但我的学生们在实践之后，产生了改变他们人生的经历。我从他们口中了解到，他们不知道还有其他学生也同样饱受焦虑之苦，或是极度抑郁，或是思乡情重，或是有朋友自杀。有的学生以前从未和导师愉快地聊过天，而因为这个课程，他们和导师相谈甚欢。这个课程创造了真正特殊的空间，更重要的是，它创造了一个群体。我只希望，在我们生活的地方，人们不需要'无偿倾听'的标识就能和别人沟通。"

2018 年，马西斯、特雷西、特鲁谢利和其他一些学者讨论了研究无偿倾听的可能性，以便更好地了解参与者在这个过程中到底会产生何种变化。其中一名学者是克里斯·蒂特索特（Cris Tietsort），他是一名博士研究生，也是特鲁谢利的朋友。他和他的同事凯尔·汉纳斯（Kyle Hanners）展开了一项研究。他们招募了 14 名参与者，年龄都为 18 岁或 19 岁，这些参与者每周末都去无偿倾听他人，历时 5 周，然后报告进展。

蒂特索特说，他们的反应可分为截然不同的几类。有的学生认为，无偿倾听是件"怪异的新鲜事"，他们从未静静地站在校园里，远离手机，保持关注。蒂特索特说，他们意识到"自己很少能细致地观察周围的环境"。一些学生习惯于在人际交往中拥有控制权，无论是线上还是当面交流。蒂特索特说："这些学生没有经历过不受他们控制的对话，他们不会主动和别人开始对话，不习惯保持安静，更不习惯遭到忽视、感觉脆弱。"有个学生甚至跟他说："我从来不和别人说话，除非我想和他们说话。"因此，站在那里，放弃对互动的控制权，让他们中的许多人感到很不安。

然而，一旦他们过了这个阶段，成效便是显著的。一名学生报告称，陌生人向她吐露心声后，"他们显然快乐了很多，或者即使他们不快乐，也会稍微放松一点"。另一个学生说，这让他觉得自己是个"公仆"。还有个学生觉得他给社区送了一份"礼物"——这让人想起传统社会中人们与陌生人互动时交换礼物的做法。一些学生曾以大胆发言、固执己见而自鸣得意，但在此之后意识到，控制对话实际上是在封闭自我，切断了对话可能产生的所有潜在的以及意想不到的见解、故事和惊喜。一些难以忍受谈话中出现沉默的学生意识到，通过插话填补空白，他们实际上阻碍了谈话的深入进行。适当地保持沉默，让对方明白他们自己到底想说什么，谈话就正常地展开了。一个年轻人说："将我的嘴巴多闭上一点，便能更懂这些人，这真不错。"

蒂特索特让我看了一眼抹除识别信息后的数据。一个学生的经历特别具有代表性，我们暂且叫她布里。她回忆道："这绝对让人非常非常紧张。光是站在那里就已经很奇怪了，举着牌子就更怪异了。第一次一个人待着，大概有 25 分钟，没有人来找我，所以感觉有点丢脸。"但是后来人们来了，他们倾诉，布里发现她还有点喜欢这种感觉。她意识到她这辈子从未有过这种既不忙碌也不说话还不打电话的时候，她说："我发现这让我的内心感到某种平静。"

她实践得越多，这对她的影响就越大。布里说："我的意思是，也许做这件事只是为了我自己。但每次结束，我都会觉得，'我现在对人类又满怀信心了'。如果我今天本来过得不大开心，那么参与这个活动会让我感觉好很多。我不知道这是否与出现在这个空间有关，或者这个活动只是提供了一个与路人互动的机会，而你通常不会这么做，就像有时候你和某人都在电梯里，然后对方开始找你说话。当你在做什么事或者等待什么的时候，有人真的开始和你对话，这会让人产生一种神奇的满足感。可谁还会这么做呢？"她告诉研究人员，总的来说，她认为自己善于倾听，但在这方面，她在同龄人中是一个异类。她说，"我的一些朋友一点也不喜欢听别人说话"，尤其是有人有沉重的事情想要分享时。"我的一些朋友会说，'哦，这让我很不舒服。我只是竭尽全力避免它'。我当时就在想：'那你平常都是怎么与他人交流的？'"

甚至有些内向的学生也在报告中说，他们发现自己一旦克服了最初的焦虑，接下来就轻而易举了。之前还有几个学生担心会和陌生人无话可说，但后来他们也感觉到吃惊：通过放弃对话控制权，谈话竟然有条不紊地进行，而且往往很快深入下去。一些学生说，这让他们产生了更多的联结、更富有同情心，并打破了他们对其他人持有的刻板印象。一个学生说，他过去常常在走进报告厅时，心想"唉，这里怎么还有别人"，但现在他走进报告厅时会说："哦，太好了，其他人也在这儿"。一名学生在报告中说，通过倾听，"我觉得我学会了如何和他人对话"。

说回洛杉矶，我和马西斯吃完早餐后，便走出去找一个合适的街角进行无偿倾听。说实话，我并不是特别享受这个过程。当然，我本身就以提问和倾听谋生，但通常是在记者身份的庇护下进行，在采访他人的过程中也循规蹈矩，所以我不是可以轻松地在大街上举着纸板的人。补充一点，我也很容易尴尬。我不是在夸大其词，也不必这样做，因为当我真的感到尴尬时，我那张通常白皙的脸会变得通红。但是为了更有效地倾听他人，你必须压制你的羞怯，毕竟主角不是你。这个过程需要开放的、欢迎的心态。如果你敞开心扉，人们会感觉到这一点，然后会被你吸引。

我俩站在街角，我问马西斯："该怎么打开局面呢？如果有人走过来，看见牌子张口就问'这是什么玩意儿'，那你要说什么？"

他说："很多人会问'你为什么要这么做'，我们会说'是为了你'。这个答案通常足以让他们大吃一惊，有的人会感动不已而当场落泪，我以前就经历过这种事。但有些人就是无法相信别人会不求回报地做些什么。我喜欢这样，这是我最大的乐趣。"他向停在我们前面的一辆跑车点点头。车里面那个年轻男子正伸着脖子，想要看清楚牌子上写了什么，然后他下车走了过来。

"开始了！"马西斯说。

"你们在干什么？"年轻人问道，"这是什么？我开车经过三次这样的牌子，我必须问清楚。"

"我们在这里倾听他人。"马西斯说。

年轻人简直不敢相信。他很高兴，他告诉我们，他最近清醒很多，我们的所作所为让他想起了匿名戒酒者协会，这个协会提供面向富有同情心的观众畅所欲言的机会。他跟我们透露，说匿名戒酒者协会对他的帮助很大，比医生或治疗师强多了。他说他要迟到了，但他还是想看看我们的情况，之后还逗留了一会儿。他一说起来就没停过，我们得知了他饮酒的事和一些与此相关的工作上的困难，了解他和他的妻子是如何奋斗多年才成功怀孕的，结果一个孩子出生后，紧跟着有了另外两个孩子，现在他担心家里有三个孩子可能有点多了。他笑了起来，又继续说了一会儿，然后把他的名片给了马西斯，说他可能以后也想出去做这个。他似乎重新焕发出了活力。而后他道了谢，便告辞了。

一个女人走上前来，询问我们是不是社会工作者。她说我们可以考虑做这座城市的志愿者。她说，城市里已经有一些志愿者，她自己就是其中之一，做志愿者至关重要，因为"当人们觉得没有人可以倾诉时，他们往往会选择自杀"。

不一会儿，有个家伙开着 1962 年出厂的凯迪拉克敞篷车，在红绿灯处停了下来，打量着我们，然后朝车窗外喊道："我想谈谈我的变速器！"

最后，这个活动快结束时，一个高个子的老人走上前来，问我们是否认为上帝有名字，接下来他便滔滔不绝。一般情况下，一听到这方面的话题，我就会流露出要去其他地方的意思，但这次我坚持留下来，并询问了一些澄清性问题。这个人说他生来就是天主教教徒，但他最近的学习让他的一切都变得如世界末日般平静、明晰。他说如今他已经退休，并不想谈工作，还是想跟我们聊聊关于耶和华的故事。

他一直在讲话，我不禁开始怀疑他的这股热情从何而来。我问他是否已婚，他告诉我们他早就结婚了，但不幸的是，他的妻子几个月前离开了人世。他追忆着往昔，哽咽了起来。他跟我们说，爱妻辞世后，他一度迷茫，直到一个月前他开始学习宗教知识。

他再三感谢我们，和我们握了握手，然后转身离开。马西斯看着我，像是在说：看到了吧？有一点他说得没错，一旦你克服了尴尬，接下来就很容易了。诚然，在这个过程中，我们很难一言不发，很难不插上几句发表自己的看法，不论是核外交政策，还是牛油果吐司面包，在这些大大小小的事情上，我们都习惯于各持己见。但是当你敞开心扉时，人们就会主动靠近你。然后你问他们一些开放式的问题，听他们说下去，他们会越说越多。这实际上是一种释放，说话者无须担心要说聪明的、有趣的事。我愉快地离开了，但有点飘飘然，像是感受到了一种恩典，当然这是一种付出大于回报的状态。

我问马西斯这段经历是怎么改变他的，如何影响了他的世界观。他说："当你接触多了，你在大街上听到这样伤心的事情，就会泪从中来。你看着大家，会发现每个人真的都很美好，真的都很棒，真的！我认为这就是让我观点发生转变的地方，它势不可当。从本质上来说，倾听会把我们带到敏感的话题上，而这可以治愈我们。我想，这个过程也治愈了我。"

后来，我想知道，我们在亲密交谈的同时凝视对方的眼睛会得到快乐，这是否与身体里的一种键合分子——催产素有关。与陌生人交谈会引发催产素的释放吗？对此，我询问了埃默里大学催产素研究实验室主任拉里·扬（Larry Young）。他告诉我，他相信这是有可能的，尤其是在进行真正的眼神交流时。"看着另一个人的眼睛的目的之一，便是让他们感受到与你取得了积极的联系。"他说，"如果你擅长眼神交流，那么你可能会促使别人释放催产素，这将让他们觉得你更有可能是他们中的一分子。"他解释道，肢体接触也会产生同样的效果，只要现场的气氛合适，不要过于鲁莽把人吓到，不要具有攻击性，也不要触碰每一个人即可。

但是话说回来，单是聊天就能引发催产素的释放吗？扬说："如果他们的谈话内容能让彼此产生共鸣，表明他们是同一个群体的伙伴，那么我猜这应该是会引发催产素的释放的。"我问他，在与陌生人积极互动之后，我感受到的那种奇怪的解脱感是否可能也与催产素紧密相关。他说这也是有可能的，因为催产素具有抗焦虑的作用，即它可以减少人们的焦虑不安。

他说："催产素确实能让人产生平静和放松的感觉。孩子的母亲在哺乳时，就会有一种很平静的感觉。这种感觉便来自催产素。"

在你无偿倾听他人之后，会发生一件奇怪的事情。比如，你确实感觉好多了，至少我个人是如此。当然，我感到放松，因为这个实验取得了成效。我也觉得更轻松愉快，和参加无偿倾听的同学一样，我觉得自己更加平静，更有活在当下的感觉，更加敞开，对这个世界也更有好感。这像是一种轻微的快感，也许就是催产素在起作用吧。

除此之外，无偿倾听还有别的益处。学习倾听的人经常会使用"可得性"、"开放性"和"创造空间"来描述他们的行为。无偿倾听时，他们是固定的，对他们完全陌生的人先是诚惶诚恐地接近他们，而后受到他们的欢迎，经过短暂的尴尬和不确定之后，陌生人的防备心理有所缓和。他们开始感觉舒适，渐渐开始说话，从而减轻了心理负担，得以一瞥自己视野之外的生活，看到其他世界的消息。还记得学者特鲁谢利说过的话吗？"一旦开始，我几乎觉得这就像是与生俱来的禀赋，就是我们应该做的。"也许我们确实生来如此。也许它之所以让人感觉很好，是因为我们会满足于一些基本的东西，这些东西流淌在我们的血液里，灼烧于我们的皮肤中，不可磨灭地印在我们的本性里，长期以来为人们所忽视。也许我们热情待客便是一种实践。

一位名叫帕克·帕尔默（Parker Palmer）的贵格会神学家

是这样定义热情待客的："当我们邀请陌生人进入我们的私人空间，无论是我们自己的家，还是我们个人意识和关注的空间时，就会发生一些重要的转变。我们的私人空间突然扩大，不再局限狭隘，而是开放广阔、充满自由。"这一点当然适用于无偿倾听。这些人和我们之间有所交流。也许这让我们彼此产生了联系，也许这就是为什么我觉得自己与这个世界的联系更加紧密。虽然我不清楚它是什么，但我知道，在之后的几天里，当我站在洛杉矶街角，举着那个标识牌时，人们会开始和我说话，无论是在大街上，还是在商店、地铁里。这无疑是最奇怪的事。之前吃早餐时，马西斯就曾预测会发生这种情况："当你真正敞开了自我，你走到哪里，都会有人主动找你说话。"

我们的活动结束后，我打了辆出租车，到镇上去看一个朋友。

司机马上便开始了交谈。他告诉我最好系好安全带，因为这是他第一天开出租车，他自己都有些恍惚。我问道："真的吗？"他开始大笑："你在说笑吧？我看起来像新手吗？这地方可是好莱坞！我对它了如指掌！"他长得结实，50多岁，不是本地人。我决定试着无偿倾听，按照二八定律，问一些开放式的问题。果不其然，几分钟后，他说出了一个跨越两个国度的悲惨故事。他说，他本来在自己的祖国混得不错，有自己的事业，作为一个在贫困中长大的孩子，他给了家人们他一直渴望的生活。然后他时运不济，生意逐渐走下坡路。

起初他试图隐瞒这件事，不跟家人说。一方面是因为他感到尴尬；另一方面是因为他必须缩减给家人提供的锦衣玉食，他害怕家人不能够理解他。他认为家人会为他感到羞愧。当妻子开始察觉到蛛丝马迹时，他开始对她撒谎。但破产不可避免，公司最后还是倒闭了，他多年来的苦心经营已是血本无归。因为这件事，他也差点和妻子离婚。他说他感到非常羞愧。

不过，最近他感觉好多了。他正开出租车攒一些钱来创业。他的孩子聪明健康。他现在感觉很开心。他认为生活正有起色，这次他会做好充分的准备。他告诉我，他现在对生活看得更清楚了，历经困难后他也更加明白了。他说史蒂夫·乔布斯拥有大笔的金钱和无数人的崇拜，但他敢打赌，乔布斯愿意付出一切来交换一日时光，在加利福尼亚州温暖的阳光下陪伴家人。

第 10 章
陌生人心中的"上帝"

我们将了解到一个充满恐惧、瘟疫肆虐、动荡不安、
仇恨未泯的时代，然而这并不是我们自己真正的时代。
在这个时代，我们把群体扩大到了前所未有的规模，
覆盖了半个世界的陌生人，并让他们产生了信仰。

马西斯在很多方面都是一个有信仰的人。在他创建"城市
自白"组织时，他的灵感来自一次祈祷，当时他和另一个饱受
折磨的人一起做这个简单的仪式。他们互不相识、地位不同、
出身有别，千差万别原本令他们难以建立联系，但在那一瞬
间，他们成了彼此的荣誉亲属，一主一客共享着某些深刻的东
西——他们的人性和他们的悲伤。从那一刻起，一个组织开始
萌芽，之后它帮助很多人建立联系，降低他们彼此结识的门槛，
创造"我们"的小圈子，哪怕这一联系极为短暂。在这个意义
上，无偿倾听有点像是宗教，而宗教的故事就是关于陌生人的
故事。

亚伯拉罕当时就是个陌生人，且已经是 75 岁高龄。在《创世记》中，上帝让这位精神矍铄的老人从他父亲的家里、他的家族和他的国家走出去，去往上帝所指示的陌生土地。于是亚伯拉罕离开苏美尔城市乌尔[①]，开始了长达 115 年的漂泊羁旅。在背井离乡的旅程中，他奠定了闻名后世的亚伯拉罕三大宗教的基础，这三大宗教分别是犹太教、基督教和伊斯兰教。

他在希伯伦[②]（今约旦河西岸）生活过一阵子，但当时他只是那里的外来人。当他 127 岁的妻子撒拉去世时，亚伯拉罕却买不到一块墓地。他不得不请求当地长老批准他买地葬妻。按照当时的规定，只有这片土地上的人们才有资格买卖土地。他站在长老面前，简洁地说道，他们本来素不相识，而他如今寄人篱下。在《圣经》中，我们不止一次看到上帝告诉以色列人，这块土地永远不可卖出，因为土地为上帝所有，在上帝面前，以色列人只是客居于此。以色列人回复上帝，不仅他们客居于此，他们所有的祖先都漂泊不定。大卫王也曾对上帝说，他寄人篱下，且列祖列宗皆是如此。亚伯拉罕是第一个到达那里的陌生人，说完请求后，竟得到肯定的回复。长老们授予他购买土块的权利，而后他把妻子撒拉埋葬在那里，之后他也被埋葬在那里。从那以后，人们一直在为希伯伦而战。

世俗之所以反抗宗教，尤其是规模庞大、一神论的宗教，是因为宗教内部已经分崩离析。宗教利用人类与生俱来的能力，剥夺了其他群体成员的人性，凌驾于其上，赋予人们这样

[①] 古代美索不达亚南部苏美尔的重要城市。——译者注

[②] 即哈利勒，位于耶路撒冷南约 30 千米的小镇。——译者注

的信念：教主是在传达神的旨意。而在大城市中，在不信神灵的"野蛮人"中，这一点饱受诟病。这些人是全人类的一分子，包括正在阅读的你们也属于全人类的子集。而且无论是在《圣经》中，还是在世界各地，有大量的历史证据可以证明无神论。我之所以不信宗教也是因为这一点。

尽管如此，我还是从不同的角度开始思考大众宗教。总体而言，我认为它们是人类创造出来的了不起的成就。因为宗教，我们接纳数百万陌生人的能力有了前所未有的飞跃。我在书籍中发现了许多可以向我们揭示陌生人的价值的经验智慧，这些智慧有助于我们学会与更多不同的人生活在一起。

毕竟，人们根本不需要依靠宗教来强行证明屠杀是正当的。请记住，考古学家已经发现了证据，证明1万年前确有大屠杀的事实，而这早于亚伯拉罕宗教6 000年。研究狩猎-采集社会暴力行为的人类学家道格拉斯·弗赖伊指出，这种大规模屠杀出现在农业文明之后，当时人们定居下来，社会人口变得更加稠密、更加复杂，社会等级也更加森严，不平等现象更加严重。换句话说，当时人们有了地位，有了要保护的财产，有了要守住的土地。人类要是想制造混乱，并不需要等待一面饰有十字架或新月的旗帜来指引。混乱不仅发生在一神论宗教诞生之前，而且造就了它们。也就是说，混乱是宗教产生的原因。

随着人类逐渐走进公元纪年（也就是基督纪年），在人们虔诚地念出耶稣或穆罕默德的名字之前，各大帝国就已经强势崛起，而后又轰然倒塌。公元前12世纪，迈锡尼王国（希腊）、赫梯帝国和埃及帝国都已衰落。历史学家一度认为，掠夺成性的"海洋民族"难辞其咎。来自克里特岛和安纳托利亚地区的水手在地中海的黎凡特一带进行洗劫，乡镇惨遭劫掠。现代历史学家对此还不甚确定。宗教史学家卡伦·阿姆斯特朗（Karen Armstrong）写道："海洋民族（的所作所为）可能是这场灾难的先兆，而并非其原因。气候或环境的变化可能导致了大范围的干旱和饥荒，对当地经济造成了巨大影响，而当地没能采取创造性举措去灵活地应对灾难。"

不管原因是什么，后果都是一片混乱：暴力横行，社会动荡，大规模移民，人们贫困、疏离，遍地不平等。生活已经变得无法忍受。人们一直处于迁徙、融合和冲突纷争之中，他们需要找到一种新的生存方式，让人们凝心聚力，以应对活着的痛苦。于是，宗教便应运而生。

信徒凭直觉掌握了宗教的力量。从最简单的意义上说，大众宗教让人得到安慰，找到归属感；它在混乱之中创造了秩序，让人们通过宗教仪式、提供服务和参与社区活动，缓和对陌生人、死亡、上帝和命运的恐惧。即使是科学家，也强调了宗教在社会上的重要性。人类学家乔·亨里奇把宗教描述为"一种让人类社会规模扩大的技术"。正是因为宗教，越来越多的人能够接受陌生人，把陌生人视作荣誉亲属并与其合作。我们如今已经知道，人类早就能够使用语言或通过文化、仪式把陌生人转变成荣誉亲属，与他们一起工作，为他们赴汤蹈火，给予他们无微不至的照顾，就好像他们是家人一般。宗教在很大程度上实现了这一功能，西方宗教更是如此。究其原因是它们解决了许多导致人类分裂的因素：部落主义、差异性、人口密集和疾病横行。这些都是生活在不断更替的陌生人群体中所面临的烦恼。

事实上，研究人员发现，一个社会的人口规模和该社会中存在的宗教信仰类型之间存在密切关联。2019 年，牛津大学的哈维·怀特豪斯（Harvey Whitehouse）发起了一项全球调查，分析了在过去 1 万年中的 414 个社会的数据。他们发现，一旦社会发生动荡，波及范围达百万人，教化人们的神明便应运而生。可能是基督教的上帝，也可能是因果报应，即奖励善行、惩罚罪恶的业力。

从某种程度上来说，这种业力的作用就像神奇的监测系统，社会已经变得如此庞大，要监管到每一个人，无异于天方夜谭，所以人们只能依靠宗教自我约束。然而，在更深的层次上，主流宗教的日渐兴起有助于缓解一种新的社会压力。研究人员认为，宗教信条通过创造一种能够跨越部落的新的归属感，帮助维持了由许多不同种族成员组成的帝国，否则这些人可能会年年征战，不死不休。宗教创造了一个更大的空间，可以容纳不同的社会、文化、种族群体，并在不需要人们花时间去了解陌生人的条件下，让人们对陌生人更加信任。宗教也提供了一种生存方式：人们和陌生人一起生活，却不会感到孤独。

这就是宗教的妙处。"宗教似乎非常了解我们的孤独。"英国哲学家阿兰·德波顿（Alain de Botton）认为，"即使我们基本上不信牧师所说的来世或是教义的超自然起源，他们对于是什么将我们与陌生人区分开来的独到见解，以及他们试图消除阻止我们与他人建立联系的种种偏见的努力，仍然令我们肃然起敬。"德波顿引用天主教作为弥合分歧和跨越边界的范例。他写道:"信众往往来自不同年龄、不同种族,他们的职业各异,教育背景不一,收入水平大不相同。他们是无意间碰撞的灵魂,只有在履行某种价值观时,才会紧密结合在一起。天主教教徒积极解构人类以经济、地位划分的子群体,将我们抛入更为广阔的人性海洋。"

在这一章中,我将重点讨论西方宗教。毫无疑问,东方文化中也有很多与陌生人一起生活的传统。东方提倡的友爱,要求不论对方是家人、朋友,还是陌生人,都应该对其致以美好的祝愿,这在儒家和佛教中体现为不同的形式。孔子的许多教诲都和我们的课题有关,比如"不患人之不己知,患不知人也","君子周而不比,小人比而不周"。印度教和佛教都倡导,这世上没有真正的陌生人,每个人都是整体中不可缺少的一分子,没有他人,我们也并不存在。然而,在由种姓制度统治的时代,对佛陀早期的追随者来说,这个想法颇为激进。

我想把重点放在西方的宗教信仰上,是因为西方宗教的来源反映了我自己所属人群的历史方位。麦吉尔大学比较宗教学教授阿尔温德·夏尔马(Arvind Sharma)这般拆解了西方宗教和东方宗教之间的差异:"西方宗教组成的宗教社区通常包含来自不同文化的人群,他们可能被认为是相同的,因为他们信奉一样的信条;东方传统的宗教团体通常由文化背景相似的人组成,他们乐意让其他人坚持不同的信仰。"换句话说,西方宗教的成员往往来自生活在危机时期的异质性群体,即陌生人。

正如前文所说,我对西方宗教的弊端熟稔于心。我在波士顿的天主教教区长大成人。虽然我看到了其中好的一面，比如社区、慈善机构，但如今，我所在的大主教管区像犯罪组织一样运作，可谓臭名昭著。然而，西方宗教的创始传说可以让我们进一步理解为什么我们应该以及我们如何能够生活在陌生人中间。让我们先来看看洪水、杀戮和瘟疫，看看那些饥饿的鲸和会说话的树叶，看看那个给我童年留下阴影，令我发出尖叫的恐怖故事：《旧约全书》。

当我告诉一个朋友我最近正在重读《旧约全书》中关于陌生人的内容时，她回道："让我猜猜，上面一定写着'杀光、吃掉所有的人'。"没错，确实有大量的陌生人惨遭杀戮（幸运的是，没有陌生人被吃掉）。这反映了《圣经》成书的时代。天主教学者詹姆斯·卡罗尔（James Carroll）写道："这本书（《圣经》）属于战时文学，其中出现的暴力行径……取材于作者生活的世界。纯粹的暴力是他们当时的绝对真理。"

在这些故事里，城市被夷为平地，潜伏的愤怒一触即发，人们会聚一起，向大地和天空投掷长矛和火焰。然而，令人惊讶的是，在《旧约全书》中，陌生人得到了一方净土。不管怎样，其中一些陌生人还是活了下来。这些陌生人引发了后面的行动，发挥着重要的影响力，没有他们，《圣经》中的故事就不会发生。

让我们回到亚伯拉罕的故事。在《创世记》中，亚伯拉罕经常款待三个陌生人。他们原来是代表上帝的天使。一位天使承诺，90岁的撒拉会有一个孩子。那就是以撒，以色列的先祖之一。另外两位天使告知亚伯拉罕，邪恶的索多玛城即将毁灭。亚伯拉罕敦促他们放过他的侄子罗得及其家人，因为他们是索多玛唯一正直的边缘人士。天使们同意了，并前往索多玛警告罗得。他们再次乔装打扮成需要帮助的陌生人，罗得慷慨地招待了他们，然而天使一出现，索多玛人就变得疯狂。一群恶人要求罗得交出天使。根据不同的解读，索多玛人犯下的最大罪过，要么是在性欲的问题上离经叛道（他们想强奸天使），要么是未能热情招待，无论是哪一种情况，他们的丑行都决定了他们的命运：索多玛被夷为平地。① 后来，在《新约全书》中，耶稣曾警告信徒："不要忘记招待陌生人，因为有些人可能会因此撞上大运，无意中招待了天使。"在这里，你几乎可以嗅到索多玛人毁灭后留下的硝烟和弥散的腐败气息。

在《出埃及记》中，以色列人在埃及受到奴役。在那里，另一个先知摩西看到一个陌生人将一个以色列同胞虐待致死。由于担心自己惨遭不测，摩西只好逃之夭夭。他游荡到米甸这个地方时，遇到了正遭到牧羊人骚扰的 7 个姐妹，便保护了她们。女孩们回家将遭遇告诉了她们的父亲——米甸的祭司叶忒罗。父亲坚持让女儿们找到摩西，把他带回家吃饭。摩西虽是一个陌生的以色列人，但这不要紧。她们征询摩西的意思，他

---

① 需要注意的是，罗得对此做出的回应是，把他的两个纯洁的女儿送给贪婪的暴民，这被视为"正义"之举。后来，罗得的妻子变成盐柱后，女儿们和父亲罗得躲在索多玛废墟上的一个山洞里。她们把他灌醉，和他同房，怀上了子嗣，留下了后代。犹他州的摩押镇就是以他们的一个后代命名的，如今是当地旅游业的历史景点。

同意了，并留在那里住了下来，娶了叶忒罗的女儿西坡拉，两人育有一子。

摩西回忆起目睹以色列同胞惨遭毒手后他所经历的生活，思忖着："我身处异乡，乃是异客。"因此，他给儿子起名叫革舜，意思是"异乡人"。然而，叶忒罗虽然是一个文化上的陌生人，但在犹太人的故事中十分重要，因为他拥有智慧，是摩西的导师，帮助摩西完成了带领以色列人摆脱奴役这一光荣使命。学者克里斯蒂安娜·范霍滕（Christiana van Houten）认为，叶忒罗代表着"《圣经》中的某种陌生人，'他们'和'我们'不是互为对立的关系，而是相辅相成、相互补充的关系"。他虽然是陌生人，但帮助了我们，让我们变得更好。没有这些陌生人，以色列人也不会逃离埃及的束缚，整个故事就此结束，也就没有《出埃及记》以及后文了。

当然，《旧约全书》对许多非以色列人的陌生人来说就比较残忍了。英雄豪杰们在前往应许之地的路上遇到了这些陌生人，后者仅仅因为他们在各自团体中的成员身份而被定义，甚至被认为生来便没有任何人性可言。《约书亚记》记述了一桩骇人的种族灭绝惨案，以色列人在摩西的继任者约书亚的带领下，渡过约旦河，抵达迦南，意图屠杀其中7个国家的人民。他们声称是遵照上帝的旨意行事，上帝曾在《申命记》中告诉他们，驱逐面前的各大民族，将其击杀，让他们完全毁灭，不可与他们立下盟约，也不要怜悯他们，要以磅礴之力，叫他们悉数陨落。

其中有些国家确实遭到了严重摧毁，战争充满了麻木不仁的暴力死亡事件，以色列人毫无怜悯之心：约书亚先后占领了玛基大、立拿、拉吉、基色，弒其君主，杀其子民。约书亚烧了艾城，使它化为灰烬。艾城的国王被吊在树上，直到黄昏。夕阳一下山，约书亚就命令随从把他的尸首从树上取下来，丢在城门入口。《约书亚记》为接下来数千年的宗教暴力提供了一个清晰的模板，这不难理解。这本书的大部分内容读起来像是出自一个心情烦乱的少年写下的笔记。神学家 L.丹尼尔·霍克（L. Daniel Hawk）这样写道："对许多仍身处暴力时代的读者来说——这些暴力通常是受宗教的意识形态认可并将其神圣化的，这个故事丑陋不堪、令人厌恶，不想再听。"

但它还是有值得称道之处的。因为即使在大屠杀中，陌生人也起到了关键作用。当迦南各个城市的陌生人集体出现时，他们被毫无顾忌地砸死。但是当我们真正将他们视为个体时，《约书亚记》的风格便发生了变化。人物塑造变得更加复杂，陌生人变成了真正意义上的人。他们反抗被归类，让以色列人吃惊，甚至帮助以色列人。诚然，《旧约全书》沉溺于屠杀陌生人，但它也讲述了一个迁徙的故事，没有陌生人，这个故事就不会发生。这本书体现了我们人类对陌生人的矛盾心理，我们对他们的恐惧和需求淋漓尽致地展现在书中的每一页。

举个例子，在以色列人入侵之前，约书亚派了一些间谍去耶利哥侦查该城情况。这些间谍兜兜转转，来到了妓女喇合的家里。走运的是，喇合的房子刚好和著名的耶利哥城墙连在一起。喇合既是妓女，又是迦南人，因此面临双重不利。然而，喇合最终沉着镇定下来，表现得满怀忠诚，动作麻利。传言附近一带有间谍出没，耶利哥国王要求喇合交出他们。她欺骗了国王的手下，窝藏了间谍，并为他们提供有价值的情报：当地人被吓坏了，在做无意义的反抗。得知这个信息后，间谍们离开了。随后以色列大军侵入，抬着约柜绕城转了整整 7 圈，而后吹响号角，推倒城墙，屠戮城民，只留下了几个活口：喇合和她的家人。学者阿德里亚内·利文（Adriane Leveen）对其中的讽刺性做出总结："在《约书亚记》中，以色列人和一个陌生人的首次相遇，对一个妓女来说受益匪浅，而她对以色列人来说简直就是救世主般的存在……开始实施上帝计划的是喇合，而非以色列人。"

这样的故事还有很多，比如陌生人邂逅、订婚，被视为完全的人，从而避免了可怕的结局。霍克很好地总结了这种现象，他写道："只要在这片土地上生活的人们姓名不详，他们就很可能会被杀死，而刽子手没有一丝悔意。但是，认识到他人的人性会使杀戮本身更加令人不安。"

一些人回忆起这本书时，会觉得它充斥了狂热的、仇外的大屠杀，但《希伯来圣经》还有个特点，就是写到了"ger"（赫尔人），这着实令人感到意外。在《圣经》的英文译文中，"ger"通常被译为"stranger"（陌生人），指的是生活在以色列人中间的非以色列人，即在当地住下的外来人。他不同于一个完全是局外人的外国人。在《希伯来圣经》中，约书亚的军队举起刀剑时，一大群不知姓名的陌生人沦为刀下亡魂，而赫尔人却得到了优待。以色列人赋予了这类陌生人许多权利，条件是他们遵守当地的规则，如不乱伦、不亵渎神灵、不崇拜怪力乱神。只要他们能够遵循适用于以色列人的纯洁法令，比如在处理动物或人的尸体后，用水洗净自身，不能吃血等，便能拥有特权。

由于赫尔人遵纪守法，他们获得了许多与以色列人相同的权利。他们可以打官司，可以在安息日休息，可以向上帝献祭，如果受了割礼，依然可以庆祝逾越节。以色列人可以购买赫尔人，让他为奴为仆，而一个富有的赫尔人也可以购买以色列人，把他当作奴隶对待。正如上帝在《利未记》中对摩西说的，他们将和陌生人拥有同样的律法，因为他是他们所有人的神。

还有一些赫尔人所独享的更像是混合的特权。例如，以色列人不能收取贷款利息，但赫尔人可以。如果一个农民正在收割庄稼，一些庄稼掉在了地上，那么他必须把它们留给赫尔人吃，采摘葡萄园里的葡萄时也是如此，当然，他也可以卖给他们。如果以色列人碰到了自然死亡的动物，那么他们不能食用，但他们可以把它给门口的陌生人吃，或者直接卖给外国人。这些法律旨在强调以色列人和赫尔人之间的界限。以色列人仍是以色列人，拥有所有权利和特权；赫尔人仍然是赫尔人，可以诉诸司法体系，与大多数人建立友好的关系，以及享用路上被碾压致死的动物。

那么这怎么不算是一种种族隔离的形式呢？多数人将永久二等公民身份强加给脆弱的少数人，这种情况怎么会是一种社会进步？原因有二。第一，在当时，这种安排几乎是闻所未闻的。虽然美索不达米亚平原颁布了优待孤儿寡母的法律，最著名的要数巴比伦国王汉谟拉比的法典，但学者们没有找到证据可以表明，法律会格外照顾像赫尔人这样的陌生人。这并不是说，以前人们对这些人不够仁慈宽厚。正如我们所知，好客的传统在当时已经确立，但这并不意味着对这些陌生人的道德关怀值得写入成文法。赫尔人和赋予他们的法律地位都是新出现的。从这个意义上说，这是一种进步。

第二，赫尔人的重要性也根植于同理心和个人经历。这种同理心不像是对孤儿寡母的那种照顾，因为个人关怀的对象也不一定都是孤儿寡母。一些学者认为《旧约全书》之所以如此强调善待陌生人和旅居者，是因为以色列人知道成为陌生人是什么感觉，这也是上帝在书中反复强调的一点："你既不能激怒陌生人，也不能压迫他，因为你们在埃及都是异乡人。"上帝在《出埃及记》中表示，以色列人也不可欺压陌生人，因为他们了解陌生人的感情，他们在埃及的腹地皆为陌生过客。以色列人知道陌生人是什么样的感受，他们曾在远离家乡的地方遭到奴役，忍饥挨饿，游荡在荒野之中。理论上，这赋予了他们共情能力，使他们会去同情其他身处困境的陌生人。赫尔人拓宽了信徒的道德关怀的边界，打破了部落主义的界限。它被写在律法之中，保护了"非我"的族类。在人类与陌生人相处的时代，这是一项成就，是一切发展的基础。

耶稣降临之时，世界一片混乱，各个城市尤其如此。社会学家、宗教历史学家罗德尼·斯塔克（Rodney Stark）写道："帝国的城市的混乱程度难以想象。"现代人无法想象当时这些城市中的人口密度。有个城市叫安提阿，人口密度为每英亩①117人，2010年的曼哈顿的人口密度也不过每英亩108人左右。在曼哈顿，摩天大楼林立，而在安提阿，很少有5层楼高的建筑物。安提阿城多灾多难，建筑物质量低劣，大楼崩塌司空见惯，公寓里人满为患，室内做饭时常引发火灾，地震频发，流浪者随处可见，贫困是这座城市的真实写照。无论这座城市修建了什么样的下水道，人们连肥皂也用不上，那时肥皂还未被发明出来。正如斯塔克指出的，城市里的这些人一定"生活在一片我们想象不到的污秽之中"。

当然，还是要说到陌生人。罗马帝国通过长途贸易和帝国扩张来联合各地，因而罗马人不断迁徙、融合，涉足之远，超乎了全世界的认知。我们今天谈论人种差异，仿佛以前的人们从未有过差异，而事实并非如此。历史学家拉姆齐·马克马伦（Ramsay MacMullen）曾写道，罗马世界"是一个合适的熔炉。如果我们把100年前的大英帝国想象成一个整体，它的所有部分相互接触，这样人们……无须漂洋过海，就可以从仰光②到达贝尔法斯特③。如果我们作为一个整体能因此感受到几乎无限的语言、宗教、传统和教育水平的多样性，那么那个时代的地中海世界的真实本质会震彻我们的心扉"。

对城市来说，人口涌入是有利的。部分原因是人口涌入减少了商品的运输和思想的传播阻碍，但更糟糕的原因是，当时

---

① 1英亩≈4 047平方米。——编者注
② 缅甸首都。——译者注
③ 北爱尔兰首府。——译者注

的死亡率很高，城市需要维持一定的人口水平。斯塔克写道，在基督教时代开始时，"希腊罗马城市需要接收源源不断的移民，以维持人口数量。因此，不论何时，总会有一定比例的人是最近新来的移民，希腊罗马城市里住满了陌生人"。在这样的条件下生活，这些陌生人的本能得以激发，他们各自紧密团结在一起，让城市分裂成种族的飞地，导致这片土地上频繁骚乱，争斗不止。这里是一片地狱，死亡无处不在，居民们都怀疑他们是否在见证世界末日。

耶稣来自加利利，一个混杂、喧闹的地方，基本上远离耶路撒冷的触角。在这里，犹太人、撒马利亚人、希腊人和叙利亚人比邻而居。这里是精英们最不希望上帝之子出现的地方，类似于救世主来自新泽西州。耶稣到达耶路撒冷后，开始宣讲基本的教义，强调了三件事：生活并不尽如人意；上帝才是真解；要想生活在一个满是陌生人的世界里，生活在因部落冲突而分裂的世界里，人们需要方法。这意味着要爱邻居（这一想法来自犹太人的律法，但已覆盖了每个人），而不只是爱像赫尔人这样的外来者。耶稣知道这很难，他说："如果你向你的兄弟打招呼问好，那么你做了什么不平凡的事情吗？"显然，并没有。照顾好你的家庭，关爱你的部落成员，善待你的邻居，这都不难。但是要照顾陌生人、罪人和流放的人，则需要你付出努力。

不妨回忆一下，宙斯是怎么经常假扮成一个陌生人，以确保人们举止得体、热情好客的。耶稣也继承了这个衣钵，并告诉他的追随者，无论他们对底层的人做了什么，都是直接对他做了同样的事。耶稣说："我饿了，你们给我吃；我渴了，你们给我喝；我是陌生人，你们欢迎我；我衣不蔽体，你们给我衣服穿；我生病了，你们来看望我；我在监狱里，你们来看我。我说真的，你们怎样对待地位最低的弟兄，就是在怎样对待我。"

最著名的是，耶稣讲了一个撒马利亚人的故事。犹太人一直都憎恨着撒马利亚人，而这个撒马利亚人帮助了一个犹太人。以德报怨是天才之举，表现出对他人心理的敏锐感知与理解。相信"我们"的小团体足够和善，以至帮助外人并非难事，这是内群体偏爱，毕竟"我们"是有道德的好人。可当我们落难时，要使我们相信敌人可能不会乘人之危，甚至会施以援手，那是在要求我们去发掘和欣赏陌生人本身的复杂性。请记住，我们之前讨论过人性泯灭：我们倾向于轻视陌生人，倾向于对他们丰富的内心生活视而不见。在一些情况下，我们可以不考虑他们的人性，转而去折磨他们，甚至屠杀他们，犯下种种恶行。为了防范这种情况出现，基督教教义的大部分内容都对此做了限定。陌生人不仅不是次等人，他们实际上还是耶稣的替身。因此，像宙斯一样，他们拥有惩罚和奖赏的权力。

这不仅仅是空话。基督离开人世后，教会大获成功便是因为牧师开始为陌生人布道。历史学家保罗·约翰逊（Paul Johnson）写道，在一个很大程度上缺乏社会保障的帝国中，早期的基督徒创造了一片提供微型福利的天地。362 年，罗马皇帝尤利安写信抱怨基督徒对陌生人太过仁慈，这让罗马人出尽洋相。在另一封信中，他写道："不虔诚的基督徒不仅帮助了他们之中的穷人，对我们群体中的穷人也乐善好施。众所周知，他们并未得到我们的帮助。"380年，罗马帝国皈依基督教，在此之前，尤利安是罗马最后一位异教徒皇帝。

在许多方面，基督教教义提供了解决城市问题的方法。斯塔克写道："对遍地都是流浪汉和穷人的城市来说，基督教带来了慈善，也带来了希望。对遍地都是新来的移民者和陌生人的城市来说，基督教是帮助人们建立人际关系的直接基础。对惨遭种族暴力冲突的城市来说，基督教为社会团结提供了新的基础。对传染病、火灾和地震频发的城市来说，基督教提供了有效的护理服务。"

《旧约全书》中的犹太人都是陌生人和旅居者，几十年来，在异国他乡饱受奴役，如浮萍一般漂泊不定，被迫流浪在荒野之中。耶稣时代的人们都是寄人篱下的陌生人，总是在一个残酷无比、反复无常的世界里迁徙、融合，艰难生活，而这个世界早就失去了意义。耶稣的身份是一个陌生人，一个移民，一个外来人。但对我们都是陌生人，我们都在漂泊和恐惧的互相认可，创造了一种新的社会团结形式，创造了一个全新的、更加开放的"我们"。这使基督徒有可能与陌生人舒服地建立有意义的接触，如若不然，这些陌生人将会始终是陌生人。耶鲁大学神学院前院长托马斯·奥格尔特里写道："这些陌生人可以成为朝圣者，在他们的人生旅途中，从每个种族、国家和社会阶层之中找到新伙伴。既然大家都是陌生人，就无所谓了。"最大的一个陌生人社区由此建立并延续至今，23 亿人口信仰基督教，占地球总人口的 1/3。

伊斯兰教也是陌生人聚集之所，其宗教故事主要取材于亚伯拉罕的经历，穆斯林认为亚伯拉罕是第一个穆斯林。在《旧约全书》中，在以撒出生之前，亚伯拉罕的妻子撒拉无法生育，便让仆人夏甲代孕。亚伯拉罕接受了这样的安排，仆人夏甲随后怀孕生下以实玛利。这时，传统开始走向分歧。在亚伯拉罕和撒拉有了自己的孩子以撒后，撒拉坚信以实玛利产生了不好的影响，就驱逐了夏甲和以实玛利，并把他们赶到了沙漠。面临食物和水源的短缺，夏甲惊慌失措，向上帝求助。上帝告诉她把婴儿举起来，她遵从了旨意，水源立即从地下涌出，形成了小溪，后被称为渗渗泉。鸟儿发现水后，在上方盘旋。一群群陌生人看到鸟儿，便走近向夏甲讨水喝，夏甲用水换来了食物和日用品。根据伊斯兰教的传统，圣城麦加就是在这种交流中崛起的。顺便提一下，后来，以实玛利的后裔扎伊德·伊本·基拉卜（小名库塞伊）把这座城市发展成一个主要的贸易港口。

公元前 7 世纪，一个叫穆罕默德的成功商人声名鹊起，圣城麦加已经陷入萧条。罗马帝国和波斯帝国之间互相竞争，这个更广阔的世界因此分裂，沿海贸易抢走了麦加的生意，古老的部落仇恨再次爆发。真主安拉告诉穆罕默德，要团结众人，让大家信仰的神只有一个，于是穆罕默德就遵循了真主的旨意。他指责麦加人，说他们是自私的偶像崇拜者，彼此充满冷漠，对孤儿和穷人也一样冷血无情；他指责精英阶层，说他们贪得无厌。当然，情况并没有好转。麦加的精英们对他发难，疯狂地折磨着他的随从。麦加街头上演的一幕，其残忍程度令人发指，即便是冷漠的当地人也看不下去。622 年，穆罕默德落荒而逃，去了麦地那市①。

在麦地那市，他宣扬他的教义，把各个部落团结在伊斯兰教之下。但他也尽力确保当地人不会联合起来，共同排斥一路跟随他而来的贫困难民。学者泽基·萨里托普拉克（Zeki Saritoprak）写道："为了让移民和当地穆斯林融合，先知穆罕默德宣称，所有的移民和当地穆斯林之间都有兄弟之情、手足之谊，他号召当地穆斯林帮助移民。这种伊斯兰教历史中所存在的兄弟情谊被称为穆赫特。"它由两个群体组成：穆哈吉尔（迁士）和安萨尔（辅士）。兄弟情谊形成了一种荣誉亲属的关系，它带来了实质性的益处。安萨尔对穆哈吉尔管吃管住，无论收入如何。一个安萨尔人去世后，他家中的穆哈吉尔便成了他的继承人，这种传统有效地解决了种族冲突和部落冲突，因为穆赫特的关系比家庭关系或种族联系来得更加重要。萨里托普拉克写道："有人可能会认为，在人类的历史上，要让不同的社会群体团结起来，这种兄弟情谊的宣言可以视作最重要的典型之一。"

当穆罕默德统一麦地那时，圣地麦加继续衰落。麦加的人们对穆罕默德及其随从充满仇恨，这种仇恨曾一度将这座城市团结在一起，但随着穆斯林的大量离去，各部落再次反

---

① 沙特阿拉伯西部城市。——译者注

目成仇。一个叫作伯克尔的部落屠杀了所有胡扎阿人，只因为他们是穆斯林的同盟。穆罕默德领万人军队前往麦加上阵杀敌，麦地那许多部落集合在一起，体现了陌生人之间空前的团结。麦加国王看到这支部队后，据说很好奇："这是一支什么样的军队？"穆罕默德进入麦加城时，如入无人之境。他并没有赶尽杀绝，凡是投降的都实行特赦。穆罕默德说道："你们走吧，现在你们自由了。"

在伊斯兰教中，陌生人一直都是首要议题。像犹太教和基督教一样，《古兰经》最重要的是只信仰真主一人，其次重要的便是需要对陌生人仁慈宽厚，"你应善待父母、亲人、孤儿、贫民、近邻、陌生的邻居、在你身边的朋友和游人"。更重要的是，在伊斯兰教中成为一个陌生人实际上是一种杰出和神圣的标志，这一点与在犹太教和基督教中别无二致。穆罕默德说，伊斯兰教创立之初非同寻常，以后也将回归不寻常，就像创立时一样，对陌生人而言，这是天大的喜讯。他告诉人们，生活在这个世界上，要把自己当作一个陌生人或旅行者。对他来说，这意味着你需要继续你的旅程，你真正的归宿在终点等着你。陌生人和旅行者会被疏远，在伊斯兰教、基督教、犹太教中都是如此，但这也是团结一致的源泉所在。宗教促使陌生人形成团结一致的社区，他们只信仰一个共同的神，设法使部落不再分裂，相亲相爱，如同家人。

换个角度来看，这种陌生人之间的关系若是一直维持下去，人们便会踏上一条不归路。有些狂热分子认为，既然做一个陌生人意味着极大的荣誉，那么何不继续保持陌生人的身份，跟其他人、非穆斯林交往没有任何意义。他们应当筑墙而战，或者向异教徒发起攻击。像基督教一样，在伊斯兰教成立的最初几个世纪里，宗教的信仰与帝国的野心结合在一起，推动了一场席卷全国的野蛮进军，建立了一个从西班牙延伸至中亚的完整帝国。

此处，我不想就所谓的宗教的真正本质展开辩论。就像知道《旧约全书》中存在消极阴暗的一面，我清楚极端分子和伊斯兰教的批评者为暴力正名时所引用的段落。我生活在纽约市时，经常看到积极的一面，但我也活在消极的阴影之中，难以自拔。其实伊斯兰教谈到如何统一难以管理的社会，以及我们如何对待陌生人，这些都让我更感兴趣。《古兰经》中有两节经文，一节是写给信士的，一节是写给全人类的。后者以"众人啊"这句话开始，接下来是：我确已从一男一女创造你们，我使你们成为许多民族和宗族，以便你们互相认识。

这句话翻译之后，让人一眼看过去可能稀里糊涂。毕竟，根据普遍的定义，部落主义本身就不愿意去互相了解。但是，根据纽约大学第一位穆斯林牧师、纽约市警察局和纽约市消防局前牧师、伊玛目哈立德·拉蒂夫（Khalid Latif）的说法，这节经文中所说的"认识"（英文翻译为 know，读音为 lee ta'aarifoo），和获悉一个无足轻重的问题的答案大有不同。它的意思更像是一种泛泛之交，或者说经验知识。拉蒂夫说："本质上，这节经文是在说，我们在这种多样性中创造了你。也就是说，你我看似来自不同的种族背景，然而在这些背景下，我们不仅会意识到他人的存在，或者意识到我们都存在，而且可能会在经验上理解对方。我们会互相认识，这从根本上成为人性的元素。"

换句话说，在这个概念中，不同人的存在并非异于常规，也并非背离某种伊甸园般的自然秩序，多样性才是重点。更重要的是，这是一个机会，一个认识他人、帮助他人的机会，一个能在此过程中更了解自己、发现自我在这个世界的真实信念、了解陌生人的生活的机会。拉蒂夫说："经文的意思是指一个人和别人真正相处过，与仅仅和对别人的刻板印象相处是有明显区别的，而这种接触正是关键所在。"

穆罕默德在他最后的布道中提到了这一点。据说，他曾说过，穆斯林之间都是兄弟。但他接着又说："全人类都来自亚当和夏娃。对非阿拉伯人而言，阿拉伯人并没有什么优越之处，非阿拉伯人对阿拉伯人也是如此；同样，白人和黑人也是平等的，没有谁更高贵，真正高贵的是虔诚的信仰和善良的品行。"当今，地球上有 18 亿人都是穆斯林，占地球总人口的 1/4。

我提到这些，出于许多原因，但没有哪个原因是试图让你转变信仰。正如我说过的，我是一个不信神的人，对我来说，宗教素来无关紧要。詹姆斯·乔伊斯（James Joyce）[1]把宗教描述为一张网，就像国籍一样，你如果想充分发挥你的潜力，就该尽力避免加入，我倾向于同意他的观点。也就是说，我当然不会嫉妒任何人的信仰，我知道信仰对信徒而言是莫大的安慰，

---

[1] 詹姆斯·乔伊斯（1882—1941），爱尔兰作家，新文学方式的探路者，代表作《尤利西斯》。——译者注

在最好的情况下，它还可以让人们关心他人，而不必理会他人的身份。任何事物只要能帮助人们渡过难关，我都觉得没问题，只要不是去打击异己就好。此处不妨套用政治学家罗伯特·帕特南（Robert Putnam）关于社会资本的一句话：情况好的话，宗教为人建桥开路；情况糟糕时，宗教发动战争，生灵涂炭。

我之所以提到这一点，是因为尽管宗教有各种各样的问题，我还是认为大众宗教是一项非凡的成就，更重要的是，大众宗教也是希望的源泉。不要寄希望于真的有一个上帝会治愈我们的创伤，奖励我们的善举，并在我们摆脱尘世烦恼的时候计算我们的功过。对我来说，大众宗教是灵感的来源，我惊叹于在一个冲突激烈和割据不断的时代，人类能够找到一种方法，融入无数的陌生人之中。我承认这么说是对宗教的一种亵渎，我怀有几分歉意且真诚地为此道歉，但对我来说，宗教不是归宿。宗教还是半成品，它只是实现社会复兴的又一次关键的一步，展现了我们和大量陌生人缔结关系的非凡才能，我们可以根据一些微不足道的共性将认为他人是善良的这一信念扩大到近乎无限的程度，而这些共性可能只是看一本书，做一次祈祷，穿上某种服装，遵循一些基本的道德戒律，比如不去偷窃和善待陌生人等。对我来说，这就是一种进步。如果一个美国基督徒能在一个素未谋面的苏丹基督徒的陪伴下立即感到舒适，那么对其他任何一个美国人而言，在任何一个来自苏丹的陌生人的陪伴下感到舒适不也是有可能的吗？

无论是基督时代的希腊罗马世界，还是穆罕默德时代的阿拉伯世界，它们所面临的最紧迫的问题都出于两个方面：一个是需求危机，另一个是在满是陌生人的世界中的归属危机。需求危机一部分源于中央集权的制度缺失，比如执法部门、福利机构、医疗服务机构、庇护所等，而这激发了之前的社会复兴。我们当前所处的困境和归属危机并无二致，整个社会变得不正常了。随着陌生人的不断涌入，我们迷失了方向。我们在自己所处的世界中定义自己。当世界发生变化时，它会让我们对自身的理解处于压力之下，并影响我们与所处世界的关系。当这种情况发生时，我们有两种选择：要么试图恢复过往的世界，当然这种选择永不会实现；要么找到一种新的归属方式。宗教为许多人提供了新的归属方式，这种方式可以超越部落、超越种族、超越伦理。但我不相信单靠宗教就能让我们到达终点。不同宗教之间有太多的历史冲突，界限已经变得僵硬。为了到达我们的目的地，我们需要一种新的社会复兴，我们需要和陌生人好好谈谈。

然而，我们没有这么做。虽然从个人层面到人类文明层面，与陌生人交流能带来许多好处，但也有同样多的力量反对我们进行这些简单有效的互动。它们可以像次级心理问题一样不易察觉，或者和派系主义、偏见一样复杂阴暗，或者和环境糟糕的公共空间、城市生活的节奏以及我们即将了解到的芬兰公民身份一样简单。不管原因是什么，有一点是很明确的：如果我们准备在与陌生人交流这件事上有所擅长，那我们首先需要更好地掌握，究竟是什么阻碍了我们与陌生人交流。

02

第二部分

我们为什么不与陌生人
交流

第 11 章
城市里的陌生人

我们将了解到人类创造了城市，所以身边总是会出现许多新面孔，但随后人类又创造了一系列不成文的规则，让陌生人之间不能互相交流。现在，是时候打破这些规则了。

2011 年，一个叫亨特·弗兰克斯（Hunter Franks）的人决定和一个朋友一起走遍美国。他们都是洛杉矶的年轻艺术家，打算记录下他们的旅程，为一个名为"与陌生人交流"的多媒体课题做准备。虽然他们只去了新墨西哥州，但这趟旅程足以改变弗兰克斯此后的人生轨迹。弗兰克斯说道："对我来说，当我开始注意到，在那里有许多不同的故事、各种各样的生活圈子、形形色色的人时，我开始明白，这些故事很有价值。"这段经历改变了他，改变了他对别人这个庞大群体的看法。"我开始明白，人非常善良。"他说，"有些人会为我们提供水和食物而不求回报，他们不知道我们是谁。我开始真正看到人类善良的一面。"

大学期间，弗兰克斯主要学习传播学和工作室艺术。2012年，弗兰克斯在旧金山市长办公室找到了一份社区管理员的工作，在市民创新办公室办公，在这个单位，他能抽出空来，利用充足的项目经费去展开课题研究，以修复这个城市受损的社会结构。他研究的公共课题是要把艺术和与陌生人交流结合起来，他窥见了其中的潜力。在他眼里，这些课题是对抗孤独、对抗疏离的一种方式，一部分原因是，他注意到，这些互动让他自己都受益匪浅。他说："我想，如果我有时会觉得孤独，那么其他人也可能同样如此，当我开始研究这个课题的时候，我发现每个人都很需要互动。"怀揣着这份感受，他的人生更有方向感了。

2013年，弗兰克斯成为一名全职艺术家，创办了自己的组织——创意干预者联盟。从那以后，他开始在全美范围内受到许多知名的专项资助，众多项目纷纷加入这个组织，其中之一便是"害怕医生"。弗兰克斯在人行道上设立了一个摊位，这个摊位看起来像《花生漫画》中精神病医生露西的摊位，人们走过来跟他诉说心中的恐惧。他问了他们几个问题，最后给了他们一个"哲学处方"，整个处方通常是要求他们行动起来，比如做一些深呼吸，或者下决心为某人做得更多，或者关爱自己几分钟，或者只是给他们的妈妈打个电话。他说："这种办法可以提醒人们：嘿，没什么大不了的，恐惧乃人之常情，有这些情绪就说明你是正常人。"

就像之前所说的"城市自白"组织一样，这种尽力在街上鼓励他人的念头引发了我本能的质疑，因为我这种人未必愿意对街上的陌生人敞开心扉。于是我询问弗兰克斯，问他如何让人们安逸自在地说出心事。他回答道："老实说，我不需要刻意那样做，我认为人们只是渴望分享他们的心事，尤其是当他们遇到了一些棘手的事情时，因为我们无法创造出安逸的环境，当然也没必要面面俱到。"例如，如果有人表示他们害怕蛇，他就会问他们一些开放式的问题，这样一来，也许他们会透露更深层的原因。有时候，人们会承认，最终原因也许还是他们害怕孤独。

弗兰克斯在旧金山的时候，经手了一个项目，这涉及一个声名狼藉的社区。他创立了"社区明信片项目"，在这个项目中，他收集了社区居民做过的好事，写在明信片上，然后邮寄给其他社区的居民。事实上，他在向他们展示，他们之前可能嫌弃的地方，竟是这般丰富、这般复杂，试验结果令他感到振奋。后来，他获得了奈特基金会的资助，该基金会扶持旨在增强社会凝聚力的项目，在该基金会合作的 4 个城市解决人们的居住问题，其中一个城市是俄亥俄州的阿克伦。基于之前在社区明信片项目大获成功，弗兰克斯打算办一场大型宴会，他走访了阿克伦的每个社区寻找大使，帮助邀请宾客。他让每个人上报自己最喜欢的食谱，然后印在餐盘上，其他客人可以把餐盘带回家。他了解到，有一段高速公路规定被拆掉，足够 500 人坐下的弧形长桌放在了这里，他们在此举办了宴会。

客人到达之后，得和来自镇上其他社区的陌生人坐在一起。弗兰克斯说："这顿饭上，你会看到一个富有的、上了年纪的白人，他的一侧坐着一个精神可能不大正常的人，另一侧可能坐着一个收入不高的有色人种。要是放在其他场合，这些人无论如何也不会坐在一起。"主持人有意让人们间隔坐，以便展开对话，所问的问题小到个人琐事，大到整个城市。这意味着客人们不仅获准说话，而且有话可说，这解决了阻止陌生人说话的两个障碍，尤其是对不同群体的陌生人来说。另外，因为这是一次宴会，他们不能说走就走。他们交谈得越久，谈话就越深入。这场宴会大获成功，人们都乐在其中。

弗兰克斯说："生而为人，我们希望大家都能相互联系。如果我们想惬意地生活在这个地球上，我们需要和别人产生交集，但是有太多的因素阻碍着我们。"过去的 5 年里，弗兰克斯一直致力于寻找阻碍陌生人之间展开交流的外在因素，比如种族隔离政策或者社会规范。但是最近，他也开始思考这种阻碍的内在因素。他想知道他能否找到更多像他这样的人，和他感同身受，和他一样能从这些互动中获得希望。同时他也很好奇，这些人能否反过来向别人展示这种生活的益处，而后更多人参与其中，最终改变大众所处的文化环境。他问道："我们怎样才能让足够多的人参与进来，不遗余力地付出，最后让走在街上的人们和每个人打招呼完全成为常态现象？这是在创造一个世界，在这个世界里，好奇心和联系超越了恐惧和孤立。我认为要从日常的小互动开始，但愿能够融入文化和社会的方方面面。"

但是，这话说起来容易，做起来很难。

大约 1.2 万年前，人类扎下木桩，成了农民。他们不再需要为了生存而四处奔波，也不用狩猎大型动物，而是可以自己种植粮食，以一种前所未有的方式拥有土地，并且可以世代生活在这片土地之上。对许多人来说，流动的日子已经一去不复返了。加利福尼亚大学洛杉矶分校考古学家莫妮卡·史密斯（Monica Smith）写道："人们一生都在熟人的陪伴下度过，只有在结婚的时候或小贩沿街叫卖商品的时候，新面孔才会出现。熟悉度一直都是衡量人与人之间关系的标准，人们总是谨慎不安地看待陌生人。"

史密斯写道，然而，人们会定期地进行集会活动。小村庄的居民会前往集会场所，在那里他们可以遇见来自其他村庄、其他部落的人，与他们进行交流、交易商品、互相传授技术，乃至寻找人生伴侣。基本上，这些节日是为了欢聚一堂的快乐而进行的聚会，还有一个额外的好处就是与更遥远的邻居维持积极的关系。史密斯写道："为了一个共同的目的，仪式把人们聚集在一起，仪式场所让人们可能培养、练习交流和互动的技能，这些技能使他们能够应对许许多多的陌生人。"这些集会，以及它们让人们磨炼的技能，最终导致了大约 6 000 年前城市的崛起，这是人类下一次大型的社会复兴。

城市是人类社会组织的第一种普遍形式，城市不是出于纯粹的需要而组织起来的。史密斯写道："小规模的农业大获成功，可以满足一切生活需求，让人口的增长以一片片小村庄的形式覆盖整个地球。很明显，简单直接的乡村生活对我们的城市祖先来说是远远不够的。他们想要很多在乡村无法获得的无形之物，比如人群集中带来的兴奋、新鲜的创造发明以及新奇食物带来的刺激，在城市生活，还能摆脱乡村的束缚，邂逅浪漫的另一半。"

数千年来，人类遵循问候仪式、招待习俗，小心翼翼地与陌生人打交道，当然偶尔也会发生暴力流血事件。此后，人类正在进入一种新的生存模式，这种生存模式不仅容纳了更多的陌生人，而且实际上是由陌生人的存在来定义的。从概念上来说，陌生人是指我们不认识的人，以及与我们不同的人，他们既是城市的主体，也是城市存在的主要因素。亚里士多德在《政治学》一书中写道："一座城市包罗万象，由各种各样的人组成，而相似的人是无法创造出一座城市的。"我们又一次彻底背离了我们的祖先黑猩猩。人类如今已经永远地置身于陌生人之中，他们的数量多得数不清，让人类自身无可奈何。你可以回忆一下，这种情况，换作黑猩猩的话，是根本无法忍受的。

无论是过去的人想到这一点，还是现在的人在考虑这个问题，都会觉得忧心忡忡，毕竟伴随城市兴起而来的是暴力和堕落的梦魇。《旧约全书》中曾记载过，第一座城市是由孽子该隐建立的，他谋杀了自己的兄弟。罗马城是由罗慕路斯建立的，无独有偶，他也杀害了自己的兄弟。批评家经常控诉这座城市，说这座城市放纵了人性之恶。哲学家卢梭把小镇居民单纯的天分理想化了，并谴责城市居民是"生活在大城市的猴子"。他写道："在大城市里，满是钩心斗角、游手好闲之徒，他们没有信仰，没有原则。他们懒惰贪婪、缺乏行动、贪图享乐，想象力因此匮乏，这样下去，只会出现罪行累累的怪物。"

社会学中有个传统，就是指出所有假定的心理障碍。据说，城市会迁怒于那些无奈地生活在其中的不幸者，其中大部分不幸在 20 世纪初就已产生，所有这些都与方兴未艾的个人主义一样令人焦虑不安。

1897 年，社会学家埃米尔·迪尔凯姆（Émile Durkheim）指出，被这么多陌生人包围会扰乱我们的思维，引发灾难。他认为，由于城市居民被迫适应他们在任何特定时刻遇到的每个陌生人，虽然有些人可能把这种适应称作"拥有社交技巧"，但他们不可避免地无法理解自我，结果患上心理障碍，对人世感到绝望，最后自我了结了生命。1908 年，德国社会学家格奥尔格·齐美尔（Georg Simmel）写了一篇关于陌生人的文章，文章简短但影响深远，他将陌生人定义为一种与我们身体上亲近和社会上疏离的结合。他承认城市可能令人兴奋，但也认为生活在其中需要付出代价：个人的性格会被无数次改变，纯粹享乐所带来的冲击会让城市居民"厌倦"，乃至麻木，"对一切都提不起兴趣"，并且只能作为数学方程式中的"数字"与他人进行联系。[①]齐美尔认为，这种心态是可以理解的，因为如果大都市里的人都像小镇上的人那样，认真对待周围的每个人，那么"他们就会陷入一种常人难以想象的精神状态"。

---

① 看到这里，你可以回忆一下在第 2 章中，心理学家朱丽安娜·施罗德曾说过，城市中的人们把彼此当作物体来看待。齐美尔早在一个世纪之前就有这样类似的感触了。

1938 年，路易斯·沃思（Louis Wirth）对齐美尔的观点深表赞同。沃思认为城市作为"新兴的生物杂交和文化融合的最佳温床"，却让人们不可能建立起亲密的友谊，并造成了"人际关系肤浅易逝，在很大程度上人们之间连对方姓甚名谁也无从得知"。虽然我们可以大大方方地承认，城市居民实际上可以交到朋友，但严格来说，这些友谊"不过是达到自己目的的一种手段罢了"。

尽管城市会让一个人的身份迷失，并阻碍人类与生俱来的交流能力，但在 6 000 年前城市诞生之初，人类立即就喜欢上了城市。无疑，当时的城市和现在的一样，给人们提供了经济机会。但正如史密斯所述，城市也带来了其他问题："好像所有这些东西都有一种被压抑的能力，以某种方式编码在我们的集体意识中，等待一个机会爆发。"那么，这种被压抑的能力是什么？让我们来好好分析一下。

我们知道，扩大我们自身的社交网络是人类的天性。城市具有吸引力，一部分原因是城市里有更多的人生活。但是也有一些更私人、更无形的东西，驱使我们走进城市的大门。当今世界，有一半以上的人口都生活在城市里。心理学中的一个概念，叫作"自我扩张"，来自一位有影响力的美国心理学家——阿瑟·阿伦（Arthur Aron）。

阿伦的观点是，一个人没有完全固定的身份，个性也不会一成不变。"我是谁"和"你是谁"这二者之间没有不可逾越的鸿沟。相反，他认为，"每个自我在很大程度上都是一生中多重关系的产物"。这意味着随着我们的成长，随着我们遇到更多的人、建立更多的关系，我们自然就会改变。也许我们身份的内核仍然是稳定的，但是当我们在生命之旅中前行时，会从所有与我们产生交集的人身上吸取到一些养分，让我们变得更加复杂。我们用河流来形容一个人。河水本是水，但河水接纳它所流过的河床的特征。在某种程度上，人类也不外如是。

2013 年，阿伦曾写道："在某种程度上，我们把他人融入自我中，我们展现了那个人的资源、观念和身份。然后，他人会告知我们是谁，拓宽我们体认世界的途径，并塑造我们看待世界的方式。"阿伦称这个过程为自我扩张。这个过程主要来自亲密的关系，但也可以通过许多其他途径实现，比如与人相识、阅读书籍、周游各地以及丰富个人经历。此外，阿伦还告诉我，自我扩张也同样"应该适用于陌生人"。他将其理论化，认为这是人类最强大的驱动力之一，这意味着我们会自然而然地去寻找自我扩张的机会。

这种自我扩张的动力可能就是史密斯所描述的被压抑的城市生活能力，这可能也是建立荣誉亲属关系、热情待客的原因之一。也许一直以来，如果条件允许，我们都希望与新面孔互动，以此来扩张我们的社交网络，同时扩张我们自己。在认识新朋友时，我们需要确保自身安全。城市一出现，就以难以比拟的规模提供了认识新朋友的机会，那是城市的巨大能量。城市社会学家理查德·森尼特写道："城市可能管理不善、犯罪猖獗、肮脏衰败。然而，许多人认为，即使生活在最糟糕的城市中，也是值得的。为什么呢？因为城市具有让我们变得更加复杂的潜力。"

我的朋友比利·吉拉尔迪（Billy Giraldi）在他的《英雄的身体》（*The Hero's Body*）一书中很好地谈到了这一点，其中有一段文字谈到了他离开贫穷的家乡新泽西州："我离开的原因是，人们总是离开小城镇：不是因为不重视它，而是因为相信在别处能有更好的发展。"我最喜欢的作家阿根廷的豪尔赫·路易斯·博尔赫斯（Jorge Luis Borges）也敲了这个响钟："实际上，我不确定我是否存在。"他曾说过："我是我读过的所有作家，我是我见过的所有人，我是我爱过的所有女人，我是我去过的所有城市。"或许这就是齐美尔曾告诫我们要警惕的"难以想象的精神状态"。

城市的讽刺之处在于，它让我们与几十万或几百万陌生人为伍，然后又通过直接或者微妙的形式，暗示我们不应和他们交流。这是吉莉恩·桑德斯特伦所关心的社会规范，也是尼古拉斯·埃普利和朱丽安娜·施罗德在他们的地铁实验中所观察到的现象：社交频繁的物种成员，在一个狭小的空间里一言不发，因为他们认为没有人想打开话匣子。为什么会出现这一幕？

你可能听说过斯坦利·米尔格拉姆（Stanley Milgram）。他是美国的心理学家，做了那些臭名昭著的实验，其中有些实验的参与者差点没把陌生人吓死，起因只是一个穿着实验服的人让参与者这么做。幸运的是，他还进行了其他一些重要研究，这些研究还算正常，不大可能让高中生做噩梦。这些研究探讨了人类如何在城市环境中与陌生人共同生活。米尔格拉姆的实验范围很广，他安排他的学生在地铁上没有缘由地向陌生人要求让座（学生们羞于提出要求，当然大多数通勤者还是让出了他们的座位）。还有个实验是，尝试计算在人行道上的路人抬头时，有多少人会停下来（在一个人抬头时，4%的人会停下来；在15个人抬头时，40%的人会停下来）。

但就我们的目的而言，米尔格拉姆想得有点多了。他认为，就像计算机一样，人类在处理的信息超负荷之后会崩溃。他想知道我们如何应对超负荷状态。米尔格拉姆认为，我们会调节信息的输入，可以管理自己的注意力，管理自己该接受多少外界的刺激。调节输入的策略多种多样，可以是茫然地看着前方，或是愁眉不展，拒人于千里之外，或是让我们日常生活中的大部分互动流于表面、转瞬即逝。为了做到这一点，我们发明了客套话，我们可以说一些话来认可对方，同时也微妙地表明我们对这类交谈不感兴趣。我们经常简单地问一句"最近过得怎么样"，即使我们满不在乎、充耳不闻，甚至连眼皮也懒得抬一下。"还不错，你呢？"然后，他们也满不在乎地回答道。

琳恩·洛夫兰德（Lyn Lofland）是20世纪另一位具有影响力的社会学家，她做了大量的城市实地研究，观察到了人们有许多办法来调节信息输入。她写道："如果人们干坐着或处于等待的情况下，可以看一些东西，比如看本书、浏览一本杂志或读一封信，可以把目光集中在无生命的物体上……如果想环顾四周，别盯着人脸看就行。"洛夫兰德观察发现，如果现场发生了什么尴尬的事情，人们要么逃离，要么表现得若无其事，以免他人过来和他们谈论此事。

个人的行动节奏要是快的话，更能避免与陌生人交流。如果你在外悠闲地散步，那么你更有可能看见别人，更可能注意到一些事情，也许还会顺便打个招呼，但是在更大、更繁华的城市，悠闲地散步可不太常见，因为这些城市往往节奏更快。自 20 世纪 70 年代以来，研究人员发现人们的平均步行速度与城市的人口规模和财富增长正相关。像东京或伦敦这样人口稠密的大型城市，生活节奏可能更快，这让市民不会轻易主动地互动起来，而较小的城市和城镇的生活节奏则比较缓慢。一些人认为，这是因为在这些大城市，时间就是金钱。米尔格拉姆认为，知觉负载会引发"逃跑反射"①。不管原因是什么，都会导致与陌生人互动的机会更少。

这些都不是说城市居民对生活在大城市的其他人视而不见。相反，他们通常非常清楚地意识到了彼此，他们只是有更微妙的表达方式罢了。于是乎，下一个伟大的观点呼之欲出，是由 20 世纪另一位影响深远的城市社会学家欧文·戈夫曼（Erving Goffman）提出的。戈夫曼的贡献是提出了"礼貌性疏忽"。礼貌性疏忽通常是发生在城市街道上两个陌生人之间的无声的仪式，许多思想家对城市生活杞人忧天，戈夫曼与他们见解截然不同，他观察到路人之间对待彼此并非完全冷漠无情。许多人只是保持沉默以示礼貌。与其说这是冷漠无情的表示，不如说这是一种特殊的合作形式：帮助彼此去应对超负荷状态。

人们会有不少办法来放大礼貌性疏忽现象。他们可能会退

---

① 出自"战斗和逃跑反射"，指的是人们在危险情况下，会有两种本能行为，要么战斗，要么逃跑。——译者注

到一旁，让某人可以通过，或是他们会进行短暂的眼神交流，或是下意识地点点头，然后低头看路，[①] 和问候仪式一样，礼貌性疏忽也是一种仪式礼貌，部分原因是人类的矛盾心理作祟。戈夫曼写道："借助礼貌性疏忽，个人在暗示，他没有理由去怀疑在场其他人的意图，也没有理由去害怕其他人，或对他们怀有敌意，或想要避开他们……他什么也不用担心，也不用怕被看见或是打量，他不为自己所处的境况感到羞耻，也不会为他的圈子感到羞耻。"[②]

洛夫兰德认为，相对于礼貌性疏忽，有些东西无疑更有意义。她认为，这"意味着个人会理解陌生人拥有基本的人性，并且个人允许陌生人走进人类的大家庭，个人接受他们要求获得公民权利"。这是对去人性化和次级心理问题的抑制。也就是说，礼貌性疏忽对一个城市的健康发展很重要。这是一种微妙但强大的方式，把市民维系在一起，将城市凝聚在一起，建立共同遵循的人性。然而，说实话，我越是寻找它，我越是意识到这种品质不多见。以我的经验来看，人们很少有眼神交流，也不怎么立马点头，不会瞬间认可另一个人的人性。实际上人们什么都不做。为什么呢？为了回答这个问题，我想给你介绍一个叫克利夫·阿德勒（Cliff Adler）的人。

---

① 不妨回忆下，受到启发的吉莉恩·桑德斯特伦从事了一项研究，她意识到自己在街上行走时与陌生人进行眼神交流后会低头走路，这就是一种礼貌性疏忽。

② 这并不是说在一个城市或其他任何地方，每个人的人性都会得到认可。戈夫曼还指出，就残疾人和少数族裔群体而言，他们可能会得到否认，有时会被别人带着不怀好意的兴趣、怀着恐惧或仇恨注视。

阿德勒是纽约的一名出租车司机，开了 40 多年的出租了。他热情洋溢，十分健谈，他注意到，最近几年来，他的乘客与他的互动方式发生了显著的变化。有一天吃早餐的时候，他开口便对我说道："人是不同的，一般来说，他们都是乐意交谈的，比如，你抬起头问一句'你是洋基队的球迷还是大都会队的球迷'，然后他们会对你说'嗯，我是洋基队的球迷'，或者'我是大都会队的球迷'，并给出这样那样的原因：他们在布朗克斯长大，或者他们的叔叔、他们的父亲都喜欢这个球队。然后我们就会在这个话题上谈论一番。"阿德勒喝了一口咖啡，继续说道："我是一个大都会队的忠实球迷，所以有时候我确实会让洋基队的球迷活下来，虽然在更多时候，我只是停下出租车，一把把他们拉下来，然后扬长而去。"

　　还记得之前我们说过的埃普利和施罗德研究实验吧，在这个实验中，人们和出租车司机交谈，跟司机说喜欢他们，喜欢坐在他们的车里。阿德勒告诉我，如今这种现象可不多见了。乘客用手机软件坐上出租车，报上地址，在整个旅程中注意力一直留在手机上。他说："他们不那么友好或开放了，不说早上好或下午好，什么招呼也不打。"有时候人们去机场要一个小时，"眼皮都懒得抬一下"，到达目的地后，付了钱就下车离开。他说："现在的乘客连一句'谢谢你，祝你今天愉快'也不说，一声不吭，拿着他们东西就走了，你玩完了，你就是一台机器。"

我问他当时他说了什么，他感觉是怎么样的，反应又是如何。

"我只是进入了另一个世界，"他耸耸肩说，"我不知道还能怎么说。"

戈夫曼把杂志和报纸称为"屏幕"。他说，它们的作用是在公共场合阻止人们进行不必要的接触。从那以后，我们提供了更多文字屏幕的选择，让人们避免社交。我们可以将大部分沟通方式换成电子邮件或短信的形式，以尽量减少互动；我们在"请勿打电话"项目注册中心输入我们的名字，这样就不会有陌生的推销员来纠缠我们；我们在网上购物时，通过应用程序订购送货服务，我们走进商店时则会被自助结账机吸引；我们在公共场合基本上都戴上耳机，一直盯着手机看。所有这些都可能是应对超负荷状态的策略，[①]但是我们对这些媒介的依赖会在现实生活中侵蚀我们与人进行交流的能力，因为它们让我们在没有和他人接触的日子里消磨时光。我们在上一章中看到，大学生很难与他们不认识的人面对面交谈。一些专家猜测，缺乏互动是孤独流行病背后的驱动力，因为当社交技能削弱时，结交新朋友会变得更困难。

放心好了，我不是在发表关于技术如何正在毁掉人类特性

---

① 有人可能会说，我们正在用一个更大的负荷代替一个负荷的刺激。2009 年，罗杰·博恩（Roger Bohn）、詹姆斯·肖特（James Short）和加利福尼亚大学圣迭戈分校共同展开的一项研究发现，相比 1980 年，2008 年人们吸收的数据多 400%，这个数字还在一直急剧攀升。

的长篇大论。我当然有点勒德派①，但我也知道，技术可以成为救生索，帮助边缘化群体，或者是生活在偏远地区的人，他们在家中无法获得社会支持。得克萨斯大学圣安东尼奥分校的尤利娅·坎农（Yuliya Cannon）发起的一项关于变性人使用社交媒体的研究得出结论："社交媒体已经成为建立社会联系、接受教育和共享资源的平台，否则处在社会边缘的个人是无法得到这些资源的。"

同样，技术可以为我们提供新思想和新视角的渠道，这些思想和观点来自其他文化和其他地区的陌生人，这些观点在适当的情况下会极大地丰富我们。如果本着善意和好奇去与陌生人建立那些关系，而非为了重燃纳粹主义之火，那么这种关系便会意义深远且鼓舞人心。请记住，桑德斯特伦的那项实验虽然是在数字平台上进行的，但结果仍是让参与者感到更快乐、联系更紧密、对世界感到更加乐观。像"客厅对话"这样的组织给人们提供了大有可为的机会，人们可以在网上与陌生人谈论令人兴奋的话题。我做过一些，发现这些话题具有挑战性、趣味性和启发性。

尽管如此，研究人员还发现，技术会削弱我们在现实世界中与人交往的能力。在社交场合，哪怕只是一部小小的智能手机，都会造成损害，因为它会导致心理学家所谓的"缺席的在场"状态。也就是说，你在那里，但又不在那里。心理学家瑞安·德怀尔（Ryan Dwyer）领导了一项研究，在与家人或朋友

---

① 勒德分子指 19 世纪初英国手工业工人中参加捣毁机器的人，他们强烈反对机械化或自动化。勒德派现可指反技术的人。——译者注

共进晚餐时，让一些人将手机放在口袋里，另一些人则把手机放在桌子上，相对于前者，后者明显更不喜欢这顿晚餐，因为他们感到更加心烦意乱。乔治敦大学的科斯塔丁·库什列夫（Kostadin Kushlev）的另一项研究让一对对陌生人在等候室一起待上 10 分钟，一半人有手机，另一半人没有。94% 的没有手机的人选择与陌生人交谈，但对有手机的人而言，这一比例下降到了 70%。更重要的是，相对于前者，有手机的人的微笑情况减少了 30%。在 2019 年的一项研究和文献综述中，库什列夫和他的同事得出结论："智能手机可能会完全取代我们的社交互动，从而导致人们错过社交互动带来的情感上的裨益……智能手机不断影响人们从更广泛的社会环境中所获得的情感利益。"调查数据支持这一观点。2015 年，皮尤研究中心发起的一项民意调查发现，18~29 岁的年轻人中，几乎有一半人反馈说，他们使用手机是为了避免与其他人交流。

之前有研究证明，使用智能手机和社交媒体确实会让人上瘾：这些技术能让我们释放一些多巴胺，一直勾住我们的魂，让我们不受控地使用它们。这在一定程度上可以解释这些技术为什么会吸引着人们。但是，对于它们为什么能如此迅速地控制我们，还有另一种解释，这与我们在这里的探讨息息相关。根据众所周知的"最省力原则"，人类倾向于走一条阻力最小的道路。与陌生人面对面交流在认知上要求很高，某种程度上还会让谈话失控，因此人们倾向于自然地进行数字化交流。手机带来的方便节省了时间，并有助于让互动变得更加顺利。但是你在手机上交流得越多，你就越不喜欢社交，越担心和陌生人说话。突然间，你生活在了一个被数百万人包围的城市里，只能从外卖网站上点餐，因为和一个在比萨店的陌生人打电话来点菜，这样的情景让人听上去就害怕。

这种集体性沉迷于某个科技产品的行为也改变了公共空间的特征。1989年，社会学家雷·奥尔登堡（Ray Oldenburg）写了一本极具影响力的书，书名为《了不起的地方》（*The Great Good Place*），该书探讨了他所称的"第三空间"——公共聚集场所，如心爱的酒吧、咖啡馆或理发店。奥尔登堡认为，它们对个人的幸福与城市和城镇的凝聚力至关重要。他发现，在理想状态下，第三空间给当地人提供了一个平等见面和交流的地方，从而团结邻里关系；它充当着新人的"入境口岸"，新人在此熟悉新的生活环境、建立联系、结交朋友，或许还能找到工作；在困难时期，它可以成为庇护所或让集体疗伤的地方。

奥尔登堡总结道："没有什么比在第三空间的'成员身份'更能提升一个人对社区的归属感了。第三空间关系到生存，甚至是繁荣。"20世纪80年代，许多美国人纷纷迁至郊区，第三空间渐渐消失，奥尔登堡扼腕长叹，人们的生活方式得以转变。奥尔登堡写道："尽管他们满足所有的物质需求，找到了舒适和快乐，却被无聊、孤独、疏远和高昂的物价困扰。"可以说，这种趋势造成了一种不理想的局面，"因为公共生活中，陌生人的数量前所未有地多，陌生人前所未有地让我们感到害怕"。

在这期间，许多人迁回了城市，但技术并不承认第三空间所能带来的种种裨益。位于纽约字母城附近的鸡尾酒吧"流动丝带"的老板是华金·希莫（Joaquín Simó），他也是很有名气的调酒师。一天晚上，我在酒吧品着小酒，问了他一个问题：自从他开张以来，生意上发生了什么变化？这个问题不难回答，他说：人们不怎么聊天了，尤其是年轻人。"每代人的活法都不同，20多岁的孩子会坐在酒吧，点些东西，然后回到他们的手机世界里，仿佛那里才是最安全的地方。他们已经迷失了，这不大正常，因为我以前经常去酒吧是为了和人见面。"希莫继续说："大约15年前，许多地方开始淘汰电视，这有助于鼓励人们交谈，但这种方法大概仅持续了20分钟。"说罢，他拿出他的苹果手机，晃了晃。"然后人们又发明了手机，这玩意儿让人们不乐意与周围人互动了。这确实说不过去。"

如今，当他招聘员工时，希莫会找一个除了热爱调制鸡尾酒，还能和人聊得来的人。他非常重视热情待客：要与陌生人建立联系，并不简单，冷场是经常会发生的事情。如今，当有人试图和别人交谈时，也会经常大惑不解、陷入尴尬甚至忧心忡忡、心神不宁。希莫认为之所以会这样，是因为人们并不理解酒吧的本质，或者对城市的本质也不明了。"当你走进公共空间时，你的个人空间就关闭了，"他说，"当有人走进你的'舒适圈'时，你不必因此感到不安，因为你是在公众场合。我觉得对人们来说，个人的一方小天地已经变得非常神圣了。"

即使大家都共享同一片物理空间，也会有其他因素让我们彼此保持距离。贫富差距是现代城市的一个严重问题，以此为例，一系列实验研究发现，当富人和穷人展开交流时，富人会更频繁地打断对方，垄断整个谈话，并且没有流露出"非语言关注"的迹象，比如他们不会去和对方进行眼神交流，不会点头，不会回复"嗯嗯"以及做出其他微妙的肢体语言以表赞同。

2009 年，加利福尼亚大学伯克利分校的两位心理学家迈克尔·克劳斯（Michael Kraus）和达谢·凯尔特纳（Dacher Keltner）进行了一项研究，让家境较好的学生和家境一般的学生结成对子，研究人员告诉他们，将模拟一场求职面试。他们会花 5 分钟了解对方，然后两人会一起参加实验者安排的模拟面试。

实验的后半部分纯属虚构，心理学家真正想看到的是他们互相了解的过程。为此，他们给了参与者一系列问题，比如"你会如何描述自己"，为了让对话顺利进行下去。他们监测了对话中积极社交（点头抬眉、大笑和凝视对方）和无心社交（自我打扮、摆弄附近的物体或涂涂画画）的迹象。他们发现，社会经济地位较高的参与者参与度明显较低，而相比之下，社会经济地位较低的参与者参与度明显较高。（此外，他们还发现女性比男性更投入）。克劳斯和凯尔特纳也招募了更多志愿者，观察他们的聊天情况。尽管观察者不知道每个参与者的社会经济地位，但观察一番后，他们还是能够做出准确的判断。

在接下来的研究中，克劳斯、凯尔特纳和另一位同事进行了另一项实验，观察不同阶层的人在判断陌生人情绪时的准确度。相对于比较富裕的参与者，社会经济地位较低的参与者判断得更准确。原因是什么呢？克劳斯和凯尔特纳认为，当你没什么财产时，你必须更依赖他人，需要更加积极地对待周围环境，必须更加清楚潜在的威胁和合作机会。你必须在这个世界上生存下去，而生存往往意味着真真切切地与陌生人打交道，更富有的人则没什么必要去这么做。[①]

诚然，这是一种概括。不是说拥有了财富会让每个人都反社会，毕竟商人通常是高度社会化的，比方说，他们需要接触新客户，建立关系网，接触新思想。任何阶层都有关心他人、好相处、令人着迷的人，但总的来说，富人的反社会倾向是存在的。这种反社交倾向阻止他们通过与陌生人交流来丰富自己的生活，也剥夺他们对他人生活更复杂的理解，在一个充满不平等的时代，生活变得越发抽象了。一个社会的上层和底层之间缺乏有意义的接触，会导致刻板印象和去人性化，这可能进而引发失败的社会政策，最终导致社会关系的破裂。2011 年，英国哲学家阿兰·德波顿写道："那些没有地位的人形同虚设。他们被别人粗鲁地对待，他们的复杂性被无情践踏，他们的独特个性为人们所忽视。"

再举个例子吧。不久前，我在我家附近的全食超市，那是一个周日下午，这里人来人往，人满为患，弥漫着一丝恐慌气氛。这些顾客绝大多数是白人，几乎都是穿着价格不菲的运动服，他们忙碌的状态就像是在赶离开卡萨布兰卡的最后一班飞机。面对这一片混乱，一位收银员像灯塔一样站着：她面带微笑，与顾客聊天，开开玩笑，发表意见，努力建立联系，最起码尝试着建立联系。当有的顾客真的把目光从手机上移开时，他们都像看会说话的鸵鸟一样注视着她，对她无所适从。有些

---

① 作为一个居家办公的中产阶级，我可以说，如果我愿意的话，我可以几周不和家人以外的人说话。

人被打扰了而有点恼火，有些人只是紧张地笑笑。显然，他们希望她只是一个物体，一个提供服务的机器。但她并不是机器，而是一个完整的人，她一直在努力尝试与他们建立联系。

当我排到队伍的最前面时，我告诉她，周日下午在这个地方战斗，她应该得到津贴。她的笑容消失了，她告诉我，她希望他们在后面的房间里给她配个心理医生。我问她心理医生会告诉她什么，她告诉我："他会说'这些不是你的朋友，这也不是你的问题'。"事实上，情况确实如此，一个陌生人的复杂性被践踏，她的独特性被忽视，在一个有数百万人口的城市里和人进行简单的联系都困难重重，而且，并非只有她是如此。

第12章
为什么我们如此害怕陌生人

我们将了解到一首轻快的童谣如何把我们变成了偏执狂,削弱我们信任他人的能力、与陌生人互动的意愿,甚至可能影响我们从实际创伤中痊愈的能力。

塞迈人生活在马来西亚的中部山区地带。他们从事园艺,但他们生活的方方面面都弥漫着恐惧。"在塞迈人的世界里,潜伏着各种各样的危险。"1979年,人类学家克莱顿·罗巴切克(Clayton Robarchek)写道,"他们害怕陌生人,害怕超自然的存在,比如风暴和动物。事实上,在他们的文化环境中,几乎一切东西都被视为实际或潜在的威胁。"

对塞迈人来说,嘲笑一只蝴蝶,或只是说出"蜻蜓"一词,都会带来灾难。塞迈人通常认为,大型风暴是拿督公对某种冒犯之举的惩罚,这种冒犯之举可能是一个塞迈孩子在捣蛋,在风暴最猛烈的时候,他的头发会被剪掉并烧毁,以安抚拿督公。罗巴切克写道:"一般情况下,所有孩子的头发都会被烧掉，以防他们在不知不觉中继续捣蛋犯错。"

在这种情况下，孩子们自然而然地走向了恐惧。人类学家罗伯特·登坦（Robert Dentan）写道："为了保证孩子不被拐走，塞迈人告诉他们的孩子，陌生人非常可怕。"在20世纪60年代末到90年代初，登坦和他们生活在一起，其间换了三处生活环境。他发现，当一个陌生人出现在村子里时，无论他是不是塞迈人，母亲们都会把孩子一把拽回，哭喊着："太可怕了！太吓人了！""他们给孩子讲令人毛骨悚然的故事，他们会跟孩子说，如果塞迈人不能保护彼此，受到了陌生人的伤害，就会发生可怕的事情……塞迈成年人认为孩子需要学会恐惧，要逃离友好的陌生人，不能信任任何人，不能靠近危险的东西。"

这种恐惧一直伴随着塞迈孩子们，哪怕他们长大成人后依然如此。通常，这种恐惧表现为塞迈人相信世上有妖魔鬼怪，比如展现超自然能力的陌生人类。"在我工作的地方，妖怪会是马来人、中国人、印度人，甚至是奇怪的塞迈人，据说他们是来收集塞迈人的头颅的，这些头颅将被埋葬，以确保他们这些外人顺利展开相关活动。"罗巴切克回忆道塞迈人如何称呼这些妖怪——迈·卡哈诺·库伊（mai kahanoh kuui），字面意思是"砍脑袋的陌生人"。

塞迈人虔诚地遵循非暴力准则，但人类学家认为，他们的和平主义，和他们的仇外心理一样，都是创伤带来的结果：他们遭受了强大的邻居马来人的连年迫害，马来人奴役他们、屠杀他们，绑架他们的孩子，劫掠烧毁他们赖以生存的家园，直到 20 世纪，这些恐怖行为方才停止，但人们的恐惧并没有说散就散。这种恐惧被编码在文化中，已经成了一种文化。

再分享一个故事吧，这是一个更贴近西方家庭生活的故事。1981 年，一个名叫亚当·沃尔什（Adam Walsh）的小男孩在佛罗里达州好莱坞的一家购物中心被奥蒂斯·图尔（Ottis Toole）绑架并残忍谋杀。在奥蒂斯·图尔死后，人们发现他是个连环杀手。人们在路边的沟里发现了亚当的头，但他的尸体未能找到。1984 年，亚当的父母约翰·沃尔什和雷韦·沃尔什（John and Revé Walsh）共同创建了全国失踪和受虐儿童中心（NCMEC），约翰·沃尔什作为美国最受欢迎的电视节目《美国头号通缉犯》（America's Most Wanted）的主持人声名鹊起，该节目已经播出了 20 多年。

同年，他们的儿子卡尔·沃尔什（Cal Walsh）出生，所以该儿童中心在一开始就成了卡尔生活的一部分。他告诉我："当我还是个小男孩的时候，在桌子底下爬来爬去，他们从我嘴里拔出回形针。"当他不想再吃工作餐时，他们让他拿着信封去工作。卡尔说："我从小就看着父母疏导他们对我哥哥被绑架、失踪和惨遭毒手的愤怒与情绪。"他见证了他的父母游说立法机构去保护儿童，并筹集资金去资助该中心的工作，他见证了他的父亲因电视节目而声名大噪。

我问卡尔，他在哥哥遇害的阴影下长大是什么感觉，他的童年是怎样的。卡尔说："我想大多数人会以为，在哥哥遇害之后，我的父母甚至不让我或我的其他兄弟姐妹离开家门。但事实并非如此。我们度过了一个非常正常的童年。"当然，父母还是给了一些嘱咐的：背包上不要留下名字，不要和陌生人说话，不要坐陌生人的车，凡此种种，都给那些在 20 世纪 80 年代和 90 年代初成长的人的脑海中留下了烙印。卡尔说，但"我的父母没有那么刻意，我想他们明白，孩子不能总被关在家里，而是需要走出去，融入世界，体验生活，渐渐成长，而成长的一部分则是需要去进行社会交流和互动"。

卡尔最终在他父亲的节目和其他节目中担任制片人，他现在还在干这行。但是 6 年前，他也回到了儿童中心工作。如今，他已为人父，他对父母的坚韧无比感到钦佩。他们本可以逃避生活，变得愤世嫉俗，但相反，"他们相信大多数人都是好人"。后来，我问卡尔，他在工作中如何保持理智，他回答道：虽然他的工作可能是无情的黑暗，但它也让他与最好的人接触，以陌生人的身份去自愿帮助儿童中心找回失踪儿童。"看到所有走进儿童中心支持我们工作的人，就可以让你保持头脑清醒——毕竟在你身边有这么多好人。"他说，"世上还是好人多啊。"

当美国和世界各地一度陷入对陌生人的恐慌之中且这种氛围达到顶峰时，卡尔还只是个孩子。这一时期，人人提心吊胆，人们灌输给孩子们数不尽的警告，告诉他们远离陌生人，而全国失踪和受虐儿童中心的宣传力度无疑是最大的。四处播放着令孩子们害怕的视频，流传着各种警示小册子，主题是提防可疑的货车，小心免费糖果，当地警察还特地走进学校警告孩子们，他们要是敢稍微放松警惕，陌生人就会让他们深陷恐惧之中，全社会都在重复着这句话：不要和陌生人说话！不要和陌生人说话！不要和陌生人说话！

事实上，尽管并没有证据可以证明，让孩子们提防陌生人会毒害他们幼小的心灵，但这一点并不重要。另外，根据美国司法部的说法，"在所有失踪儿童中"，被绑架的孩子"少之又少"。例如，在 2011 年一年中，儿童绑架事件中只有 65 起是陌生人干的，而大约 25.8 万起绑架事件是家人和熟人所为。[1]这是一场典型的道德恐慌，父母对子女抱着激进而暴烈的关爱，而人们对陌生人又怀有与生俱来的矛盾情绪，同时，社会信任不断削弱，媒体大肆渲染个别事件，并以此为乐。凡此种种，交织融合在一起，混成了一杯易爆的鸡尾酒。

自始至终，理性的声音并不多。当理性的声音出现时，就不可避免地为人们所忽视，就像人类会屈服于道德恐慌一样。在 1986 年发表的一篇关于保护儿童安全的书评中，一位作者指出："虽然让孩子们远离陌生人不是什么坏事，但这本书的重心不在让儿童免受外人的伤害上，因为大多数虐童行为都发生在家庭里，受挫的父母、愤怒的男友和嫉妒的继父母都是罪魁祸首。究竟要到什么时候才会有人公开承认，绝大部分问题都源自我们的家庭，而非那些在暗处等着一把抢走我们孩子的歹徒？"

严格来说，这并非美国特有的现象。多亏了大数据，这种现象如今已经随处可见，人们感知威胁的能力被扭曲了。正如

---

[1] 陌生人确实在所有针对儿童的犯罪中占较大比例，但这个比例仍然很低：只有 10% 左右。

一位研究人员在一篇关于加拿大的媒体报道的综述文章中指出的，"在媒体支招的每一个案例中，都提到父母应该保护他们的孩子免受绑架，却没有提到保护孩子，让他们免受父母或亲人的绑架，也没有看到父母和亲人绑架孩子的警告信号。媒体只给出了防止孩子被'陌生人'抢走的建议策略"。

对我们这一代人来说，认为陌生人充满危险并由此产生的恐慌就像流行于 20 世纪 80 年代的媚俗作品。但这类信息如此普遍，这些恐惧无处不在，这种韵律风靡一时，以至政治学家劳拉·西川（Laura Nishikawa）和迪特林德·施托勒（Dietlind Stolle）都认为，这实际上可能会侵蚀整整一代人信任他人的能力。在上一代人中，美国年轻人群体以及大部分西方国家的年轻人的社会信任或者普遍信任水平已跌至历史低点。老一辈人也没那么信任别人了，但年轻人的信任度下降得最为厉害。西川和施托勒对大约 1 400 名儿童进行了调查，对他们的父母也做了相关采访，结果发现，即使有些父母相信人性本善，他们也会让孩子去害怕陌生人。"我们的调查研究表明，在教育孩子如何与陌生人相处时，父母对陌生人绑架、虐待孩子的根深蒂固的恐惧往往会摧毁他们自己的价值体系。"和塞迈人一样，恐惧已经演变为一种文化。

一个人信任他人的能力在很大程度上是在童年时期塑造的，因此施托勒认为，"这些教育子女的价值观可能会对未来几代人的普遍信任产生持久的影响"。当然，教导孩子在陌生人面前小心防范，这似乎是明智之举，但是社会信任会让你接触到更广泛的社会关系，积攒更多社会经验，获取更多就业机会。

作者们好奇的是："仅仅因为害怕陌生人，我们到底错过了多少社交或赚钱的机会？"

　　每年，加利福尼亚州奥兰治县的查普曼大学的研究人员都会展开一项全国性调查，以了解美国人最害怕什么，一部分目的是打破人们对陌生人危险的认知。在 2019 年的调查中，只有 7% 的受访者表示他们害怕陌生人，把他们看成了一个整体，在他们眼中，陌生人是僵尸、鬼魂、小丑之流。但是，29.7% 的受访者担心被陌生人杀害，而大约 21% 的受访者则害怕被熟人杀害；27.1% 的受访者害怕被陌生人性侵，19.2% 的受访者害怕被熟人性侵。然而，与儿童遇害一样，绝大多数谋杀和性侵都并非陌生人所为，而是遇害者的熟人所做。

　　根据美国疾病控制与预防中心披露的数据，2016 年，美国 85% 的谋杀案是受害者认识的人所为，13% 是陌生人所为。在美国，超过一半的遇害女性惨遭现任或前任毒手，6.8% 的人被陌生人杀害。女性更有可能被自己的父母（8.2%）或自己的孩子（9%）而非陌生人杀死。男性被陌生人杀害的比例为 16.8%，而被熟人或朋友杀害的比例是 35.2%，后者是前者的两倍。性侵方面，同样如此。根据美国疾病控制与预防中心 2017 年发起的一项调查，针对女性的性侵有 19.1% 是陌生人所为，而针对男性的性侵有 18.6% 是陌生人所为。其余的是受害者认识的人所为，尤其是现任或前任。说这些并不是为了淡化这些受害者及其家人所经历的痛苦，也不是要在统计意义上等闲视之，而只是为了提醒人们去注意一个令人不安的现实：我们面临的最大威胁并不是来自陌生人，远远不是。

一位来自查普曼大学的才华横溢的研究生，名叫穆罕默德·卡尔库特利（Muhammad Karkoutli），他根据这项以恐惧为主题的调查，为我进行了数据分析，提供了更具启发性的见解。在这些表示害怕陌生人的人群中，有 73.5% 是女性，其中有 28.6% 的人年龄为 18~29 岁，有 30.9% 的人年龄为 30~49 岁。施托勒曾提出：有的人认为陌生人充满危险，这样的看法扭曲了 80 后和 90 后，而上了年纪的美国人远没有那么害怕。两者的观点不谋而合。受教育程度较低的人明显更容易害怕陌生人，收入较低的人也是如此，年收入低于 2 万美元的人最为胆怯。① 有 48.8% 的美国白人害怕陌生人，而相比之下，只有 24.4% 的美国黑人害怕陌生人。最后，拥有房产的美国人更倾向于害怕陌生人，其可能性是租房人群的 2.5 倍。尽管无党派人士报告称他们比民主党人和共和党人更害怕陌生人，但在统计学上，宗教、地区和党派并不会对人们对陌生人的恐惧产生显著的影响。

　　在某些情况下，害怕陌生人确实也有理可依。你可能身处一个充满暴力、社会动荡的地方，也可能身处一个穷兵黩武的神权国家，一个人在那样的国家里生活，可能很容易被看成异教徒和灾星，沦为众矢之的。在一个恐同症严重的地方，你可能恰恰就是同性恋。在充满敌意的种族主义文化中，你可能正好就是少数族裔。历史学家蒂莫西·斯奈德（Timothy Snyder）对 20 世纪的极权主义运动做了深入研究，从中得出结论，即

----

① 要是你还记得的话，收入较低的人在谈话中也比收入较高的人更专注，更善于理解陌生人的情绪。同样，我们看到了分歧、矛盾心理和社会性之间的联系。

独裁者之所以大获成功，往往是因为让民众与邻居、朋友和家人变得形同陌路。斯奈德写道："当朋友、同事和熟人为了避免接触而转移视线或者绕道而行时，恐惧感便会加剧。"狂热分子、邪教徒和宗教激进主义者经常如此，警告他们的拥趸避免与他人接触。原因在于，正如我们所知，与不同的人接触会扩张我们、改变我们，使我们对自己的身份和身处的世界的认识变得复杂，这对那些洗脑"我们是谁、他们是谁以及世界必须是怎样的简化愿景"的煽动者是一个严重的威胁。正如神学家马丁·马蒂（Martin Marty）所说，"在紧张的环境中生活的成员会竖起高墙，彼此之间拉开距离。这并不总是因为陌生人令人憎恶，而是因为他可能会骗人"。

不过，总的来说，当冲突四起时，你可以看到"陌生人是危险的"这种信息如何形成一个恶性循环。我们打小就习惯于相信陌生人暗藏危险。因此，我们不和他们说话。还记得吗，桑德斯特伦在她的研究中发现，在新冠肺炎疫情期间，学生们会结对进行线上交流，与陌生人交流实际上会增进社会信任。这意味着道德恐慌削弱了我们信任他人的能力，而那些制造恐慌的人所提出的解决方案却是避免重建这种社会信任，这完全就是一场恶性循环。

当我得知有些我遇到的人会通过与陌生人交流来应对真实而非想象的创伤时，我便会感到更加振奋、备受鼓舞。

我之前说过，跟陌生人开口说话，甚至主动关注陌生人，就像是会传染一样。当你这样做时，你所散发的热情有一种特殊的魔力，会把别人吸引到你的轨道上。当我开始尝试和陌生人交流更多时，我发现确实会发生这种情况。有一天早上，我结束了洛杉矶的"无偿倾听"冒险之旅，回到家乡，地铁上的一个家伙看着我说："嘿，你今天看起来不错。"看他的样子，并非在调戏我，而只是一种实际的观察。我道了谢，两人相谈甚欢。那天晚些时候，我走下楼梯乘坐地铁，发现自己身边站着一个大学生，他穿着一件 T 恤，上面写着"我和陌生人说话"。不用说，他肯定做到了。

这样的例子还有很多。有一次，我快走到家了，瞥见一个女人走在街上，她拿了个手提袋，上面写着"来问问我最近正读的书吧"，我跟上了她。"打扰一下，"我说，"但我刚看到了你的手提袋，我能问你：写在包上，会有陌生人过来聊天吗？"她说当然，人们总是会找她说话。我问她这个灵感怎么来的，她说这个想法来自她的一个朋友，她的朋友开了一个Instagram（照片墙）账号，叫"地铁书评"，广受欢迎。她的这位朋友会在地铁上随机采访陌生人，询问他们最近都在读什么书。

我回到家，上网查了一下，然后给这个名叫乌利·博伊特·科恩（Uli Beutter Cohen）的女人发了封邮件，问她是否愿意和我一起喝杯咖啡，她欣然应允。

约会那天，科恩走进咖啡馆，她个子高挑、风趣健谈、坦诚直率。我们各自喝了一杯咖啡后，找到了一张桌子，她坐下来开口说道："我的使命非常明确，就是阻止社会朝着分裂的方向去演变，这就是我来这儿的理由。"

科恩时年 39 岁。她在德国一个邻里关系亲密的小村庄里长大，是家里的独生女。二战期间，她的母亲出生于一个难民营。在战争快结束时，她的父亲在德国出生。父母两人以不同的方式回应着他们的创伤。她的父亲是保护性的，专为家人提供安全保障。科恩说，相比之下，"我的母亲精力旺盛，需要与世界联系，总是与陌生人交谈，会带我去城里的图书馆，我俩走了很远很远，这样我们就可以跟更多在街上遇见的人聊天。如果我爸爸把我放在保护伞下，知道我安然无恙，他就会很快乐。他对我的爱胜过一切，所以他倾向于保护我"。

她说，有的人远离外界时会感觉惬意，有的人则需要人际关系，就像人需要食物和水一样，这两种生活状态是有其形成原因的。科恩将这两种状态分解为保障和安全。她说她母亲在人际关系中找到了安全感，这意味着她为人们所见且被接受。她父亲一方面在维持一个小小的、界限分明的"我们"，另一方面面临着庞大的、不为人知的"他们"，他在二者的边界上找到了安全感。科恩最终选择了哪种方法是显而易见的。"很明显，我选择了一种不是以安全为导向的生活，"她说，"而是一种互相联系的生活。"在 20 岁时，她背上行囊，只身一人前往美国。

科恩大学毕业时获得了新闻媒体学士学位，此后，她在2013 年秋迁居到了纽约市，几个月后，开始创办"地铁书评"账号。她笑着说："一开始是为了我的一己私利，我想和这座城市产生交集……我很兴奋能找到其他怀揣梦想的人、艺术家和那些赋予这座城市灵魂的人。"与埃普利和施罗德一样，科恩的创作也受到了地铁的启发。"对我来说,这是一个神圣的空间,每天,人们在这里齐聚一堂,他们必须站着不动。"她说,"这仿佛是在参加教堂活动,大家聚在了一起。""地铁上可以很喧闹,也可以寂静无声。有时你如果闭上双眼,就感觉自己只身独处,而当睁开眼睛时,却发现好几百人站在你身边,一起沉默。"她停顿了一下,打了个手势,继续说道,"这简直太神奇了!"

当她搭乘地铁时,她发现自己对那些正在看书的人感到着迷。她认为他们是梦想家、创造者,是会进行批判性思考的人,她想和这些人交流。于是,她利用自己作为一名电影制作人在这方面曾接受的训练和在即兴喜剧方面的经验,以及她在观察母亲和他人交谈时所获得的洞察力,开始询问人们在看什么书。尽管有关部门明确规定,人们不准在地铁上交谈,但她发现绝大多数人都对此饶有兴致。她说:"我可以告诉你,89%的人激动不已(如果我胆子再大点,激动的人占比甚至可能高达90%),因为我看到了他们,愿意倾听他们,他们因此获得了按照自己的方式讲述自身故事的空间,能和像我这样的怪人交谈,他们很开心。他们会觉得获得了欣赏,之后总是向我道谢,这让人很受触动,当时我看起来像是'你刚刚给了我一份礼物',而他们却表现得像是'不,是你给了我一份礼物'。"①

起初,在和陌生人搭讪时,科恩并没有一套系统性的方法。

---

① 这不禁让人回想起,之前有位亚利桑那州立大学的学生参加无偿倾听实验中曾说道,他觉得自己给了社区"一份礼物"。

她只是在寻找看书的人，然后上去和他们交谈，她激发陌生人的魔力。她说："如果你充满好奇、心胸开放，你就会感觉到谁都想和你说话。"于是乎，她开始与和她进行眼神交流的人或者是看上去春风得意的人交谈，当然有的人满脸写着不开心也会引起她的注意。她回忆道："前几天，一个年轻人在地铁上哭泣，你猜我过去看他了吗？当然看了，我跟他说：'你没事吧？'他说：'我今天诸事不顺。'我说：'没关系，你不是孤立无援的。'他点了点头，欣然接受了我的安慰。"

科恩并不觉得这么做是为了好玩，而是认为这是一种道德义务。"如果你生活在一座城市，如果你是社区的一员，你就有责任保持清醒，理解与你共享一片环境的人。"她说，"要不然，生活还有什么意思。"这种道德责任感和采取行动的乐观来之不易。她告诉我，她患有焦虑症，有时候会崩溃，正在接受心理治疗。她告诉我，有阵子，她感觉生活无望，感觉离不了家，对自己生活的社会毫无认同感可言。

"我想说的是，"她补充道，"和很多人一样，和陌生人相处时，准确地说，和陌生男性相处时，我也有过创伤性体验，但是地铁上的互动，无论陌生人多让人惊讶，都不会让我感觉身处危险。当然，我在地铁上看到了各种奇奇怪怪的事情，但是，即便一个人在生活中有过负面经历，也不应该自我封闭，拒绝再次尝试和别人交流，我所说的'再次尝试'是指试着去信任他人。仅仅有一两个人试图摧毁你，并不意味着其他所有人也想摧毁你。"

她说，这项工作"让我明白，可以说，我周围的所有生物都是我们人类大家庭的一部分"。当你选择这条路时，她说，"你的生活就发生了巨大的变化——它会带来难以置信的痛苦，因为你会明白你在世上的定位，这可能会让你大开眼界，既让人痛心又令人兴奋。因为这种选择关乎照顾他人、爱惜自己的责任"。

她并没有给所有人这剂处方。"我完全理解，有些经历过创伤的人依然不能释怀，可能会觉得自己真的无法再次尝试。首先，社会需要向他们证明，这是个值得信任的社会。我也完全认同这一点。"但对科恩来说，通过"地铁书评"，"我每天都在确认，大多数人都想变得优秀。我问一个问题：'你在看什么书？'然后我打开录音机录音，同时开始倾听。这简直太治愈了，就像有人在内心深处拥抱你，以一种独特的方式去对抗那种被孤立的感觉。这是我多年来一直在做的事情，屡试不爽，亲测有效"。

2018 年，全国失踪和受虐儿童中心发布通告，不再使用"陌生人是危险的"这一表述，而是选择了一种更细致、更实际的方法来体现数据。卡尔告诉我："虽然这些事情确实发生了，但我们当然也在全国失踪和受虐儿童中心看到了数据，所以我们知道陌生人绑架儿童事件少之又少。"警告儿童远离所有陌生人，这样做弊大于利，因为"如果孩子面临危险，很可能会有陌生人来帮助他们"。值得让孩子们信任的可能是保安、消防员、带着孩子的母亲，或者是一个可以让孩子基于外在的暗示而相对放心的人。他们仍然警告孩子们，但凡有陌生人向他们求助或触碰他们，不要理睬就好。但是他们已经意识到，警告孩子们不去和任何陌生人说话会让他们失去潜在的帮手。这就是"陌生人是危险的"这一表述要删掉的原因。卡尔说："我们正在努力让孩子们做出安全而明智的决定，以防他们留下终生的创伤。"

第 13 章
害怕陌生人如何让我们变得友好

我们将了解到，在过去，有些事情会让一些地方的人变得更加友好，但其实这些事情本身并没有那么友好。

目前来说，我们都知道些什么呢？我们知道，相互依赖不仅让狩猎-采集者群体内部更加和睦友善，而且让狩猎-采集者群体之间相处融洽。我们知道，陌生人互相问候、热情招待彼此，是为了不让对方感受到威胁的存在，毕竟陌生人之间交流可能会带来一些新的机会（并且所有的坏人到最后都会沦为鸟类）。我们知道，大家向来只喜欢与自己的同伴在一起，但究竟什么才叫"我们自己人"，很难明确界定。我们知道，大家普遍喜欢与自己有共同点的人，即使不知道他们是谁，哪怕只是戴了同样的棒球帽也会让人颇有好感。我们知道，城市可以让我们和无数陌生人走到一起，但城市里的一些社会规则也会让大家变得疏远。我们知道，和来自其他群体的陌生人交流这件事会让我们变得焦虑不安。我们也知道，祖辈父辈几代人都会说"陌生人是危险的",这已经严重影响了我们感知威胁的能力,同时也影响了我们信任别人的能力。

那么,对不同的文化而言,情况又会是怎样的呢?其他地区、别的国家又是怎样一番情形呢?一个地方对陌生人的态度,是如何变得友好,或者变得互相敌对的?这些文化是如何形成的?这些都是我们接下来重点研究的问题。

上一章,我们简单谈了谈关于信任的问题。一开始研究这个话题时,我发现人们会友好地对待陌生人,可能与人们之间的信任大有关联。这里要特别讲一下,我之前简单提过的一个概念——普遍信任。1948 年,德国政治学家伊丽莎白·内勒-诺伊曼(Elisabeth Noelle-Neumann)提出了一个问题,可以用来衡量普遍信任程度,而且年度世界价值观调查都会涉及这个问题。该项调查工程巨大,需要收集全球范围的数据,以跟踪世界各地的社会和政治变化。问题是这样设置的:"一般来说,你认为可以信任大多数人,还是需要小心翼翼地与人打交道?"选择前者的人很信任别人,而选择后者的人则恰恰相反。普遍信任不同于战略信任,战略信任是指,我们通过理性地分析对比,判断信任某人可能带来的利弊。普遍信任也不同于特殊信任,特殊信任是指我们无条件地信任家人和挚友。

实际上,普遍信任表示对陌生人的信任,一些地方的人普遍信任陌生人,他们在社交中也得到了更多的好处。"信任他人的人更有可能自愿付出时间,给慈善机构捐款,对他人宽宏大量,并支持可以促进经济增长、为不幸者提供补助的政策。"政治学家埃里克·乌斯拉纳(Eric Uslaner)是研究信任问题的专家，他写道，"一国的国民越是能信任别人，政府的运作情况就会越好，政策再分配力度就会越大，市场也就越开放，腐败现象就会越少。"这并不是说，如果一个人深信别人，他就会莫名地软弱，或者成为道德相对论的代言人。他们期望每个人都能参与社区活动，遵守规则，不分彼此。他们只是让大家在短期内互相信任、共同合作，而把怀疑别人的益处留给其他人。

哪些人会很容易信任他人呢？一般来说，乡村居民在普遍信任方面表现不佳。在像中国这样深受儒家文化熏陶的国家，普遍信任情况也不太好，因为人们强调家庭纽带，家人要高于朋友、熟人以及其他社会关系。男人、老年人、受教育程度较低的人、失业者、少数群体的成员和宗教激进主义者在普遍信任方面也不太理想。

试问普遍信任从何而来？这个问题很难回答。从国家层面而言，一国的国民生产总值越高，普遍信任程度就会越高，而一国的种族隔离程度越高，普遍信任程度就会越低。同时，在宗教信仰中，普遍信任与新教有着密切的联系，而与其他宗教无关。但归根结底，普遍信任现象的背后存在一个关键因素，那就是乐观情绪。乌斯拉纳认为普遍信任与乐观情绪紧密关联。乐观是指人们愿意相信会有美好的未来，并且认为自己足以掌控自己的命运。乌斯拉纳等许多人发现，乐观来自收入平等，只有人们的收入实现了平等，社会才有可能实现普遍信任。这并不是说，在高度信任的社会里，每个人赚的钱都没有差别。收入平等指的是，制度公平，政府清廉，犯罪率低，每个人都被赋予了尽可能平等的机会。"当一些人的财富远远超过其他人时，无论是顶层还是底层的人都不太可能把对方视为他们'道德共同体'的一部分，"乌斯拉纳写道，"命运共同体的概念对他们来说就是空口白话。"

另一位有影响力的政治学家罗纳德·英格尔哈特（Ronald Inglehart）也提出了类似的观点——进化现代化理论。英格尔哈特一直在负责世界价值观调查。他写道："当生存缺乏保障时，人们往往会在一个强人领袖的带领下，紧密团结起来，形成反抗外来者的统一战线。"当人们感到舒适时，便不会有这种防御性的思维模式，取而代之的是更倾向于个人主义的价值观。个人主义文化蓬勃发展于二战后，特点是厌恶暴力、不愿意为自己的国家而战、对群体外成员保持宽容、支持言论自由、对新成员和新思想保持开放态度、相互协作、平等参与政府治理，并致力于实现真正的民主。此外，安全感的下降，引发了英格尔哈特所说的"威权主义反弹"现象，即人们倾向于在群体内部紧密团结在一起，拒绝外来者加入，抵制群体外的陌生人，并避免引人注目。英格尔哈特和乌斯拉纳一样，认为如果人们想在社会中自由表达，社会不平等是对此最大的威胁。我们知道，信奉新教的地方的普遍信任程度更高，同理，北欧新教派更擅长自我表达，拥有理性的价值观。因此，我从一开始就相信，高度普遍信任他人的文化中，人们更倾向于与陌生人交流。在我看来，这似乎是解决谜题的第一块拼图。

但是根据美国生物学家兰迪·桑希尔（Randy Thornhill）和科里·芬彻（Corey Fincher）的说法，决定某种文化对陌生人开放程度的还有另一个重要因素，即传染病的发病率，这与普遍信任也有所关联。早期人类主要居住在赤道附近炎热潮湿的地方，之后他们才往北纬度地区开拓移居。一直以来，赤道地带都饱受传染病的威胁，人们一旦得了传染病就很容易死亡。传染病的大肆流行让早期人类产生了两大改变：人们的身体免疫系统发生了改变，其原因显而易见，但与我们目前的项目更相关的是，人们的行为免疫系统也发生了改变。桑希尔和芬彻的实验项目中设计了一系列行为，通过管控我们与陌生人的接触，模拟对传染病的接触。所以，在寄生虫威胁较大的地方，人们会避开陌生人，选择在住所附近一带活动，以此避免陌生人可能携带的疾病。[①]这就是所谓的寄生虫应激理论。

桑希尔和芬彻两人发现，在寄生虫威胁较大的地方，人们往往表现出一系列明显的特征，这在较冷、较干燥的纬度地区生活的人身上是看不到的。生活在赤道地带的人对群体外成员表现出更强烈的仇外心理，认为陌生人肮脏不堪，于是，他们对陌生人充满厌恶，不把他们当人看。这些地方的人讨厌新鲜事物，对新事物、新思想和新人群都满怀质疑，怀疑陌生人都可能传播疾病。他们在性格上更是循规蹈矩、

---

① 我们在新冠肺炎疫情期间遭遇过这种情况。在这场危机中，每个人，尤其是亚洲人，都感受到他人的警惕、恐惧，有时甚至是公然的敌意，因为被别人怀疑是新型冠状病毒携带者。哈佛商学院心理学家阿什利·惠兰斯（Ashley Whillans）2020 年的一项研究证实，美国人和加拿大人一如往常地低估了朋友和家人感染新冠肺炎的风险，而高估了陌生人带来的威胁。

内向谨慎，倾向于依附裙带关系，偏向和自己人走得近。人们会把群体外的陌生人视为病原体，历史上这样的事可不少见。当纳粹在犹太人聚居区隔离犹太人时，他们在大门上会悬挂"瘟疫！禁止进入！"的牌子。1962年，美国已故国会议员以利亚·卡明斯（Elijah Cummings）年仅11岁，他试图开放巴尔的摩的公共游泳池，让黑人和白人能一起游泳。大约1 000名白人举着写有"保持我们的游泳池无菌"的标语向他表示抗议，卡明斯为此遭到了一顿痛打，脸上留下了一道伴随终身的疤痕。

然而，从进化的角度来看，人们对寄生虫的恐惧有理可循。当传染病的威胁很大时，与完全陌生的人交往很有可能导致感染致命疾病，因此人们宁可放弃与陌生人交流的潜在好处。桑希尔和芬彻写道，与陌生人交流的好处包括"从群体间交易获利，迸发出好点子，认识更多的人，拓展更丰富的社交圈，找到人生伴侣、好友、同盟"。但问题是，即使真正受感染的概率很低，寄生虫应激反应也可能被触发。桑希尔告诉我，细菌恐惧症患者不管是否生活在感染风险高的地方，都不愿意和陌生人交流。如果其他人也一直在纠结传染病的问题，同样有可能产生这样的反应。桑希尔和芬彻写道，这样的想法会"让人们马上变得自我，在行为上回避和陌生人的接触，那么新鲜的体验也会随之消失"。

2010年，心理学家查德·莫滕森（Chad Mortensen）展开了一项研究。他把参与者分成了两组，并向他们展示了不同的幻灯片。其中一组看的是有关细菌与传染病的图片信息，另一组看的是传统建筑照片。随后，每个参与者需要记录下曾经发生过的与幻灯片所放映的图片相类似的场景。然后参与者休息半个小时，最后他们需要完成两份问卷：一份是个人问卷，测量参与者是否外向、富有亲和力、具有责任心，是否有些神经过敏，是否喜欢尝试新鲜事物；另一份问卷测量他们对疾病的易感程度。结果发现，那些看了与疾病相关的幻灯片的参与者表现得有些内向，不喜欢接触新朋友、新事物，也不喜欢与人合作。

20世纪中叶，西方免疫学得到迅速发展，抛开最近发生的一些事情，西方目前疾病感染的风险还是相对较低的。事实上，桑希尔和芬彻认为，正是20世纪40年代在疾病控制方面取得的突破，促进了性革命和民权运动的发展，以及一代人之后的60年代人们对社会的态度变得更宽容。当今社会，依然有人会认为其他群体的成员污秽不堪，还有不少人纷纷苟同，原因只是我们在不断进化，对传染病带来的威胁变得更加敏感了。

如此说来，如果某个地方信奉新教、收入平等、犯罪率低、政府清廉、寄生虫威胁小的话，那么这个地方的人就倾向于信任陌生人。因此，北欧国家在普遍信任程度上名列榜首就不足为奇了。北欧国家的人对陌生人充满信任，这一点弥足珍贵，以至专家都称之为"北欧黄金"。北欧国家的人会把周围的陌生人视为和自己一样的人，值得人们在道德上关怀，值得信任，并没有携带疾病。在我了解这一切后，我觉得这些地方的人更倾向于与陌生人交流。

但我不得不承认，我想错了。事实上，在普遍信任和美国人乃至其他国家的人所理解的友好之间，似乎存在着一种反比关系。经合组织汇编了世界价值观调查数据，结果发现，在30多个经合组织成员中，普遍信任程度较高的有丹麦、挪威、荷兰、瑞典、芬兰、新西兰、瑞士、澳大利亚、冰岛、德国和加拿大。美国略低于平均水平，墨西哥、葡萄牙和哥伦比亚排在最后。与此同时，有个叫"国家间"的组织每年都会对世界各地的外籍人士进行调查研究，以友好程度为依据对国家进行排名。最友好的国家有墨西哥、葡萄牙和哥伦比亚，不太友好的国家是丹麦、挪威、瑞典、瑞士、德国和奥地利。英国排在最后，澳大利亚是个例外，因为结果表明，澳大利亚很信任陌生人，对他们颇为友好。

我问了比·普拉宁关于普遍信任与友好程度关系的问题。她是瑞典研究员，也是世界价值观调查的负责人之一。我说，人们普遍信任他人的地方怎么可能对他人不友好，而不太信任他人的地方怎么可能对他人更友好呢？她承认这对关系有些矛盾。"来自中东的人普遍信任程度很低，尤其是不信任陌生人、宗教信仰不同的人和其他民族的人，"她告诉我，"但是去中东旅行过的人都知道，他们对陌生人非常热情。我们斯堪的纳维亚人是最容易信任别人的，但我们没那么热情好客。"

我并非在讲，加拿大人、芬兰人或德国人对陌生人抱有敌意，我只是说，他们不像意大利人那样外向。十分信任他人的人却表现得不太合群，这一点也许和我们的直觉不大一样，但背后的原因其实很简单，那就是他们不一定要合群。我们在与人接触的时候会发生摩擦，正是这些摩擦让我们学会了如何与人社交。在一个人们十分信任他人的社会中，摩擦是最小的。中央政府机构会处理一些人们身上发生的意外问题。然而，在一个人们不太信任他人的国家中，人们不能依赖政府组织来处理问题。他们必须更善于交际，与陌生人打交道，结交朋友，才能好好生存下去。这种友好并非因为他们喜欢所有人，而是因为在不稳定的社会大环境中，充满了混乱、不稳定和威胁，所以他们不得不对人友好。我们以前在虚构的亲属关系、问候仪式和招待行为中见过这种情况，现在友好又成了一种人们应对生活难题的现实手段。

　　我给你举个更恰当的例子。2019 年，芝加哥大学的社会学家尤纳·布拉耶尔·德拉加尔萨（Yuna Blajer de la Garza）发表了一篇论文，讲的是墨西哥城里的人们。论文中提到的这些人是非正式的汽车泊车员，或者从本质上而言，是自由职业的代客泊车员。"在与他们的交谈中，我了解到，在墨西哥城这个世界上最大的城市之一里，人们可以随意下车，把钥匙交给街角站着的身份不明的陌生人，然后过会儿回来，还可以拿回自己的钥匙。"她写道。德拉加尔萨研究了这种非正式的信任经济，因为它在墨西哥城这样的地方似乎不太可能。我之前去过墨西哥城，也喜欢这座城市，但那里犯罪率很高，腐败现象丛生，社会不平等严重，人们也不太信任别人。然而，那里的人们却可以把车托付给陌生人，而且令人惊讶的是，居然没出问题!

墨西哥城能形成这样的体系，原因错综复杂，涉及阶级流动、执法腐败，而更简单地说，是人们对这类服务有强烈需求。但是，正如德拉加尔萨所述，政府的无能和失灵让人与人之间的接触成为必要，这促使不同阶层的成员不仅可以互动，还可以相互信任，甚至可以发展出某种关系。"最终，墨西哥城每天发生的数百次（这样的）交流，防止了这个腐败的大城市陷入混乱。"

然而，这些年来，代客泊车员正在逐渐消失，取而代之的是停车计时器这项新技术。她写道，"中产阶级司机对这一变化拍手称快，年青一代尤为开心，因为这让停车变得高效，又不用和人打交道"，但是"尽管停车计时器很高效……它们让穷人和富人间难以展开交流，而且大家无法感受到对方的困境和特权"。

读完德拉加尔萨的论文后，我马上联系了她，询问她对北欧国家的普遍信任和拉丁美洲的友好之间的区别有何看法。我问道：为什么普遍信任程度低的地方会比普遍信任程度高的地方在某些方面对人更友好？她的回答可以归结为一个词——社会摩擦。她的原话值得我在这里引述一番。

挪威人并不真的需要依赖别人，不必在乎他人是否值得信任，因为国家制度井井有条，政府机构运行井然有序，能够保障人们的生活……因此彼此信任陌生人变得没那么重要。所以说，你最终会陷入这样一种境地，那就是你自己就能过好日常生活，不需要别人的参与。这样的生活可能感觉更高效，但我确实认为这是有社会成本的。

墨西哥是一个混乱的国家（我在那里出生和长大，也喜欢这个地方，但不得不说，它还是挺混乱的），然而很少有人会告诉你他们感到孤独……即使你试图独自一人待很长时间，可能也无法明白：你需要与他人互动进行日常交流，你需要和他们讲话、寻求帮助、问路。

甚至在政府里面做文书工作时也是如此：一切都是如此复杂，以至你总想找一个能帮助你、指引你的人，哪怕只是一起抱怨国家的无能，聊聊对国家感到失望，也能让人与人之间产生一种亲密感。

现在再来举一个例子，说说人与人之间的摩擦是如何让我们变得更友好的。我们来看美国南方地区，它向来以友好与好客闻名。[①] 心理学家多夫·科恩（Dov Cohen）和理查德·尼斯比特（Richard Nisbett）提出了一个理论，说美国南方有一种"荣誉文化"。由于当地政府机构无能，法官和警察毫无执行力，美国南方不太稳定，人们富有攻击性，纷纷抢占领土。（荣誉文化并不是美国南方特有的现象，世界各地都

---

① 这并不是说小城镇的每个人都很友好。我曾经在"世界牛仔之都"得克萨斯州班德拉的一家酒吧里和一位头发花白的人打招呼，得到的回应却是"我不会说北方佬的话"。我意识到，虽然我是美国北方人，讲的是北方佬的话，但我至少是个身高 6 英尺（约合 1.83 米）的白人直男。我在其他地方小镇得到的热情回应，也许年轻黑人、穆斯林或同性恋者是得不到的。

有这样的情况。）美国南方有这种文化，被认为是 18 世纪苏格兰人和爱尔兰人涌入当地形成的结果。北爱尔兰边境地区和苏格兰高地的苏格兰牧民来到美国南方，由于他们老家的法制极其薄弱，所以这些移民需要展现出勇猛之心，宣告任何试图偷走自己动物的人都得不到什么好下场。如果有人出言不逊，他们就会用暴力制伏，因为担心一旦自己表现得懦弱，就会受到侵害。正因如此，他们逐渐树立起自己的威严以及"荣誉"。

"荣誉文化的形成主要是因为对外侵略和男性光环，当地政府管制松散，人们的牛群还经常遭到偷窃。"经济学家保利娜·格罗让（Pauline Grosjean）如此写道。她在这项研究中认为，1980—2007 年美国南方谋杀率是北方近三倍的原因便是荣誉文化的存在。这种差异主要是白人在荣誉受到质疑时谋杀造成的。格罗让认为，这种现代趋势源于早期牧民的需求。"在没有第三方执法的情况下，只有富有攻击性、向图谋不轨者宣告死亡的下场，才能建立自己强硬的形象，防止自己的动物遭到别人的偷窃。"[1]

政府机构变得越来越强大，荣誉文化便逐渐衰落了，它在世界各地的影响也日渐减弱。但现在荣誉文化依然残存一些影响。科恩和尼斯比特开展了一系列研究，他们将北方男

---

[1] 在这里，我想引用美国另一位天才哲学家、乡村歌手威利·纳尔逊（Willie Nelson）在其经典歌曲《红发陌生人》中所唱的："那位黄发女士在日落时被埋葬 / 这个陌生人自由了 / 原来想偷马的女人被一个男人杀了 / 你不能因此就绞死他。"

学生和南方男学生聚集在一起，并尝试侮辱他们的荣誉。在其中一个实验里，一个身材高大的男性实验者在走廊上撞了参与实验的学生，并对他们喊"混蛋"。南方学生对受到的侮辱表现得更加愤怒，而北方学生觉得这件事很好笑。在另一项研究中，教室里的参与者受到了一名假扮成同学的实验者的起哄和嘲笑。随后的测试显示，南方学生的睾丸激素和压力激素皮质醇水平比北方学生高出许多。科恩和尼斯比特发现："如果说有什么不同的话，那就是没受到侮辱的南方人比北方人更有礼貌，但受到侮辱的南方人比任何其他群体都更具攻击性。"

礼貌和暴力之间的这种关系可以用一个专有名词来形容，那就是"礼貌悖论"。科恩和他的同事乔·范德罗（Joe Vandello）在 2004 年写道："暴力和友好通常被认为是对立的。人们总觉得为人亲和、好客、开放和热情，可以防止受到攻击和伤害。然而，人们却忽略了这两种截然相反的状态似乎经常融合在一起……暴力和面临暴力的威胁创造出了一个友好、和睦和彬彬有礼的社会。"

同样，这绝不仅限于美国南方。礼貌悖论出现在亚洲、中东、地中海和非洲的许多传统社会中。人类学家艾伦·菲斯克（Alan Fiske）和他的同事在一项研究中写道，在这些文化中，人们往往"非常害怕彼此"，因此"可能会表现得非常礼貌、亲切或慷慨，但这些社交行为可能会给彼此带来喜爱和信任，也有可能适得其反。"他们对人友好，无非是为了避免无意中侮辱了某人的荣誉而遭到别人的报复。

这些都不是说，所有对别人友好的人都是善良的，因为他们害怕不与人为善会遭遇不好的后果。文化进化远比这复杂得多。对实际问题做出反应，因此形成一种行为习惯，进而可能会成为一种生存方式。这个过程叫作机能自主。虽然我们无法清晰地分解文化背后形成的因素，但我们可以说，随着时间的推移，人们出于荣誉文化产生的仪式性礼貌，变成了纯粹的礼貌和友好，并成为一种风俗习惯。我告诉了尼斯比特这个想法，他是荣誉文化假说的专家。他直接回答称："我非常喜欢这个观点。"

我们也可以在其他地方看到类似的过程，社会摩擦最终让人们友好往来。以微笑和大笑为例。虽然在没经历太多变迁的国家里，人们确实表现得更信任其他人，但研究人员发现，在过去 500 年里经历大量移民的国家，人们更懂得表达、更喜欢微笑，也更容易开怀大笑。北美、中美洲、南美洲都是如此，还有另类的澳大利亚也是如此，这些就是社会科学家所说的微笑文化。研究人员认为，在缺乏共同语言和共同社会规范的情况下，为了与陌生人交流，人们会露出微笑。对陌生人微笑是表示友好和合作意愿的一种方式。

心理学家阿德里安娜·伍德（Adrienne Wood）和同事有一项研究对 82 个国家展开了调查，结果发现，在历史上经历较多变迁的国家的居民，比那些历史上没经历大量移民的国家的人更善于用非语言的形式表达情感。另一项由心理学家葆拉·尼登塔尔（Paula Niedenthal）主持的全球性研究发现，历史上经历较多变迁的地方，人们每天微笑、大笑的时间更多，自我感觉更良好。无论国内生产总值或目前地方多样性水平如何，情况都是如此。尼登塔尔和同事在分析美国人口普查数据时发现了类似的结果。在外国移民越多的州，比如加利福尼亚州、纽约州、北达科他州、内华达州和明尼苏达州，比起那些没什么外国移民的州，人们笑得更多，生活也更积极。

笑容可能会传染。"微笑除了能让人解决人际交流的问题，还可以产生更多积极的社会体验和感受。"尼登塔尔写道，"换句话说，每天听到更多的欢声笑语，会让人变得更加阳光。因此，更多的微笑和欢笑可能会带来更多积极的情感体验。"

同样，微笑本来是人们用来解决实际问题的，因为人们需要在没有语言或共同文化规范的情况下与不同类型的人交流和合作。微笑最终脱离了其最初的功能，升华为一种文化、一种行为方式，各地都是如此。

2001 年，奈兰·拉米雷斯-埃斯帕扎（Nairán Ramírez-Esparza）从墨西哥来到美国的得克萨斯大学读研。她对发生的一件事感到震惊。当时，她的朋友们带她去参加了一个聚会。以往在墨西哥的家里，如果和朋友去参加聚会，他们都是朋友几个在一起玩的。但在美国，"我们一去聚会，我所有的朋友都说，我们大家一起玩吧。我就想，什么是大家一起玩吧"。接着，她的朋友们就开始四处游荡，和不认识的人聊天。"对我这个内向的人来说，和聚会上其他不认识的人直接聊天真的很难。"她说,"现在我还是觉得有些困难。"

她在墨西哥城出生,并在那里长大。这里人们彼此之间互相理解,有所共情。1984 年,心理学家哈里·特里安迪斯(Harry Triandis)和同事进行了一项创新性研究,他们称墨西哥城有"共情"文化。这种文化强调礼貌、善良、友好、尊重、积极,人与人之间避免冲突,在日常交往中尊重他人。就像荣誉文化一样,在一个人们彼此共情的地方,发生侮辱或打架的行为是非常严重的,会被认为是对另一个人基本尊严的侵犯。而且,和荣誉文化一样,共情文化之所以存在,也是因为历史上没有强大的中央机构,无法确保自上而下的社会和谐。因此,维护和平的任务落在了每个人身上。

共情文化对社会的好处远不止于此。例如,它可以使人们更懂得去帮助陌生人。政治学家罗伯特·莱文(Robert Levine)有一项实验覆盖 36 个国家,他研究了城市中的"助人行为"。在实验中,他让学生们假装成需要帮助的陌生人,比如假扮失明,或是不小心在人行道上掉落了一支笔,或是在路上看到有人受伤,跑过去请求路人的帮助。实验证明,在人口最密集的地方,或者以家庭为主要文化单位的地方,人们不太愿意去帮助别人,这些地方通常是传统的、排外的。

但值得一提的是,几个最愿意帮助陌生人的城市都坐落于拉丁美洲。"考虑到这些地方长期政治不稳定、犯罪率高,存在许多其他社会、经济和环境问题,这里的人们居然愿意帮助别人,此般积极结果值得关注。"莱文在 2003 年写道。当然也有例外,比如哥本哈根和维也纳的居民也乐于助人。但总的来说，在有共情文化的地方，人们更愿意帮助陌生人。①拉丁美洲有这样的文化，能让人们生活更加积极。每年，盖洛普都会发布一份有关"全球情绪"的报告，该报告根据各国公民每天报告的积极或消极情绪对国家进行排名。他们使用的一个指标是调查对象每天体验积极情绪的次数。在这方面最幸福的10个国家中，有9个在拉丁美洲（还有1个是印度尼西亚）。

现在，拉米雷斯-埃斯帕扎认为，相比其他拉丁美洲国家，墨西哥更富有共情文化，并且这与墨西哥被征服的方式有关。在拉丁美洲国家，以及在美国和加拿大，新来的移民会消灭当地土著。而在墨西哥，除了像阿兹特克人这样的显著例外，当地土著会与新来的移民相互融合，将他们的传统与西班牙人的传统融合在一起，形成了像墨西哥独特的天主教形式这样的混血儿。"那些同意西班牙人提出的条件的人，没有被杀死。"拉米雷斯-埃斯帕扎说，"现在我们的社会已经变得非常友好了，

---

① 就帮助别人这一点而言，我目前所居住的纽约显得有些冷漠了。事实上，数据表明，纽约在这项研究中表现最差。我们在纽约进行了所谓的"丢失的信件"测试，实验者留下写有地址的信，贴上邮票扔在街道上，并计算有多少信被退回。莱文对纽约人的表现感到十分吃惊。莱文写道："在许多城市，我能收到一些明显被打开过的信封。"

在所有这些情况下，发现者都重新密封信件，或者用新信封邮寄出去。有时他们会附上便条，通常会为打开信封表示抱歉。只有从纽约，我收到了一个侧口面都被撕开了的信封，还没有封口。在这封信的背面，有人用西班牙语潦草地写了骂我妈的话，我还得靠翻译才懂这句话的意思。这句话下面另加了用英文骂人的话。有趣的是，想象一下这个愤怒的纽约人，也许在他走向邮箱的时候一直念念叨叨，咒骂我不负责任，但出于某种原因，他觉得不得不花时间为这个可恨的陌生人履行自己的社会责任。

人们都很有礼貌。我们不喜欢说出自己的想法，只希望事情顺利进行。"

如今，拉米雷斯-埃斯帕扎作为康涅狄格大学备受尊敬的社会心理学家，需要不断融入当地文化。这对她来说还是很难，所以她必须多加练习。她和丈夫会去某个地方，就是为了寻找不熟悉的人展开交流。她向陌生人做自我介绍，人们就会模仿她的口音，问她是哪里人，然后就开始了人与人之间的对话。对美国人来说，这只是简单的闲聊；对拉米雷斯-埃斯帕扎来说，这是一次意义重大的文化调整。"在墨西哥你不能这么做。如果一个人走近一群人，他们会想：你是谁？在这里干吗？别靠近我们，我们正在谈话。"当然，因为墨西哥盛行共情文化，人们不会显得无礼，但与陌生人讲话总会有点奇怪。

也就是说，墨西哥人与朋友和家人来往密切，所以从另一个角度来看，美国的生活对拉米雷斯-埃斯帕扎来说也是一次艰难的调整。"美国的生活让我觉得与世隔绝，这对我来说充满了挑战。"她说，"基本上你的一天就是：上班，回家，和伴侣、孩子闲聊，然后睡觉。"在墨西哥，大部分时间都花在与朋友和亲戚的社交上。"每当我夏天回墨西哥的时候，总是有很多人可以交谈。人们会笑着与你对视。你感到与人们关系很亲近，充满了存在感。"

拉米雷斯-埃斯帕扎在美国已经生活了将近20年，现在居住在一个类似边境的地区。她喜欢在美国可以畅所欲言的样子，这一点在墨西哥是无法实现的，因为人们害怕会冒犯别人或让别人感到不舒服。她说自己讨厌这样。然而，同事和学生还是觉得她是个温顺的人，她想要改变大家的这个想法。但每次回到墨西哥时，她又变得直言不讳，偶尔会对共情文化所要求的自我克制感到沮丧。她不确定自己能否调和这两种性格，但注意到自己在说西班牙语时倾向于共情，在说英语时倾向于独立，这与她所处的文化有关。"我想我是某种混血儿。"她说。

这种生活方式仿佛让她成了一个无处可去的人，夹在两个世界之间无所适从。但"混血儿"的她实际上是我们项目的最佳人选，在共情文化的国家出生、成长，现在生活在一个人们直言不讳的国家。她明白在与他人交谈时要有礼貌、保持谦逊和专注。共情文化在这方面的体现是，认真聆听对方的话，这与"无偿倾听"活动类似。因为这不是关于自己而是关于对方的谈话。因此，共情文化之地的人来到美国，只要会说英语，他们就可以自然而然地与人展开良好的交流，而这些技能是我们一直想学会的。

心理学家格洛里安娜·罗德里格斯-阿劳斯（Gloriana Rodríguez-Arauz）、我们熟悉的拉米雷斯-埃斯帕扎、阿德里安·加西亚-西拉（Adrián García-Sierra）和其他同事设计了一系列别出心裁的研究，结果证实了这一点。他们让西雅图地区的拉丁美洲裔母亲和欧洲白人母亲，连续4天，每天8个小时，佩戴数码录音机，以监控她们与人交流的过程。他们发现，拉丁美洲裔母亲表现出更多的共情行为，表现得谦逊、可爱和体贴，更多地谈论他人而不是自己（想想"城市自白"的二八定律）。来自欧洲的白人母亲没有太多共情行为，谈论自己的次数明显更多。研究人员还发现，拉丁美洲裔母亲笑得更多，愿意与不同种族的人展开深入交流。具有讽刺意味的是，欧洲女性认为自己比拉丁美洲裔女性更具共情心。

更重要的是，在美国这样一个直言不讳、个人主义盛行的国家里，共情文化也具有传染性。得克萨斯大学阿灵顿分校的勒妮·霍洛韦（Renee Holloway）、埃米·沃尔德里普（Amy Waldrip）和威廉·伊克斯（William Ickes）在 2009 年开展了一项研究，他们让 126 名陌生人进行了交叉对话，陌生人里包含白人、黑人和拉丁美洲裔。一半人只与他们自己种族的人交流，另一半是白人或黑人与拉丁美洲裔交流。首先，他们发现拉丁美洲裔在对话中表现出更多的共情行为，比如眼神交流、微笑和大笑。其次，更有趣的是，与拉丁美洲裔互动的白人或黑人参与者，比没有与拉丁美洲裔互动的参与者，表现出更多的共情行为。他们聊得更多，眼神交流更多，也更喜欢笑。"在这两个方面，他们的互动比只涉及黑人和／或白人参与者的互动更好。"作者们写道。

事后，受试者对他们的互动进行评分。与拉丁美洲裔交谈的人对聊天伙伴的评价明显高于只与白人或黑人互动的人。此外，"与拉丁美洲裔伙伴互动的参与者认为，他们的交流更加顺畅，在聊天的时候显得更加自然和放松。他们认为聊天非常有参与感，未来仍愿意和拉丁美洲裔进行交流，而只与白人或黑人互动的人就没有这个想法"。

这也不仅仅是一个单向的正面评价。就参与交流的拉丁美洲裔而言，他们同样享受对话。"拉丁美洲裔认为，他们的交流畅通无阻，在聊天的时候显得更加自然和放松，明显没有那么压迫、尴尬和紧张。他们还报告称，在聊天中非常有参与感，并表示他们感受到了互动伙伴的接受和尊重。最后，与黑人和白人参与者相比，他们更喜欢他们的互动伙伴，并认为他们的互动伙伴同样更喜欢自己。"

我是这么想的：我们倾向于认为，人们表现得友好是因为居住在无忧无虑的地方，对生活感到知足。有时候事实的确如此。我并非在讲，现在所有人在向陌生人微笑、示好之前都做了理性计算，也不是说友好的人不信任别人，因为大多数人不是这样的。我的意思是，友好的文化不是因恐惧、混乱和危险而产生的，而是这些不安全因素促进了人与人之间的合作。就像荣誉文化、亲属关系、问候仪式和热情待客一样，这种友好是一种实用的方式，可以减少我们对陌生人的恐惧，抓住陌生人可能带来的机会，并在人感到恐惧、社会混乱的时候，让人与人之间得以交流沟通。

再者，我们如今生活在一个可怕而动荡的时代，中央机构无能，社会信任瓦解。现在的生活无比艰难、混乱不堪、是非不断，而且越来越多样化。我们开始对周围的陌生人抱有怀疑，不信任和我们身处同一个国家的陌生人，也不信任和我们同处地球村的陌生人。当然，我们可以继续做自己的事情，管好自己的生活，努力奋斗，拒绝跨越陌生人之间的隔阂。又或者，在我们了解完上述的一切之后，可以选择待人友好、对人微笑、与人交谈、倾听别人。这不是因为我们软弱，也不是因为我们缺乏信念，而是因为与别人合作符合我们的最大利益，因为我们知道友好远不是软弱的表现，而是恐惧的解药。带着这些认识，和我一起看看芬兰的情况吧。

第 14 章
在芬兰，如何与陌生人深入交流

我们将深入芬兰这个国家，这里的人素来以不与陌生人交流而闻名。我们遇到了试图教芬兰人如何与陌生人交流的名人。希望这还为时不晚。

"我来自土耳其，"她说，"这一点很重要，因为这与我要告诉你的事情有很大关系。"

杰伊达·贝尔克-瑟德布卢姆（Ceyda Berk-Söderblom）在土耳其爱琴海海岸的伊兹密尔市长大，她在那里的一个艺术基金会工作了 14 年，负责节日庆祝。后来她遇到了她的丈夫，一位芬兰艺术家，一位说瑞典语的戏剧导演。2015 年，他们搬到了赫尔辛基。

赫尔辛基是一个和谐的地方。这里社会平等，经济繁荣，文化发展，犯罪率低，教育程度高，街头流浪汉也少。根据盖洛普的数据，芬兰是世界上最幸福的国家，而赫尔辛基正是芬兰的首都。说芬兰是最幸福的国家，是基于一些指标，比如人均国内生产总值、社会福利、预期寿命等，这个国家的人可以自由选择生活、大方慷慨、没有腐败。这里安静舒适，秩序井然。赫尔辛基可谓相当有序，以至当我乱穿马路的时候，我会像在家里一样，随心所欲地偏离人行道，然后突然发现，大马路的中间就我一个人站着，两边人行道上的芬兰人纷纷看着我，好像我刚刚穿着奇装异服，跳着踢踏舞进入教堂。

所有这些都说明了一个道理，从很多方面来说，赫尔辛基像极了天堂。然而，当贝尔克-瑟德布卢姆从土耳其来到这里时，她的转变却显得有些艰难。首先是文化差异。身为土耳其人，她热情又健谈，但芬兰人以矜持著称。《芬兰人的噩梦》是一本漫画书，描绘了令当地人感到恐怖的故事，这些噩梦大多归结为不得不与陌生人互动。社交恐惧症在赫尔辛基也随处可见。一幅漫画讲的是，"公共交通工具上，有人坐在了你旁边，然后开始和你说话"。另一幅漫画讲的是，"有一个陌生人微笑地注视着你"。[①] 我告诉芬兰的一个出租车司机，我在镇上研究一本和陌生人交流的书，他回道："在芬兰？认真的吗？你知道我们是世界上最沉默的人吗？"

贝尔克-瑟德布卢姆很难适应这种文化。例如，当她公公过世的时候，人们没有像在土耳其那样过来吊唁，而是给他们家人独处的空间，这令她感到震惊。甚至像朋友聚会这样简单的事情，不同文化之间也有摩擦。贝尔克-瑟德布卢姆说，在

---

① 还有一幅漫画正好是我穿越马路的样子。画中是一个人闯红灯，另一个人在人行道上看着他。这个噩梦便是，"有人做了一些'错误'的事情时，其他人会盯着他不放，而且这不会让他停下来"。

土耳其，一般情况下，如果有客人来了，都会给予客人热情的款待。"我们总是会为客人准备丰盛的食物。"她说。然而，芬兰人倾向于朋友们一起聚餐，吃点家常便饭，而她并不喜欢这样的社交方式。有朋友们说自己带点食物过来，她总是会拒绝朋友的好意。"他们是我的客人，所以应该是我来做饭。我应该准备好所有饭菜。"那种古老的待客传统难以撼动。"这已经融入我们的血液了。"她说。

然而，职业转型对她来说更富挑战意义。"我从外国到这里工作，经历了太多。"她说。她很资深，但花了一年时间才找到艺术行业的工作。语言成了最大的障碍。她原来的工作主要讲英语，但在芬兰，大多数人讲芬兰语，也有些人讲瑞典语。对这个国家来说，语言成了一个亟须解决的问题。在过去几年里，芬兰涌现了一大波移民潮，因内战而流离失所的难民纷纷涌入芬兰。大都市地区的许多新移民都不会说芬兰语或瑞典语，因此很难找到工作，或者说，很难在芬兰社会中找到一席之地。贝尔克-瑟德布卢姆说，芬兰在历史上算是文化比较单一的国家，当今面对大量移民涌入，仿佛受到了"一次巨大的冲击"，缺乏应对多样性的机制。新的移民来到芬兰，对国家而言是一个潜在的福音，因为芬兰的知识经济日益发展，急需新人加入工作。但就像其他斯堪的纳维亚国家发生的情况一样，移民和当地人之间不可避免地有些矛盾，这引发了一场新的白人民族主义运动。

事实上，许多移民通常靠开办企业存活下去。于是在2016年，贝尔克-瑟德布卢姆也开办了自己的企业——君士坦丁堡艺术。君士坦丁堡是伊斯坦布尔的旧称，历史上 10 世纪维京人来到土耳其，对君士坦丁堡感到惊叹，称其为他们见过的最大的城市。她决定，企业的重点是鼓励芬兰各大组织和国际艺术家之间开展互动与交流，让彼此的对话帮助芬兰打造更加多样化的未来，毕竟多元化是芬兰目前不可阻挡的趋势。为了实现这一目的，她联系了一个叫西奥多·泽尔丁（Theodore Zeldin）的人，邀请他来赫尔辛基教人们如何与陌生人交流。

2019 年 9 月的一个周五下午，赫尔辛基下着雨，在新装饰的阿莫斯·雷克斯艺术博物馆里，泽尔丁坐在舞台的椅子上，面对台下零星的观众，观众大多数是女性。泽尔丁 87 岁了，身材瘦削，头发花白，穿着灰色裤子、运动夹克和藏青色毛衣。主持人向观众介绍完后，泽尔丁站了起来。他语气温柔，但语速较快。"我来这里不是向你们传授道理的，而是来问你们问题的，"他告诉与会者，"因为我感兴趣的是这个国家正在发生的事情。"他停顿了一下，接着说："研究显示，你们是世界上最幸福的人。这太可思议了。芬兰人赢得了许多奖项。我很好奇芬兰人民下一步有什么打算，我打算搞明白这一点。"

泽尔丁是英国历史学家，最著名的作品是《法兰西浪漫史》。这本书有 2 000 多页，记录了法国的情感史，于 1973 年首次出版，被视为描述欧洲历史的革命性杰作。泽尔丁还是牛津大学的终身教授。他曾向总统、内阁成员和首席执行官建言献策。然而，之所以想邀请他加入这个项目，是因为他一生都在尽可能多地与陌生人交流。换句话说，探索新事物成了他的职业。"我永远不会了解世界上的每一个人，"他说，"但我的目的不是发家致富，也不是功成名就。我的目的是发现生活的真谛。"

泽尔丁几十年来都一直在与陌生人交流，在这个过程中，他慢慢相信世界上没有多数派或少数派，没有陌生人或熟人，只有个人。他认为，每个人都是其中的少数，大家都是陌生人。他问赫尔辛基的人们，有多少人觉得自己完全被人理解了。结果没有人举手。"没有人声称自己被完全理解，"泽尔丁说，"这就是大家需要从其他人那里得到的东西，人需要被欣赏，但如果不和别人深入接触，很难得到别人的欣赏。这一点并不需要通过大革命才能改变，我们需要通过亲密接触来实现人与人之间的欣赏和理解。"

2001 年，泽尔丁创立了牛津缪斯基金会。这就是我跟着他去赫尔辛基的原因。牛津缪斯基金会举办了"陌生人的盛宴"活动，让陌生人配对共进晚餐，并给他们一份"菜单"，上面包含很多个人问题，与个人价值观息息相关，还需要回答个人害怕和希望的事情。"这些问题非常难，"泽尔丁解释道，"因为生活本身就很难。"人们通常会在晚宴上交谈两个小时。这个活动已经扩散到 15 个国家，令人惊喜的是，晚宴上对话的两人，有的步入了婚姻的殿堂，有的结下了深厚的友谊，甚至因内战对立的双方都化解了冲突。不仅如此，陌生人之间的对话不仅让人更了解他人，而且让人更了解自我。泽尔丁说，参与者"惊讶地发现自己说出了以前从未说过的话，发现了对方的闪光点，也对自己有了更深的探索。参与者不禁感叹：有人很愿意倾听自己表达，这真的是绝无仅有的经历了"。

"陌生人的盛宴"活动背后，是泽尔丁在和陌生人交流了几十年后一直想做的事。这个想法就是让人们彼此多多交流。以前，为了让人有归属感，人们会划分不同的群体，成为其中的一员，泽尔丁认为这种方式已经过时了。现在每个人都是独特的，人与人之间的不同之处有很多，如果依然想把人归类，那么势必会闹笑话。但泽尔丁也坚信，个人主义是死路一条。所以他的观点是，夫妻（既不是群体，也不是个人）才是某种文化中最强大牢固的单位。

"你我之间的相处，你自己的独处，还有每一次你和别人的交谈，都会让你发现别人的闪光点，同时你也会进一步认识自己，认识周遭的世界。"他说。泽尔丁经常谈到"缪斯"（灵感）这个词，但他指的不是自我启发与表达，而是两个人在一起交流，产生化学反应，碰撞出思维的火花。一个人是无法产生这样的灵感的。在这个沉闷的周五下午，他告诉那些聚集在一起听他演讲的人："我希望你们能成为我的缪斯。"同理，通过人与人的交流，我们会成为彼此的缪斯。

泽尔丁将在这里举办三场这样的盛宴：一场专门面向赫尔辛基的文化精英举办，另外两场是向公众开放的。他周五举办的演讲相当于拉开了这些活动的序幕。他脑海里想的都是，白人民族主义兴起，西方政治混乱，芬兰作为民主堡垒要如何应对一大拨新移民涌入的问题。"既然芬兰的人口在减少，那么不管接不接受，现在都有一大批人从外国来到这里，"他说，"和其他国家一样，移民是不可避免的。因为这个世界是不平等的，有些地方非常混乱，人们不得不逃离。如果我没有弄错的话，芬兰人最初也是从很远的地方来到这里的。所以我们都是移民，必须知道如何与陌生人打交道。我们不能说'黑人都是陌生人'，我们必须说我们都是陌生人。因为我对你来说是陌生人，你对我来说也是陌生人，不管你的出身如何。我到这里就是来和你们说要怎么与陌生人打交道的。"

泽尔丁在演讲快结束的时候告诉观众，他想做一项实验，"因为我想知道你们是谁。如果我所做的只是逛逛街、吃吃东西的话，那么我来芬兰就没有意义了。我必须了解为什么每个人的想法会不一样，背后的机理是什么"。他给观众发了纸，要求每个人回忆并记录下他们获得的主要成就、感到遗憾的事、希望完成的事、目前面对的挑战和自己的弱点。他说："换句话说，记下你身上所有重要的东西。"

我们都记下了自己重要的东西，并一个接一个地把纸交了上去，然后又一个接一个地离开会场，消失在雨中。

劳拉·科尔贝（Laura Kolbe）是芬兰一位有名的历史学家和政治家。我希望向她请教芬兰人的事情，所以邀请她一起喝杯咖啡，她人很友好，答应了与我在赫尔辛基大学见面的请求。科尔贝说，大家觉得芬兰人都很沉默，这其实是一种刻板印象，但也有一定的道理，芬兰人的沉默主要有几个因素。第一，两个世纪前，许多人迁移到芬兰来，他们说的语言是德语、瑞典语和俄语。因为外来居民不会说芬兰语，所以不和当地人说话，当地人也没有和他们说话，保持沉默，外来居民就误以为当地人比较害羞。第二，芬兰地广人稀，历史上大部分时间都是依靠农业生存与发展，但乡村居民话不多，不如城市居民健谈。第三，19世纪的民族神话塑造了一种英雄类型——"金发碧眼的男性，有点害羞木讷，但为人勇敢诚实、忠诚直率"。

她承认美国人和芬兰人之间确实有明显的区别，但也相信上一章中我们所提到的，美国人的友好在某种意义上是一种工具，一种达到其他目的的手段。"芬兰人开口说话都是发自内心的，并不是想着与人买卖交易。"她说，"尽管每个到美国的人都喜欢此般热闹的场景，女服务员很会与人聊天，会问你过得怎么样，但一旦你没有给她小费，她的语气立马就变了。"

科尔贝的女儿卡罗莱娜·福什（Carolina Forss）加入了我们的项目。她是一名大学毕业生，聪明开朗，学习服装设计专业。福什在纽约住了一个夏天，她发现那里的人很开放，喜欢与人交流，比较自由。她说："这真的是我想从美国带回来的'特产'。但很快，当我回到芬兰的时候，我又变成了一名安静沉默的芬兰人。"

"当你回到芬兰时，有什么感觉吗？"我问她。

"心里面好像少了一些什么。"她说。福什很爱国，但在国外待了一阵子，再回芬兰的时候，她觉得自己有点像"陌生人"的感觉。也许以芬兰当地的标准来看，她太外向了。她说："老实说，我觉得在国外的时候我更像自己，我无法成为芬兰的代言人。"

一天后，我和泽尔丁坐在阿莫斯·雷克斯艺术博物馆的大厅里聊天。泽尔丁告诉我，他一直在看周五演讲后观众提交的东西。"结果令我非常惊讶。我看大家写的东西，大约有 1/3 的人觉得自己过得很糟糕。他们觉得自己被冷落了，与这个世界再无瓜葛。"也许其中一些人不是当地人，所以才有这种孤独感，也有人就是感觉被世界冷落了。他们很孤独，没有一点归属感。我们在这本书里谈到了名为孤独的流行病。事实上，在地球上最幸福的地方，却到处弥漫着孤独。"我有点担心，因为这些人十分需要帮助。"泽尔丁如此说道。

聊着聊着，我们又聊到了泽尔丁的青春时代。1933 年，泽尔丁在英属巴勒斯坦殖民地呱呱落地，父母把他抚养长大。泽尔丁的父亲是一名工程师，母亲是一名牙医，家中汗牛充栋、书香四溢。泽尔丁是一位天才少年，16 岁进入牛津大学，17 岁就毕业了，不久后获得博士学位。他读博的时候没有导师，全靠自己顺利毕业。"在牛津大学的时候，没有人能教我。"他说。老师教不了他，但他从其他人身上学到了一些道理。那时，他遇到了许多聪明的女性，她们教泽尔丁如何与人深入交流。"我想我是从女性身上学会了如何与他人交流的。女性可以更自由地谈论生活中真正重要的事情。"他说。

第一次出国时，泽尔丁去了法国，开始和陌生人打交道。21 岁时，他前往巴黎，想去寻找拿破仑三世的档案。他很好奇，国家与国家之间为什么会有隔阂，法国人对自己有什么看法。接下来的 30 年，他一直在研究法国人。他在研究历史的过程中，形成了一种新的方法。泽尔丁认为这种方法是生物学家经常用的。他没有关注社会大趋势和上层人士的生活，而是把研究重点放在了人民上，因为人民才是构成社会的原子微粒。他认为，不能只通过研究一国的领导人、战争和经济体系来了解这个国家，而需要研究这个国家的人民，才能了解这个国家。而且，不是把人民作为一个整体来研究，而是独立地看待每一个个体，询问他们是如何思考的，有什么感觉。

在这种方法的指导下，他写了第一本书，就是最著名的《法兰西浪漫史》。他说："这一切都是基于大量的个人画像。数据显示，法国的少数族裔和当地居民一样多，因此关于法国的一些概括性言论都无效。我们需要理解每一个个体，只有这样，我们才能更好地理解历史。"

一些法国人在看了这本书后感到有些愤怒，他们不在乎自我形象受到外国人的挑战，但总的来说，这本书在法国引起了轰动。"我被湮没在各种媒体的采访和言论中，比如'泽尔丁比我们的政府、配偶、老板和孩子更了解我们'，我不再是一个陌生人了。"他说，"几乎各行各业、不同机构都向我征求建议，法国总统和总理来找我，社会底层的人也来找我。每个人都向我袒露他们的烦恼，让我得以深入了解秘而不宣的事情。每一次交流都满足了我的好奇心。"

2012 年，法国授予了泽尔丁法国荣誉军团勋章，这是法国的最高荣誉之一。在颁发典礼上，法国驻联合王国大使贝尔纳·埃米耶（Bernard Émié）对泽尔丁说："你为我们举起了一面镜子，让我们能清晰地看到自己的优缺点，这是前所未有的。事实上，你一直在努力地和法国人交流，试图理解法国人。这不仅仅是为了增进你的同胞对法国人的理解，让我们更好地携手合作，对整个人类来说，这都有重大意义，因为这让世上的人们建立了更紧密的联系。"

泽尔丁前进的动力，在于他想要去了解人类思想、情感和体验的多样性，在于他想要理解我们看待他人和自己的方式。他在 2015 年出版了《如果生活背叛了我们，我们还拥有什么？》。泽尔丁在书中写道："与其去寻找一个感到安全的地方，或者不断追问自己热爱什么、擅长什么，不如努力去了解一个人可能经历的事情，哪怕只是一点点。我个人无法体验的事，希望通过与他人交流来了解，想象他们曾到过的地方。何谓迷失的灵魂？未达他人之思想，无他人之倾听。所以不要问'我是谁'，而是多问问'你是谁'。"他将与陌生人交流比作一种仪式，就像把衣服拿到洗衣房去一样，可以消除头脑中的偏见。他认为，如果大家都这么做的话，那么人们的生活方式将有所改变。

当然，我们首先需要改变。如今，泽尔丁担心，随着大规模移民、社会不平等和政治紊乱的问题愈演愈烈，人们之间会变得越发疏远。他担心，国家之间没有交流，不同领域的专家之间没有交流，同事之间没有交流，家庭之间没有交流，父母和孩子之间、爱人之间也没有交流。这里说的交流不是闲聊，而是讨论真正重要的事情。泽尔丁十分关心这一点。因为他觉得，如果你不理解别人，你就无法理解生活，而如果你不理解生活，你就不知道自己能做什么，或不能做什么，以及在前进的道路上可能会遇到什么障碍。如果你不理解别人，你就永远不知道如何与他人共处。因此泽尔丁声称，这就是他的使命。

"我花了一生和人交流，了解这个世界。"

2000 年，泽尔丁出版了《对话：谈话如何改变我们的生活》（*Conversation: How Talk Can Change Our Lives*）一书，阐述了对话的内涵。他写道："我认为有意义的改变是，你愿意成为一个有些不同的人。这是一个无法保证结果的实验，是一个有风险的冒险行为。"泽尔丁说道，不要远离我们不喜欢的人。"我认为，从一个不可理喻、招人讨厌的人身上，找到令人钦佩或感动的东西，也是一种有趣的体验。在众多砂石中找到黄金，是最激动人心的挑战。"

所以可以毫不夸张地说，泽尔丁愿意和遇见的每个人交流。"有些人会觉得我试图做的事情过于雄心勃勃。"他说，"人们会说：'你是怎么能和 70 亿不同的人说话的？'我的回答是：想想一个人体内有多少细菌，一个人的大脑中有多少细胞。几十亿！你不能告诉科学家：'哦，你不能研究这些东西，因为它们太多了！'每个人都会探索新事物，获得意料之外的发现。生活让我们惊喜连连，而非让我们焦虑不断。一个人被自己的发现深深吸引，接着就会有其他发现。我想我应该称自己为探险家。"

那天晚些时候，泽尔丁在博物馆里，站在大约 100 个人面前。一会儿后，我们两两配对，被带进一个摆满桌子的房间，来参加"陌生人的盛宴"。我们大概猜到了接下来会发生的事情，同时也感受到了泽尔丁的坚定使命感。

他说："为了了解正在发生的事情，你必须进行头脑风暴，尽情表达，说出你的想法。我们的社会文明程度如此之高，以至大家都表现得十分有礼貌，总是不能说出自己的想法。"

他说："你会发现，与陌生人交流可以消除人与人之间的障碍，不仅能让你了解另一个人，发现这个人也像你一样是独特的，还能让你进一步了解自己。你也许认为你十分了解自己，但许多人眼中的你是另一幅样子。人与人之间存在的误解是我们大多数痛苦的缘由。"

他说："我们希望将这种交流扩散到社会的所有部门，甚至国家与国家之间。这个世界充满了危险。我们只有学会与其他社会的人交流，看到与人交流所产生的友谊和信任，才能拯救自己。当你这样和人说话的时候，你会感觉你们之间有了关联，慢慢就会形成友谊。"

泽尔丁没有谈到这些对话背后的心理学因素，但有大量研究解释了为什么它们会有如此深远的影响。我们在前文中了解了倾听的益处。如果有人认真听你讲话，那么你的心态会更加平和，思维会更加清晰，从而你会获得更强的幸福感。我们知道，当你表达个人想法时，另一个人会有所回应。人与人之间互相交流心声是一件愉快的事，只要对话没有过于奇怪，这种交流就可以让人更喜欢和更信任我们。

仅仅是诚实也有很多好处。2018 年，心理学家埃玛·莱文（Emma Levine）和塔亚·科恩（Taya Cohen）进行了一项研究，其中写道："比起隐藏情绪的人，诚实表达情绪的人心理压力较小，患高血压概率较低，人际关系会较亲密。此处，隐藏秘密的个体比诚实袒露秘密的个体健康状况更差。"莱文和科恩进行了一系列研究，体现出诚实的好处。在一个实验中，参与者被分成三组。一组被要求在三天的时间里对每一个人"绝对诚实"，而另一组被要求表现得"善良"，还有一组要"有所隐瞒地"与人去交流。第一组诚实对话的人，本以为事情会变得不那么愉快，但事实上，他们发现诚实地讲话会令人更快乐，人与人之间更亲近，不仅在那一刻如此，而且在之后的两周都会变得幸福。

在另一个实验中，参与者被分成两组，分别是预测者和体验者。他们拿到了一些关于个人事项的问题清单，这些问题旨在"让对话变得更加艰难"。该实验与我们在"陌生人的盛宴"活动中得出的结论非常相似。值得一提的是，我们的朋友阿瑟·阿伦提出的自我扩张理论，对我们的实验有指导意义。1997 年，阿伦设计了一个著名的包含 36 个问题的清单，即打造亲密关系的三十六问，包括"爱与喜欢在你的人生中有什么样的地位"，"你觉得你跟你的母亲的关系怎么样呢"，"与你对面的人分享人生中最尴尬的一刻"，"如果你将在今晚死去，没有任何再与他人交流的机会，你最后悔没有告诉别人什么事情"。实验中的预测者需要回答这些对话可能的走向，但不会真正与人去交流，而体验者两两成对展开对话。虽然预测者认为这种对话结果不会太好，但体验者明显表现得更快乐了，与人更亲近，感受到对话的价值，并且这种状态至少持续了一周。"此外，体验者表示，他们非常开心能参与这个活动，感谢活动组织者，并希望继续和陌生人交流下去。"

最后，再讲讲火车上的陌生人效应。我们已经在火车上体验过和陌生人交流了。人们和陌生人相处，比和自己的熟人相处更容易。因为你知道无论你说什么，这件事很快就会随风散去，不太可能再听到它。它不会成为你家中的一部分，像一个散发着恶臭的旧沙发，永远蜷缩在一个角落里，无论出于什么原因都不能扔掉。美国心理学家齐克·鲁宾在 1974 年写道："人们有时能与完全陌生的人达到令人惊讶的亲密程度。当一个人和一个路过的陌生人在一起时，这个陌生人和你的交集只有现在，而没有过去和未来，那么你就会觉得说什么都无妨，于是滔滔不绝，泰然自若地袒露心声。"[①]

　　鲁宾做了一系列实验，研究人们和陌生人在一起时会不会说出自己的心声。有一次，他让一群学生站在公共汽车站，尝试和陌生人交流。学生会先问一些无关痛痒的问题，比如：公共汽车什么时候到达？你有 25 美分的零钱吗？但之后一些学生会开始讲带有个人情感色彩的话，有些还是关于私人的事情："我今天很忙，终于过完这一天了，你呢，过得怎么样"或者"我的一天结束了，你呢"。结果表明，实验者如果讲了更多自己的事情，对方也倾向于更多地说出自己的想法和心声。我认为，这是"陌生人的盛宴"的神秘力量。

　　第一天，我和陌生人展开了两次对话。这些问题涉及家庭、叛逆、优先事项、孤独、友谊、爱、恐惧，最后，还问了你能为这个世界做些什么。我第一次是和一位年轻女性聊天。她告

[①]　社会学家格奥尔格·齐美尔有一篇关于陌生人的经典文章，里面也提到了这一点。他写道，这位陌生人"经常能听到别人十分坦诚的话，甚至是别人的忏悔，这个结果令人吃惊。因为关系亲近的人一般不会袒露秘密"。

诉我，当有人催她马上买房、结婚、养条狗的时候，她就会出现抵触情绪，她觉得大家都会有这种想法。她在一个小镇长大，但现在住在城里。她说自己的朋友们最大的恐惧是，找不到生活中有意义的事情去做，而她自己也正处于事业的十字路口。她说，尽管芬兰人都在谈论平等，但当她承认自己有野心、有欲望时，一位男同事会嘲笑她。她讨厌下雨和寒冷的天气，希望最终能找到一份别的地方的工作。她和家人关系很好，家人总是和她说话，鼓励并告诉她，她很特别，很有价值，但她的朋友不这么认为。她曾在国外留学，很喜欢与人社交。但她后来意识到，那是因为她太想念家人了，所以在努力填补这个空缺。她说，再次回家时，她恢复了独处的能力。她说自己过去害怕死亡，但现在知道人终有一死。我们之上的某些东西，也许是命运，也许是上帝，才能控制死亡。杞人忧天毫无意义，除非到真正轮到你担忧的时候了。

第二次，我和一位渴望自由的女性聊天。她从很小的时候就希望环游世界，行万里路，飞往世界上各个大城市看看，只有这样才能让她觉得人生圆满。她说自己曾经是自由的，但是后来嫁给了一个芬兰人，跟着来到这里。她的伴侣不让她学习芬兰语，以取得对她的控制。她来芬兰很多年了，已经开始讨厌这里了。她觉得这里的生活令人觉得荒谬可笑，人人都处于紧绷状态，互相保持距离，没有人直视其他人的眼睛。她是从国外移民过来的，当地人从来没有接受她，她对此很反感。但她也想知道，是否正因如此，给了她离开这里追求梦想的动机。她说自己马上要离开这里了，尽管这个秘密别人都还不知道。

她一直在努力追求自己想要的生活，虽然很害怕，但必须在为时已晚之前实现自己的梦想。

他们在跟我讲自己的事情时，我也会讲一些自己的故事。在和两位女士交流的过程中，一种恐惧之情涌上心头，而且这种恐惧是我一直都不想承认的。我们都在谈论成长：我们来自哪里？父母是什么样的？这些成长的大话题在交流中都会提及。但在两次讨论中，我都不断回到一些困扰我的事情上。小时候，我的身边总有人陪伴，比如家人、朋友、兄弟姐妹的朋友、父母的朋友。我喜欢这种热闹的氛围。但现在，我住在一个小公寓里，只生了一个女儿。虽然周围有邻居，但大家都忙于自己的事情，人们都十分匆忙，总是抢着提前几周安排好计划。我聊天的时候说，年轻时那种随心所欲的社交再也不见了，那扇向陌生人敞开的心门早已关闭。我担心欺骗了女儿，因为和人交流是有利于成长的好事，但现在都没有条件让她和人交流。我还在不停地想这件事，我不确定如果没有参加这些对话活动，我会不会想到这一点。

我对人的认识仿佛更加深刻了。泽尔丁说过，没有所谓的群体，每个人都是不同的，每个人都渴望被理解，对话让我们了解到每个人的独特之处，打破对群体的偏见。当我们谈论国家、宗教或任何一种被认为是同类的大型群体时，我们就无法了解周边无限的多样性，剥夺了自己通过他人了解世界的机会。我当初来芬兰的时候，对芬兰人的理解比较简单和片面。来到这里后，我的视角更丰富了。事实证明，世界上最幸福的地方，也具有其他国家所共有的那种恐惧、欲望、屈辱、希望和沮丧。

我觉得，新来芬兰的人势必也想知道这一点，了解芬兰人无可挑剔的干净、无可挑剔的秩序、无可挑剔的彬彬有礼，同时了解，广泛接收移民的家园，正同样遭受着人类情感的震荡、困惑和孤独，甚至归属危机。也许，如果他们聚在一起，大家可以互相坦诚相待。这是一个好的开始。

我第二天坐飞机回家，路上重温了一本之前被我翻到折角的书，是泽尔丁的《人类的亲密历史》(*An Intimate History of Humanity*)。我找到了第一次阅读时没注意到的两个段落。当时我还感触不深，现在基于我所经历的，对此有了深刻的共鸣。第一段关于热情待客。

> 从古老而简单的好客开始，我们进入了新的历史阶段。之后是更深层次的好客。当人们乐于接受陌生的想法、倾听前所未闻的观点、学习对他们来说完全陌生的传统时，当与未知事物的相遇改变了他们对自己的看法时，就会发生这种情况。这是一种更深层次的好客，因为它不仅仅是礼貌相待，还包括暂时接纳新的观点，体会别人的情感。

第二段关于我们的老朋友"传染病"。书中对它进行了一个很好的比喻，以说明当我们向陌生人说话时会发生什么。

> 关于免疫系统运转的发现表明，每个人都在不断抵抗不友好的外部世界，我们都必须独立完成这项工作，并与他人合作。现在很明显，每个人都需要小部分的外部伙伴。

为了与他人共存，有必要吸收其他主体的一小部分。不可能把自己隔绝起来最终走向死亡，也不可能永远消灭敌人。对他人的好奇心不能再被认为是一种奢侈或分心：一个人想要存活下去，必须有对他人的好奇心。

03

第三部分

如何与陌生人交流

第 15 章
我们该在什么场合与陌生人交流

我们将了解到，有些社会规范会极力阻碍我们与陌生人交流，令人压抑的技术影响和收入不平等氛围也会让人们难以交流。但在有些场合，我们完全可以大大方方地与陌生人交流，即便是面临重大灾难或观赏一场哑剧时也依然能够谈笑风生。

之前，我曾提到过这种有关陌生人的神奇现象——当你养成了与人交流的习惯时，人们会自然地开始与你交流。"城市自白"项目创始人本·马西斯说道，自他开始无偿倾听他人后，人们就总是主动向他走来并与他交流。无独有偶，乔吉和科恩也有过类似的经历。随着时间的推移，当我将无偿倾听付诸实践时，我也开始亲身体验这件事。有一天，我与一个无家可归的年轻女人（接下来会提到这个女人）聊得热火朝天，然后我就打算自己去走走路，消化一下刚才的对话。跟往常一样，我走过头了，不知不觉向南走了 38 个街区，最后在华盛顿广场公园停了下来。放眼整个纽约市，这个地方是我最喜欢的一个公共空间。

那天路过公园时，我看到一个年轻人坐在一张折叠桌旁。他举着一块牌子，上面写着"你要去哪里"。我在他的桌旁坐下，跟他聊了一会儿。他名叫朱达·伯杰（Judah Berger），今年23岁，说自己最近刚刚开始着手这件事，纯属一时兴起，但进展很顺利。人们会坐下来，和他展开交谈。他会让对方主导聊天，并在人们说话的时候提出开放式的问题，或者只是单纯地向他们寻求人生忠告。之后，伯杰会在笔记本上记录下人们说过的精辟见解。伯杰向我保证，这不是什么社交媒体噱头。他还没有这么大的野心，只不过是对人感兴趣罢了，他觉得自己很适合干这个。"我不是想说我自己独一无二，"他告诉我，"但身边人总是觉得，我说话的对象甚至可以是一堵墙。所以我觉得应该好好发挥下自己的这个能力。"

两周后，我和伯杰一起喝了杯咖啡。他待人友好、精力充沛、充满好奇心，聊天的兴致也很高。他告诉我，一年前他从纽约北部的宾汉姆顿大学毕业后，就搬到了纽约。刚毕业那会儿，他做过几份技术工，但技术工并不适合他，所以他便离职了，去寻求别的岗位。那阵子，他感到焦虑不安，深陷桎梏。他说："在疫情暴发前，我们如今所在的纽约市代表了西方文明的高度，恰如罗马是罗马帝国最繁华的城市。历史的兴衰都可以从这座城市身上显现出来。而我觉得自己人际圈子小，没有遇到足够多的人。"

他在佐治亚州的一个狭小的犹太社区长大，在这座城市，他没有多少人脉。一天晚上，他琢磨着："如果我只是坐下来和人们说说话，会发生什么呢？"他找了一张桌子，桌子旁有几把椅子。他制作了两块他可以轮换着拿的标识牌，一块牌子上写着"你要去哪里"，另一块牌子上写着"你去哪里了"，之后便在华盛顿广场公园"开张"了。他告诉我："我把这件事告诉了我的父母，他们满脸疑惑。"他母亲担心鼓励陌生人来找他谈话，会让他身处危险。

伯杰说，作为一个孩子，他总是充满好奇，心怀热忱。他会去图书馆借取 30 本书，在一个月后如数归还，然后再借 30 本。随着年龄的增长，他这种好奇心延伸至对人的好奇。当伯杰上大学时，他选择了一个远离高中同学的地方，那里有很多犹太学生，但是他们来自不同的背景，除此之外还有很多各种各样的人。伯杰作为一个来自南方的学生，显得十分扎眼。

他说："我猜有些人能够看出来，我的成长背景与他们不同，但随着时间的推移，我学会了与人交流。"其他人都叫他"来自佐治亚州的孩子"，他也开始喜欢这个绰号，对此感到自豪。他那南方式的友好和好奇心帮助他结交到了许多新朋友。他说："大学真的让我敞开了心扉。"之后他搬到了城市里生活。"有些人生活在独立于外界的小型社区会很开心，因为这里的人们会相互支持，好处是不用多说的，当然缺点也是有的，毕竟我的好奇心太重了。"

伯杰第一次在公园摆好桌椅时，他最担心的是没有人会来光顾。"很快，我发现自己的担心纯属多虑。"他笑着说道。有时他会试着记录谈话，然后又会有别人走过来，和他聊起来。

有时候，当他正在谈话时，其他人也会开始和他说话，这时他往往会顺其自然。"有一次，我和一位学生说话，另一个人走过来，他俩开始说话，然后他们边走边说，一起离开了。"

他每次一坐就是五六个小时，而且几乎 90% 的时间都投入在与人的交流之中。他说："总的来说，这种体验很棒，你必须学会与许多不同的人互动，能够反应迅速。因为每次来的人都不同，他们性格各异，来自不同的背景，会带来全新的观点，你必须找到一种方式去与他们建立联系，这样他们就不会表现出嗤之以鼻的样子。他们希望有良好的体验，所以你必须保持积极的态度。"

有时候人们会怀疑地问他，这是不是一项收费服务，或者指责他只是想趁机找个女朋友。但人们最常问的问题是，为什么伯杰要这么做。他说："然后我总是会反问他们：'你觉得我为什么会这么做？'我总会听到不同的答案，谈话也因此继续下去。"有些人比较容易打开话匣子，有些人则显得内向得多，但大多数人最终会敞开心扉，谈话能够顺其自然地进行下去。如果有短暂的沉默，他会问："如果你让我做一件事，并且我有一生的时间去做，你会让我做什么？"这个问题的妙处在于，伯杰向不同的人征求建议，某种程度上算是奉承，对方为了给出建议，就得讲出他们自己的生活。这样一来，他们便有机会去谈论他们的经历、他们的价值观、过去的故事，也许还有他们对未来的希望。

他跟一位艺术家交谈过，这位艺术家曾手绘自己穿的每一件衣服，他便让这位艺术家在笔记本上给他画了幅画，随便画画就行。他把随笔画拿给我看，并说："很明显，你能够看到她才华横溢。"一个年过六旬的老妇人坚持要他去参加火人节。他还和一位年轻的音乐剧导演交谈过，也和一位表演"入神舞"的女士聊过天。那位女士告诉他，如果你对水说些积极的话，就会改变水的成分。"这一点当然存疑，会让人争执不休，但是你确实会遇到一些非常有趣和丰富多彩的灵魂。"

最重要的是，他在扩大自己的人际圈。他手中的笔记本正在成为一幅地图集，一张通往未来的路线图。伯杰之前在英国的时候，遇到一个小镇的镇长并被邀请去参观。他还遇到了两个来自意大利的学生，他们给伯杰列出了推荐去旅行的地方，并邀请他去意大利。"正是因为他们的建议，我才会前往意大利旅行，去了一个值得游玩的好地方。这些事情我自己可能永远不会想到去做。"

"你认为自己是乐观主义者吗？"我问道。

"是的，我认为去做这样的事情并不容易，成为一个悲观主义者对我而言也一样困难，"他说，"我相信大多数人心存善意。我不认为这是冒险之举。我妈妈说，谁会来坐在那里跟你闲谈。但在我看来，大多数人都很友善。毕竟这是在公共场所，我又不是在凌晨三点随便找个公园进行这项活动，所以，除了害怕自己被拒绝，这一丁点风险都没有。这种经历很有意义。即使你只和五六个人交谈，那也是你以前没有机会交谈的五六个人，你离开时身上便会带着新的观点。"

现在，我们知道了所有阻止我们与陌生人交流的因素，以及促使我们去和陌生人交流的因素。生态环境、文化规范、人口密度、恐惧情绪、收入不均、技术和效率等因素会让彼此之间保持距离，我们也知道城市会采用何种办法来反对人们自发建立联系。但同时，6 000年来，城市对人类产生了强大的吸引力，我们也知道，人们在城市中确实会产生联系，会主动与陌生人交流，只是经常发生在特定的情况下。

现在我们继续探索一番，那些特定的情况指的是什么？我们要在什么场合才可以和陌生人交流？

还记得之前我们在第11章提到的社会学家欧文·戈夫曼吗？他提出了"礼貌性疏忽"的概念，即因为我们平时面临较大的生活压力，我们经常有意避免和别人接触。戈夫曼花了大量时间进行实地研究，探讨在什么情况下，人们可以在公共场所随意与陌生人交流。他发现，常见的现象是，当两个人都在注意同一件事情时，社会规范的界限就消除了——无论是一起目睹了车祸现场、欣赏了哑剧表演还是看着同一座雕像。戈夫曼写道，在这些时候，人们可以随意发言，即便他们的社会地位相差悬殊。后来，城市规划者将此描述为"三角基点"，用以形容一些外部刺激给人们之间的联系提供了机会，促使陌生人彼此交流，而他们本来并不会主动攀谈。

三角基点会令人产生愉悦的心情，但未必一定如此。在发生灾难时，人们会与陌生人交流，种族、民族、意识形态和阶级之间的界限会暂时变得模糊。"如果这场灾难极其深重,"戈夫曼写道,"那么每个人都可能被迫互动。"[1] 按照戈夫曼的说法,一个穿制服的人是"具有社会属性的人",比如消防员或者牧师,人们可以和他说话。人们可以在任何时候与老年人和小朋友说话,就像任何人都可以"穿着特定服装,或者随时进行体育锻炼活动一样"。(写到这里,我要把坐在桌子旁的年轻人伯杰归入这一类。)戈夫曼写道,人们可能随意找他们搭讪,和他们打趣。如果你和陌生人明显是多数人中的少数派,你就可以聊起来。如果有人不小心绊倒或者丢了东西,你可以找这些身穿制服的工作人员帮忙。如果你需要免费的公共物品,比如问路、问时间,那你可以随便和任何人交谈。但戈夫曼警告称,虽然你可以偶尔问一下今天几月几日,但你不应该问今天是周几。不知道日期是可以理解的,但不知道今天是周几表明你的生活一团混乱,违反了戈夫曼所说的试图与陌生人交流的理念:"可以开口说点什么,只是不要让我们看起来神志不清。"

戈夫曼发现,除了这些情况,社会规范的界限清晰可见。只有在特定的场合下,你才可以和陌生人交流。比如和收银员交谈时,只能和手头的交易相关。戈夫曼写道:"假使你面前是电影院的售票员,你也不该上来就问她的头发是不是天生如

---

[1] 举个亲身经历的例子吧。不久前,当我和一个朋友从肯塔基州旅行回来的时候,我们乘坐的那架飞机的后轮碰到了跑道,旋即以 45 度的角度横跨跑道,然后又猛地飞向天空,当时现场也没人给我们个说法。当乘客们惊慌失措的时候,坐在我旁边、全程都一言不发的年轻女子转过身来,平静地问道:"你们在路易斯维尔干什么?

此，也不该问她怎么看待她的母亲，或者越界问一些她只有在和密友谈心时才会说的事情。但你可以告诉售票员，你非常想看这部剧，虽然这样做可能会被人看成是有点过度社交，但也情有可原。如果你在接触售票员时直接告诉她，明天必须给自己的车子换个消音器，那么多少就有点显得尴尬了。"如果你在电梯里，最好闭口不言，因为"人们之间的任何眼神上的交流，都会给这种已经过于拥挤的密闭空间增添一丝调戏意味"。相反，如果电梯坏了，你就必须说话。电梯故障是一种三角基点，暗示了一种灾难状态。如果继续沉默，就好像你并没有与他人共享这一不寻常和令人不安的情况，这表明你置身事外，也算作一种陌生感。

要是你长时间坐在一个陌生人身边，比如在飞机上，或者在火车上，两个人隔着桌子面对面不说话，这也算是你故意与人保持距离。戈夫曼写道："在这样的场合中，如果一个人决定不想接触别人，他不得不让自己沉浸在其他活动中，这样就会给其他人找个台阶，不会显得不给面子，故意冷落他们。"

那么具体场合有哪些呢？我们怎样才能觅得一个好地方来磨炼我们的这一技能呢？事有凑巧，一个地方的物理特征能够决定人们与陌生人交流时是否会感到舒适。辛西娅·尼基廷（Cynthia Nikitin）在 2020 年 3 月的时候退休了，在这之前，她已经在纽约公共空间项目工作了近 30 年，这是一家专门设计城市公共空间的公司。几十年前，该公司监管了纽约布赖恩特公园的改造任务。那时的公园公共秩序紊乱，以至该公司的工作人员开始采访路人时，连毒贩都抱怨，公园秩序太差了，影响了他们做生意。今天，布赖恩特公园堪称公共空间的典范。这种工作被称为"空间改造"。20世纪60—80年代，美国城市在长期受人忽视、日渐衰落之后，全世界都兴起了空间改造。"这是一种规划设计以及治理我们城市的新方式，"尼基廷说，"这是大家共同的愿望。"

那么，我们在什么样的空间里才可以和陌生人交流？首先，尼基廷提到了公共建筑物。例如，图书馆是公共空间，有助于减少对阶级和种族划分的焦虑。"每个人都有权利去那里，"她说，"并不是因为你能买得起一杯售价15美元的精酿鸡尾酒才能去那里。"[①]尼基廷也提到，人们还可以在博物馆和市政厅交流，因为这样的机构"都是为大众服务的，这让人们在公共场所中的互动更加安全舒适，毕竟是处在一个大众认可的场合中"。在我看来，专业体育场馆也算这一类别。在场馆里，人们待在一起几个小时，出于同样的原因看着同样的东西，在某种程度上，你们属于同一个群体，都是拥有同样兴趣的粉丝。所有这些都减少了人们之间的隔阂，让大家拥有了一些使彼此团结起来的东西。

尼基廷表示，良好的户外公共空间可以鼓励陌生人之间的互动，但需要更加微妙、更加复杂的因素一起相互作用。该公

[①] 在当地的图书馆，我经常会看到这种情况。不久前，我旁边坐着一个中国妇女，她带着在美国当地出生的儿子，我们简单地打了招呼。10分钟后，他们问我能否帮忙填写一下她儿子大学助学金的表格。我欣然答应，大家一起解决了问题。

司所做的大部分工作都是受到威廉·怀特（William Whyte）的启发，怀特之前是一名记者，在 20 世纪 70 年代末和 80 年代开始了解公共空间是如何运作的。他发现，最受欢迎的地方往往都有一些明显的特点：拥有可以随意移动的座位，阳光充足，人们坐在树下，有水和食物售卖，靠近繁华的街角，身旁就是喷泉或倒影池这样的水景或者其他的景观。怀特发现，这些热闹的地方用途广泛。遛狗的公园毗邻操场，而操场靠近洗手间，洗手间则在老年人喜欢的长椅附近，长椅往往又安放在一个小农贸市场旁，等等。① 所有这些元素有机地结合在一起，让人感到舒适自然。"当人们感到状态良好时，"尼基廷说，"他们就更有可能会保持开放、感到安全，并会主动与他们不一样的人交谈。"

耶鲁大学社会学家伊莱贾·安德森（Elijah Anderson）在这方面做了大量的实地考察。研究发现，良好的公共空间可以将陌生人聚集在一起，尤其是跨越种族界限。他把这些地方称作"世纪主义者的安乐窝"。安德森曾是费城居民，他的研究灵感来自雷丁集贸市场——一个熙熙攘攘的食品大厅，同时他

---

① 事实证明，农贸市场尤其有利于鼓励人们进行自发的互动。1981 年的一项研究发现，人们在农贸市场比在超市更有可能互相交流。这是因为人们往往倾向于和别人一起去农贸市场，而大多数超市购物者却是独自一人，因为超市的设计理念就是效率最大化，而农贸市场并非如此。在农贸市场，你只好四处逛逛，走走看看。当某样东西引起你的注意时，你可能会直接从一个农民那里购买，这个农民在自己种的瓜果蔬菜上下了本儿，倾注了心血，更愿意和你聊。就拿甘蓝菜来说吧，当一个农民和顾客在谈论该怎么处理甘蓝菜时，其他人可能会无意中听到，然后也插进来说上两句。

也受到了庄严的市中心公园里滕豪斯广场的启发。

安德森沉浸在这些空间中，发现它们为不同的陌生人提供了一个机会，让他们更擅长和其他陌生人打交道，更加熟悉这些原本不会有任何交集的人。原因在哪里？因为这些空间是公共场所，也就是说具备平等主义的性质。每个人都有权去那里，不出意外的话，每个人都会尊重这一权利，以礼貌和善意对待彼此。公民的礼貌性疏忽被弃若敝屣，人们有机会在自己忙碌的生活中直接接触他人。这可以减少次级心理问题的产生，把抽象的陌生人当作真实的人来看待，培养同理心，减少恐惧。此处不妨回想一下桑德斯特伦的研究发现：那些负责观察陌生人的参与者感觉更好，会感觉和别人的联系更加紧密。世界主义的安乐窝也是同样如此，被人们关注对我们自身是有好处的。

安德森认为，如果人们相互之间有了足够的接触，便可以克服群体间的焦虑，变得更有同理心，更有能力应对日益拥挤和越发多元化的世界所带来的挑战。他写道："最终，这些经验可以被带回家中，进而传播到整个城市的各个社区。"安德森认为，这些经验并不是告诉我们大家都是一样的，而是说尽管我们有所不同，但我们以个人而非群体成员的身份生活在一起，我们拥有固定的文化身份。安德森认为："这种身份提供的不仅仅是娱乐和启迪，更是一种前所未有的生活。"

上面这些例子就包含了一些人们在城市里与陌生人交流的规则。了解这些规则大有裨益，因为它们让我们知道，可以在哪些领域去练习和陌生人交流，而不用担心因为违反社会规范而被取笑。了解这些规则还有其他好处，我们的目标是超越它们，成为打破社会规范的行家里手。要打破社会规范，前提是你必须知道这些规范是什么。

我们之前已经聊到社会学家琳恩·洛夫兰德了，一个来自阿拉斯加的小镇女孩，怀揣着移民的热情开始了城市生活。她很重视自己所说的与陌生人交流的"温和但相当愉快的冒险体验"。她一丝不苟地记录了人们避免和陌生人交流所采取的种种方法，但她也观察到了有这么两类人的存在，这些社会规范似乎对他们而言从不适用。洛夫兰德称这些人为乡巴佬和怪人。关于这两类人，她给出了这样的定义。

> 乡巴佬是指那些不知道如何在城市中与人相处的人，他们不知道或不在乎自己未知的领域。他们身上的无知所带来的后果往往令人感到相当震惊。他们主动和各种各样的人交流，发现各种各样的人都会给他们回应。他们在最不可能的地方，在最不可能的情况下都能交到好朋友，即使在一些深谙此道的城里人都不知所措的情况下，他们依然能够寻求和接受帮助。他们满怀信心地穿过这座城市，无知之盾保护着他们，远离了种种危险，躲过了处处陷阱。

"古怪的人举止也这样，但可能比他们看起来知道的要多。"她写道，然而，他们得到了同样的待遇。"有两种不可思议的冒险家……一种不了解城市的生活方式，另一种则对此毫不关注。然后他们得到的回报是什么？起码会得到别人的友好相待，以及人们的正常关注和保护。陌生人世界中最无能的参与者，有时往往也是最受宠爱的公民。"

在我们开始下一阶段的探索、掌握与陌生人的交流前，不妨先让上述那些规则成为我们的模式。抱着这些念头，我们回到了伦敦的那间教室。

第 16 章
如何与陌生人交流

> 我们将回到伦敦，完成与陌生人交流的课程，包括学习如何倾听、向陌生人提问、打破社会规范、树立自信、免费喝咖啡，以及长时间凝视着对方的眼睛，直到奇迹发生。

目前来看，我们取得了一些进展。我们了解到，与陌生人交流会让人更加开心、更能取得他人信任、更能左右逢源，同时也能减少自身孤独感。我们知道，进展顺利时，是因为我们对此十分重视。我们非常清楚是哪些因素阻碍了我们与陌生人交流，但这同时也意味着我们知道了要去规避什么、防范什么。也就是说，我们已经准备好该怎么去与陌生人交流了。

让我们回到乔吉·奈廷加尔身上来。在本书的开头，我们就提到了她。她是伦敦"展开对话"组织的创始人，也是开设"如何与陌生人交流"课程的老师。在心理学家桑德斯特伦的建议下，我与她取得了联系。在我寻求怎么更好地与陌生人交流的过程中，我参加了许多小组对话，并在户外也展开了对话。但我想找一个能帮助我更近一步，让我能够真正理解这些对话为何充满力量，同时了解它们的实际运作方式，越精确越好。能帮上我的这个人就是乔吉，我宁可在伦敦的教室里倒着时差，也要和其他 4 个学生一起，向她学习和陌生人交流的方法。

课程开始了，我们所学的第一课是关于闲聊。很多人讨厌闲聊，这是可以理解的，因为闲聊时常乏味枯燥。一位名叫贾丝廷的学生表示，她一直认为，有人和她闲聊，是因为他们对她不感兴趣。他们不过是在消磨时间并示好。我同意她的看法，我告诉全班同学，当别人问我以什么为生时，我本能地想直接倒在地板上，像垂死的动物一样哀鸣，直到他们走开。毕竟我热爱自己的工作，不想让别人议论纷纷。

乔吉承认了这一点。她说，闲聊确实可能会很无聊，但那是因为大多数人不明白闲聊的实际目的。实际上，闲聊并不是一场对话，而是为了开启一段更有质量的对话。这种方式可以让人们相互之间相处更加融洽，也能让你探索你想谈论的话题。她说，这就解释了为什么当你被问及"以什么为生"时，你会掩上心扉，不想继续聊下去，与此同时，对方也可能会对你掩上心扉。你没有理解那个问题真正的指向性，这个问题背后的意思是："我俩应该谈些什么？"

乔吉也是通过几种渠道了解到这一点的。她过去做过即兴喜剧，在即兴表演中，一开始，你必须使用观众都熟悉的素材，这些素材可以是在房间里出现的东西，具有相关性和及时性，以此来把观众和表演者凝聚在一起。只有这样，你才能真正引领观众。虽然只是关于闲聊，但是乔吉也引用了社会人类学家凯特·福克斯（Kate Fox）的研究成果，凯特研究了为什么英国人总不知疲倦地喜欢和人聊天气。一些批评人士指出，英国人爱谈论天气，证明了英国是一个缺乏生气和想象力的国家。尽管如此，但福克斯认为天气不是问题的关键。相反，这是一种社会纽带，一种问候仪式。福克斯写道："英国人谈天气是一种语言编码，它有助于我们克服天生的矜持，真正相互交流。"福克斯认为，重要的不是内容，而是彼此能够熟悉、打消疑虑，进而产生交集。一旦这些就位，便可以展开真正的对话了。

　　乔吉说，闲聊只是一扇门，通过这扇门你可以展开更有质量的对话，一旦你认识到了这一点，就大有用处，因为闲聊会自然地引导对话双方走向共性话题。我们都经历过，要是时间充足，这些对话的聚焦点越来越小，直到对话双方都专注于某个共同之处。① 正如我们之前讨论的那样，这种细小的共性就像一种细小的纽带，象征着一种纯粹归属。它营造了"我俩"的环境。一切就绪后，你就可以徜徉其中，聊一些更私人、更深入的话题。但乔吉说，接下来就交给你了。"每个人都很有趣，但这种有趣之处不是由他们向你展示，而是由你去发现。"

---

① 有时，这些共性话题可能难以用常理度之。有一次，在我家举办的聚会上，我的两个朋友一下子聊了15分钟，发现他们竟然来自同一个州、同一个镇子、同一条街，之后发现其中一人还曾用玩具枪打中另一人的兄弟。"我讨厌那个孩子。"其中一人告诉我。然而不管怎样，他俩还是很聊得来的。

乔吉说，要想发现有趣的东西，最好的方法就是打破套路，这意味着闲聊是有技巧的，但你要压抑住自己谈天说地的渴望。例如，你走进一家商店，问："最近怎么样？"店员说："还好，你呢？"对话不包含任何信息，也不会有任何结果，这就是套路。我们用它们来提高互动效率，尤其是在大城市这样繁忙、密集、快节奏的地方。但这样做的话，我们就失去了自己获得更好体验的机会，我们把自己与陌生人交流带来的所有好处拒之门外。

那么如何打破这些套路呢？乔吉满怀惊喜，详细解释道：例如，当有人问"最近怎么样"时，她不会单纯地回答："还好"，而是会说"我给我自己打 7.5 分"，然后简单解释一下，再问他们过得怎么样。此刻你不免会想起镜像理论：人们总是自然而然地跟随他们的谈话伙伴所引导的话题方向走。如果你泛泛而谈，他们也会说些空话；如果你言之有物，他们很可能也会吐露心声。因此，因为乔吉给自己打了分，她的伙伴很可能也会给自己打分。如果他们给自己打 6 分，乔吉会问："要怎么才能让你给自己打 8 分？"这样就事论事创造了一种轻松的氛围，对方认为你的思想丰富，因为你展现了复杂性、态度和幽默。换句话说，你展现出了人性。乔吉说："你现在是个有血有肉的人了，一旦建立了纽带，后面就是水到渠成的事了。"

这个技巧让我想起最近我在回家路上买咖啡时与陌生人进行的交流，只是那次是咖啡师对我使用了上述技巧。

"一切都还好吗？"我喃喃道。

"我吗？"他说，"哦，我精神抖擞。谢谢你的关心。"

这引起了我的注意。"你一直都这么精神抖擞吗？"我问，"还是碰巧今天有什么好事？"

"我总是介于精神抖擞和满分状态之间，"他说。"我就是这种性格。你呢？"

"我觉得算得上满分状态吧？"我回答道，"我的意思是，你把标准定得有点高。我要是再说'哎呀，今天糟透了'，显然就不大合适了。"

他笑着说道："看到了吧？我的目的达到了。"

接下来，乔吉使用了打破套路的其他技巧，这些有趣的技巧是她从即兴表演的经历中得到的启发。比如，当回答店员的询问"需要我的帮助吗"时，你可以回道："要我来搭把手吗？"或者在聚会上，与其问他人在干什么，不如问他们更想做什么，或者不做什么。①或者不要问别人一天过得怎么样，而要问"今天是否达到了你的期望"。她说，这样的询问方式都需要一定程度的自信才行，但她亲测有效。而且运用这些技巧，能透露一点有价值的信息。这是有意义的，因为这点信息表明了藏在表面下的信息。乔吉说，"只言片语便可一窥全貌"，这些信息给你接下来的对话指明了方向。

为了阐明这一点，乔吉向尼基询问，尼基从小就在农场长大，生性腼腆，梦想环游世界。她问尼基上周末做了什么。尼基说他没做什么，然后又想了一下，说："我做了软糖。"乔吉

① 我有个朋友在询问别人的工作方面很有经验，他不会上来就问别人的职业，而是问："你想干什么样的工作？"

问他为什么做软糖。尼基回答，因为自己对制作软糖很好奇，所以动手操作了一番。乔吉问他是否经常做软糖，尼基说是的，并且回想起自己如何学会从头开始做比萨，而且他做得很好。乔吉说："从这一点来看，你会出自本能地主动尝试一些事情。"尼基深受触动："可是我从来没有真正考虑过我自己。"听到这儿，我的心都化了。

一旦你建立了这个微小的联系，你接下来会做什么？通常，我自己会开始提问。这是有理可循的：我对另一个人表现出兴趣，为了展现我的这一兴致，我需要带着好奇心询问对方几个问题。但乔吉解释说，与陌生人交流的一个悖论便是，好奇心固然是不可或缺的，但一连串的问题会让对方觉得你像是在窥探隐私，或者是在做一个访谈，因为对方并不清楚你来自哪里，他们不知道你是否别有用心。即使是过早地询问对方私人问题，也会让对方感觉很不舒服，因为你在打探别人的生活，你在表达自己的需求。

乔吉认为，陈述句要比问句更易于打开对话局面。提问会迫使对方给出一个答案，而陈述会让对方决定是否想去交谈。这不是在要求对方，而是在邀请对方。你发现了你们有某些共同的境遇，你描述了你的观察，等着对方回应。如果他们有所回应，你会基于他们的陈述继续回应。这也是即兴喜剧领域遵从的一个原则，也就是众所周知的"是的，而且"，在这个原则中，每个表演者都在上一个表演者言行的基础上增加一些东西。在那种场合中，如果一个表演者说"我在开公共汽车"，另一个回答说"你为什么开公共汽车"，这样的话，即兴表演正式开始之前气氛就被扼杀了。

注意，千万别说出一些很没脑子的话，比如"我注意到今天出太阳了"，这谁都知道。就像英国人爱谈论天气一样，重点是要表明一种共享的体验。乔吉发现距离感也有助于打开局面。如果你在一个博物馆参观，直接冒失地走到一个正在看画的观众面前，脱口而出"你觉得这幅画怎么样"，这和站在他们旁边 30 秒欣赏一幅画后再开口大有不同，因为你一直在他们附近，他们已经适应了你的存在。正如我们在问候仪式中看到的那样，这时候的你已经表现出一定程度的自制力，然后说话就顺理成章了，不会给人一种压迫感。你们和画作产生了关联，塑造了"我俩"的小圈子。

然而，乔吉在课上真正的天分在于，她有办法去打破那些阻碍与陌生人交流的社会规范。我们在本书的开头了解到，社会规范是我们与陌生人交流所面临的最大障碍之一。我们之所以不和陌生人说话，是因为社会规范不让大家和陌生人说话。但乔吉自有办法，而且说这个办法万无一失。这个办法确实会违反社会规范，而且还会公开承认你违反了规范。

她让我们设想一个在公共交通工具上的场景。据我们所知，谁都不大可能与陌生人在这里交流。这时候，某个有趣的家伙吸引了我们的注意，但我们不能转身跟那个人说："为什么我觉得你这么有趣？"因为一旦你在地铁上对一个陌生人如此表达，他们会认为你别有居心，那就将引发后面的一连串事件，以致最后别人会得出你有害人之心的结论。

所以乔吉提出了预框架的概念。这个概念基于自然语言处理领域，即神经语言编程领域，它可以指导人们"重构"消极的想法，只有在这种情况下，它才重新定义人们对接下来互动的期望。通常，如果一个陌生人主动和我们说话，我们可能会很警惕。毕竟我们不知道他们是谁，也不知道他们想要什么。他们正在打破社会规范的事实，不禁让我们产生了怀疑。预框架的作用是让他们放心，你意识到自己在做什么。

要做到这一点，你得一开始就承认这有违社会规范。你要这样说："听着，我知道在地铁上我们不该和陌生人说话，但是……"这样一来，你没有单纯地打破与陌生人交流的规范，而表明了你意识到自己正在打破常规。这表明你完全拥有自控力。这样大概率上证明了你不是处于精神恍惚、焦虑不安的状态，由此有助于打消别人的戒心，从而与你建立联系。乔吉说，一旦确定了这一点，你就要遵循你的预框架。例如，我真的很喜欢你的太阳镜，然后你阐述你的理由：我刚刚丢了我的，一直在看下一副该买什么样的。这种解释减轻了对方怀疑你的戒备心，然后你可以敞开心扉了。

乔吉说，这时候提问就显得尤为重要了。提问有多种功能，可以帮助你获取信息。说得深入一些，提问可以帮助对方讲清楚观点，这一点我们之前在无偿倾听中谈到过。但提问也在情感层面上发挥作用，可以帮助我们与他人建立联系。在2017年的一系列研究中，心理学家卡伦·黄（Karen Huang）和她的同事发现，"人们如果问更多问题，尤其是跟进问题，会更受聊天对象的喜欢"。人们都觉得，这类人往往反应更快，可以倾听、理解、关心他人。换句话说，人们喜欢我们是因为我们对他们感兴趣。

然而，研究人员指出，人们往往不会问很多问题。为什么呢？有以下几点原因。卡伦·黄写道："首先，人们可能根本不想去提问……因为人都是以自我为中心的，只专注于表达自己的想法、感受和信念，而对倾听另一个人没太大的兴趣，甚至完全没兴趣。或者他们可能被谈话的其他方面分散了注意力，以至没有意识到提问是一种选择。"即使某人突然想到某个问题，他们也可能不问，因为他们担心这个问题会有些唐突，会被别人认为粗鲁冒犯、不够妥帖。在这些情况下，人们可能只会谈论他们自己。研究表明，他们谈论自己的频率是谈论其他事情的两倍，讽刺的是，谈论自己恰恰会让别人不喜欢。瞧我们自己干的事！

那么该问什么好问题呢？乔吉让我们完成了一个练习，在这个练习中，我们得说一些稀松平常的话，就是那种在闲聊中常见的话，但让我们提出几个好问题。例如，一名学生说她昨天沿着泰晤士河跑步。在这个世界上，几乎没有什么事比跑步更让我觉得无趣的了，通常如果有人聊到跑步了，我便开始想着如何终止谈话了。但是，闲聊是手段而不是目的，从这个想法出发，全班集思广益，提出可能会引发更私人或更有趣的对话的问题："你每天都跑步吗？""你热爱跑步吗？""如果你无法每天跑步，那你会怎么做？"我开玩笑地建议道："你跑步是为了逃避什么？"但是全班似乎都喜欢这种调侃。①

_____

① 后来，我在有的社交场合应用了这个方法，发现效果很好，让原本沉闷的对话变得精彩有趣。

这会让对话继续下去。那么如果对话没有继续下去呢？正如我们所见，对方拒绝继续聊下去也恰恰是人们与陌生人交流时最常见的担忧。于是乔吉转移了话题，和我们讨论拒绝。她的洞见是，拒绝只是其中一种形式，大多数情况都算不上拒绝。比如，有时候人们很累，有时候人们感到困惑，或者他们有点措手不及，或者没有听到你说的话。乔吉说，这些都算不上拒绝。她建议我们，如果别人对我们的话感到困惑，那么我们就更清楚地再说一遍。乔吉说，如果人们的反应是有点恼怒或者略带敌意，那么你就走开好了。

"要是这个环节出了状况，责任全在他们，而不在你，你就别操心了。"她说。然而，如果人们看起来心存戒备或担心害怕，这意味着你误判了形势，必须马上道歉，赶快脱身。乔吉说，只有这种最后的回应才算是真正意义上的拒绝，其他的回应是为了照顾对方的情绪，或者这些回应是出自对是否违反社会规范的困惑。在这种情况下，可别误认为他们不和你说话是因为他们不喜欢你，或者因为你不擅长交谈，或者因为你什么都做不好。她说："不要产生自我否定的念头。"

当人们开始说话时，你必须倾听，进行眼神交流，并且表明你正在参与其中。有两种有效技巧可以表明你正在参与对话。其一是用你自己的话复述对方刚说的话，比如这么说："你的意思是……"还有种办法叫作回声，就是简单地重复对方刚才说的话。通常，心理治疗师和人质谈判专家会用这种办法，以和对方建立联系、培养信任。例如，如果对方说，"我想在那个时候我很沮丧"，你回应道，"你很沮丧"，这似乎非常奇怪和不自然，感觉很尴尬，如果你做得太多，对方会认为你不大对劲。但是我可以作证，这样做行之有效，就像一个魔术一样。研究人员得出了同样的结论。根据法国心理学家尼古拉·盖冈（Nicolas Guéguen）和安热莉克·马丁（Angélique Martin）的说法，"研究表明，模仿对方会让对方更喜欢模仿者"，并有助于在社交互动中建立融洽的关系。

整个周末，我们班进行了一系列练习，以强化我们的技能，但更重要的是为了理解为什么我们和陌生人说话可能会感到不自在，并克服这种感觉。这一系列的练习中包括眼神交流。我们两两一组，望着对方的眼睛，看的时间越来越长，从而去理解为什么眼神交流会让人感到尴尬，但同时也是在习惯它，感受它能引发的联系。你还记得桑德斯特伦说过，当她四处溜达的时候，她总是盯着人行道看吗？没有眼神交流，你就没有希望进行有意义的互动。

碰巧的是，当我们看着某个人的眼睛时，我们能感觉到的联系产生在生物化学层面。你还记得当我们谈论催产素时提到，这种荷尔蒙是社会联系的核心。埃默里大学催产素研究实验室的行为科学家拉里·扬说，有充分的证据表明，看着另一个人的眼睛可以刺激催产素的释放。他说："如果你看着别人的眼睛，他们会产生和你建立联系的感觉，这会促使对方体内释放催产素。"①

不过，眼神交流练习总让人感觉怪怪的。刚开始，紧张地笑出来是很正常的，但是我们在练习后，就会做得更好，开始感觉更加自然了。在这个过程中，我们遵循指示，在保持眼神交流的同时告诉对方一些事情。一个人说话，另一个人观察、复述并做出回应。我们不提问，也不发表任何见解。乔吉旨在让我们意识到，这对聆听者来说会多尴尬，身体上有多不舒服，但是对演讲者来说，仅仅被允许和善于接受的听众交谈是多么自由，如何给予他们空间去逐渐摸索到他们想要说的东西。这都是我们在无偿倾听中的所见所得。尼基告诉我，他想更善于与陌生人交流，这样他就可以无拘无束地环游世界。我坐在对面，观察着，复述着，做出回应，所做的只是点头和倾听，并向他复述他告诉我的事情，仅此而已。之后，他承认："有人理解你的想法，这种感觉很棒。"

我们在练习时，乔吉把倾听划分为三个层次。最肤浅的层次就是听到具体的事物。比如有人说了一些关于棒球的事情，你马上就开始谈论棒球。中间层次是听到相关信息，你可以捕捉到数据，然后问一些让你感兴趣的事情。这个层次仍然是围绕着你个人和你的兴趣。最深层次的倾听，就是听到他人

---

① 关于这一点，我再怎么强调都不为过，眼神交流不同于盯视、瞪视或斜视，后者触发的不是催产素的释放，而是逃跑。美国心理学家兼法学教授菲比·埃尔斯沃思（Phoebe Ellsworth）组织了一项别出心裁的实地研究，让实验参与者站在街角或坐在十字路口的滑板车上，要么盯着司机看，要么避开司机的目光，然后研究人员计算司机开走的速度。很明显，那些被盯着看的司机加快了开车速度。

的经历、感受、动力和价值观。这种倾听不仅仅是简单的倾听或自我肯定，而是在关注对方、努力去理解对方。它的表现形式包括眼神交流、复述和做出回应，并且可以通过询问"为什么""怎么会""谁做的"来深化所要澄清的问题，这些问题有助于对方触及问题的核心。

换句话说，在这种层次的倾听中，你不是在简单地倾听你想谈论的事情，或者给出建议，或者试图想出一些机智的回答，这与你的计划安排无关，而是在帮助你的谈话对象触及他们真正想谈的事情，你本人只是协助他们完成这一过程。乔吉说，如果你还是想谈一谈你自己，一带而过就好，不要让对方觉得你在他们的私人生活中匆匆一瞥，却不提供任何反馈。你大部分的注意力应该集中在他们身上，这也是一种待客之道。你冒着风险给他们空间，为此你在一定程度上放弃了谈话的主导权，这种风险让你有可能获得与陌生人交流的奖励。

在午餐和课后，我在伦敦街头尝试了一些所学的技巧。果然，我发现这些技巧很有用。诚然，作为一个美国人，我在交流时有一定的回旋余地。每一个和我交谈的人都会马上回答："你是美国人？"我和班上的同学还是有区别的，我违反规则是可以被原谅的，因为我是美国人。人们认为，身在欧洲的美国人一无所知，美国人以此闻名。

尽管如此，我还是开展了一些温馨的小对话。它们就像戏法：拿起一顶很普通的帽子，不知怎么地变出来一只兔子。我在酒吧碰到一个20多岁的酒保，询问她今天是否达到了自己的预期，她表示肯定，认为达到了预期。因为她准备辞掉白天的工作，她觉得自己一直在给酒吧做推销。她打算挥霍自己的积蓄，环游世界，这是她自己的一个打算，暂时需要保密，之后再告诉别人。

第二天早上，我走进一家银行，兑换一些旧的英镑纸币和硬币。银行的一个年轻出纳员看着我的护照说："你从纽约来的啊，那儿可比这里好多了。"我问他为什么这么说，也就是问了一个澄清原因的问题。他告诉我，他的梦想是去纽约。他出生在伦敦，但他不喜欢这儿。他想出去，但他不敢坐飞机，没办法，只能被困在这里。

这时候，我该说点什么了。我告诉他，我之前坐过三次飞机，吓得要命，一度对坐飞机产生了强烈的恐惧。他问我是怎么熬过来的，我说办法就是一直坐飞机。我告诉他有个心理学家告诉我，让自己置身于恐惧之中，然后重复这一行为便可以克服恐惧。"比如，首先你站在离蜘蛛较远的地方，"她说，"然后你透过玻璃看它，最后，你甚至可能用手直接抓住蜘蛛。"出纳员说，能听到这些话感觉真好，他似乎振作起来了，脸上洋溢着微笑。他换了我的纸币和硬币，然后递给我崭新的纸币和硬币。"来，崭新的钞票给你，请收好，"他说，"就像你给我带来的崭新的观点一样。"

我向他道了谢："嘿，希望能在纽约见到你。"

"我也希望如此，先生，"他说，"谢谢你。"

那天中午，我在一家黎巴嫩外卖餐馆点餐时，我问店主他的拿手菜是什么，我想尝尝他家的招牌菜。他拿了一些放进我的袋子里。我告诉他，我在一个白人社区长大，当我还是个孩子的时候，一个黎巴嫩家庭搬到了我们后面，他们常常端着盘子，越过栅栏，给我家送来很有异国情调的食物。从那以后，黎巴嫩的食物一直是我的最爱之一。奇怪的是，当吃到黎巴嫩的食物时，我总会想家。店主告诉我，在黎巴嫩，热情待客是一件大事，人们总是为客人做很多食物。他一边说话，一边不断往我的袋子里放食物。放完后，这个袋子重约 5 磅[1]，而他只向我收取大概 1/3 的饭钱。

　　还有一天，在下课后，我又遇见了一件和陌生人交流的新鲜事，我在泰特现代美术馆外偶遇一群大学生。他们走近陌生人，向他们发起挑战赛，比赛项目是把纸团扔进桶里。那些投中了的陌生人确实拿到了奖品。换作以前，我看到这种事，自然会生出戒备。我怀疑这是为了发在社交媒体上表演出来的。但是我没有像以前那样判断，直接走了过去，然后试了试，投中了。一个学生过来，给了我一只折纸天鹅作为奖品。我们聊了几分钟，结果发现他们是艺术生，他们的老师给他们安排这个课题是为了让他们能舒服地和陌生人打交道，老师认为这样做可以激发他们的灵感，培养他们的社交技能，有助于他们提升学业。我问他们的感受如何，学生们说，一开始他们也很尴尬，但这个游戏有助于缓解一些压力，打破了社会规范，并给了他们一些可以与陌生人交流的话题。他们说他们遇到了很多有趣的人。

---

[1]　1 磅≈0.45 千克。——编者注

在乔吉课上的最后一天，我们两两一组，练习我们所学的所有技巧。就在这堂课上，我才幡然醒悟。当记者 20 年了，我知道如何提问，我知道如何快速获得我需要的信息。好比你在面试时，你的时间通常有限，你得总结一些会让对方感到新鲜的事情。是的，这就需要所有记者都表现得既冷酷无情又带着一丝同理心，但这在道德上多少有些站不住脚。

也就是说，我有点夜郎自大。我和葆拉一组，我在之前提到过这位聪明姑娘，她在个人和职业生活中戴着人格面具，以至她的朋友告诉她，他们有时候都不认识她了。她告诉我，她最喜欢做的一件事便是在周末为自己做一杯美味的咖啡，然后一个人静静地坐着。大约 4 个回合下来，她说她目前不得不为别人打工，这让她愤愤不平。我问她为什么这么期待在周末做杯咖啡，然后自己品尝，是不是因为她需要完全控制自己的一部分生活，她说，仔细想想，应该是这么回事，不过她自己却从来没有这样想过。

我如获至宝，跑回到乔吉身边，显然我对自己的表现很满意。但乔吉没那么触动，她委婉地解释道，"很明显你是一个以提问为生的人"，毕竟我所有的身体语言都表明我在寻找重要的信息点。她说我问得太快了，当时我的身体正前倾。这不是一次谈话，而是一次采访。乔吉建议我问一些更简单、更开放的问题，不要问"你觉得原因在于你有很强的控制欲吗"而要问"你觉得这是为什么"这类附和的问题。这一建议与我平时做的事情大相径庭，但是我必须学会这一技巧。在一次良好的谈话中，你必须放弃控制，你的工作是帮助他们自己得出结论，然后给你惊喜，而不是主动去搜出信息，鞠上一躬，然后说，下一个！

之前，我告诉一些人我正在为创作本书做调研，很多人问了我一个问题。那天晚些时候，我也向乔吉问了同一个问题。我问她怎么克服这份工作所带来的不安全感，我很清楚我在这方面的自身优势。毕竟，我是身高 6 英尺的白种男人，相比女人或处在不受待见地区的少数族裔，与陌生人交流所带来的身体上的潜在危险明显更低。我问乔吉：作为一个年轻女人，她在尝试建立人际关系的同时，如何避免异性过分的关注？尤其是如果她经常开玩笑，别人要是理解成调情怎么办？乔吉说，她通常会告诉女性，如果她们的信号被误读，不妨提一嘴她们的伴侣，哪怕虚构的伴侣也好，从而降低互动的热度。她还说，她会避免像在酒吧这样人们互相搭讪的地方去专门练习交流技巧。"在这个地方，我不愿意这么做。"她说。

关于这个问题，我也问过波莉·阿克赫斯特，她是"跟我说话"组织的创始人，该组织建于伦敦，其宗旨是让陌生人之间相互交谈。她告诉我她也经常遇到这种尴尬。"有些人真的很惊讶，因为他们没想到我和我的合伙人安，都只是 20 多岁的小姑娘，这么年轻就发起了一项鼓励人们交谈的倡议，"她在一封电子邮件中回复道，"对我来说，和陌生人交流有几项规则：总是在公共空间和人说话，周围要有人，时间要在白天。如果我走在街上，一个年轻人走近我，对我说'嘿，你好吗'，我不会回应。但这与和男人交谈这件事本身并没有关系，我不担心他是否误会。确实有几次谈话中，我意识到，和我说话的那个人认为我在和他调情，但这种情况真的非常少见。我试着不要对这些事情抱有偏见，但有时这很难，你只需要审时度势，这一点并不容易，因为我们已经对别人有了先入为主的看法。"

事实上，后来乔吉告诉我，虽然在她发起的活动中男女是平等的，但她确实收到男人们的来信，信上说他们担心和女人对话，因为他们不想被人看起来像是在调情，或者更糟糕的，是在骚扰对方。乔吉认为，用力过猛就会吓到对方，而力道不够又无法引起对方的注意，这二者之间存在一个平衡点。她的建议是找到中间地带，保持友好，微笑地交流，练习她教过的技巧，但也别忘了和对方保持一定的人际距离，不要从他们后面追过来，不要靠得太近，还需时刻留意他们的反应。要做到这一点，可没有捷径可循。这是在磨砺你的社交能力，需要从实践中得出真知。

在最后一天的课程结束时，乔吉告诉我们，练习是重中之重。我们中有三个人选择了延长课程，乔吉会给我们布置作业，每周和我们交谈，讨论我们是否取得进步。她说，有时候初次相遇并不理想，但有时候初次见面便一见如故，随着时间的推移，我们会将所学的技巧内化于心，更加得心应手。我们将会变得更加大胆，或者更有趣。我们的自信、语气和肢体语言将减轻聊对象对公然违反由来已久的社会规范的警惕。

别说，乔吉在这方面还真是别具天分。有一次，她在地铁上主动和一个男人聊了起来，指着他的帽子，微笑着说，"帽子不错"。她说，她会在街上和迎面而来的路人击掌，微笑地看着对面的人走下自动扶梯，只是想看看他们是否也会微笑。她点咖啡的时候不会说来杯美式咖啡，而会说来一杯"世界上最好的美式咖啡"，然后人们就会做出回应。有一天休息的时候，我走进咖啡店去买咖啡。乔吉已经在里面了，她正兴致勃勃地和一个素未谋面的咖啡师交谈着。当她和我走出来时，她手中的那杯咖啡是咖啡师请她喝的。

第 17 章
与陌生人的实地交流

> 我没有遵循僵硬的社会规范，而是望着陌生人的眼睛，打声招呼，试图开始和他们交流。

接下来的三周，乔吉通过 WhatsApp（瓦次普）给我们布置作业。这些作业难易程度不同，将会给我们一个在现实环境中锻炼新技巧的机会。她告诉我们："你们必须为此腾出时间，大胆地走出去。"第一周，她给我们布置了三项作业。第一，我们要和陌生人进行眼神交流，对他们微笑。仅仅微笑而已。事实证明，对我来说，这是所有作业中最难的。我一直认为，与陌生人对视并保持微笑（而且只是微笑）通常被解读为关系破裂的前奏，我想象当我开始这样做时，人们会对我敬而远之。但为了科学研究，我也豁出去了。起初，它似乎没什么大用。人们要么把目光移开，要么根本没有注意到。

我给乔吉发信息："如果我们正在一条安静的街道上靠近别人，只有你和他们，你会在什么时候进行眼神交流呢？就在我和一个家伙相隔 50 英尺的时候，我们开始对视，我突然感觉到，这会让我看起来有点来者不善。"

"这要看情况，"她回答道，"我更喜欢在他们离得有点远的时候开始进行眼神交流，这样当他们越来越近的时候，你就有时间去交流。但是距离也不会太远，要取得一个平衡。关键是，要在任何眼神交流后继续保持微笑，表示你没有恶意，这个距离可能不到 50 英尺！"

妙得很。我回到家，试着还原我在街上流露出的笑容。我意识到这是微笑，更确切地说是刻意为之的微笑。当我失去耐心、忙乱不安、充满烦恼时，我通常会做出这种假笑。我妻子称之为"紧张的微笑"。我的朋友朱莉娅曾形容这种微笑不怀好意。所以很明显，我必须想个方法来展示一个正常人的微笑——也称为杜彻尼微笑。正常微笑的时候，你的脸颊和眼睛应该都参与其中，而不是皮笑肉不笑。我对着镜子不断练习，试图让我的嘴和眼睛协调起来，传递人性的温暖。毕竟，无缘无故地这样微笑感觉怪怪的，有些莫名其妙，我觉得，这让我看起来显得有点不大正常，以至即使在我自己的卫生间里练习微笑时，我也会感到有点难为情，好像我担心有个邻居可能藏在浴缸里，饶有兴致地打量着这个模仿行为。

不管怎样，我还是走上了街头，开始对人们微笑。进行眼神交流很难，保持眼神交流也不容易，微笑是最难的。我觉得我个人袒露无遗。我觉得应该解释一下，这是噱头！我是在为这个班级做一些实验！但是，据我所知，我在城市街道上的一举一动，我的同学们是看不见的。在我做这件事的第二天，有些人看起来有点困惑或惊讶，但大多数人都会报以微笑。这种事情发生的次数太多了，以至我对此事的恐惧感烟消云散。我没有做最坏的打算，而是抱有期望，正是这些期望反映了现实。

现实是，人们很乐于接受。我最常做的事就是送女儿去学校，然后一路走回家，我感觉很不错。世界变小了，变得更加可控。我觉得邻里关系更密切了，对邻居的印象也更好了。每天早上，我都会对路人微笑，并和其中一些人主动打招呼问好。

有许多研究可以证实我的经验。研究人员发现，我们更喜欢和我们进行眼神交流的人，而不是转移视线的人。我们认为，看着我们眼睛的人往往都对我们抱有兴趣，如果我们当时在说话，那么他们则是对我们说话的内容充满兴趣。人们发现，眼神交流标志着包容和积极的关注，是"他人衡量自身与别人之间的关系是否有价值、是否重要或是否密切的尺度"。

此外，缺乏眼神交流会产生相反的效果。在心理学家詹姆斯·沃思（James Wirth）发起的一项研究中，人们在尝试与他人进行眼神交流时，如果对方拒绝回应眼神交流，他们就会感到被对方嫌弃且冒犯了对方，因而自尊心受到打击。在2012年的一项研究中，心理学家埃里克·韦塞尔曼（Eric Wesselmann）让受试者在大学校园里和学生们碰面，要么进行眼神交流，要么保持眼神交流并微笑，要么根本不进行任何眼神交流。实验表明，只有45.4%的学生注意到了自己被人注视，但是相比没有注意到的学生，他们报告称自己的人际关系更紧密。总的来说，通过眼神交流，此处指的是积极的眼神交流，而不是斜睨或瞪眼，你在告诉某人你认为他们是有价值的，和你一样是拥有人性的。当他们回以眼神交流的时候，他们在向你传达同样的信息。这是人类物种的另一个特点，当感到安全时，人类自然会寻求建立联系。

在微笑了几天后，我更主动了一些。我开始向人们问候早上好，或者，如果我无所顾忌，就会说些类似"今天让不开心的事情见鬼去吧"这样的话。我发现，后者的效果非常好。人们会开心地笑起来，或者他们对我致以同样的祝福，我沉浸于其中。有一天，我对纽约市长比尔·白思豪这样说了，好几天早上，我都和他在同一家咖啡馆喝咖啡，但我以前从未和他说过话，我想是时候打破僵局了。我说："早上好，市长。"他向我问好，我说："今天让不开心的事情见鬼去吧。"他微笑着回答："以后的不开心也见鬼去吧。"我们展开了一系列的互动。有一次互动中，我们谈到他前一天晚上在福克斯新闻频道接受的一次采访；还有一次，他看到了我的红袜队棒球帽，开始谈论棒球比赛。我当时没多说什么，事实上我一无所知，生怕露馅。最后，他站在咖啡馆门口，大声说道："我们明年会赢下比赛的！"

"没错！"我说，其实我都不知道这个赛季最近才结束。

有一天我走进咖啡馆，我的朋友克雷格正坐在里面，离市长只隔了两张桌子。

"嘿，克雷格。"我说。

"嘿，乔。"克雷格向我问好。

"嘿，市长。"我说。

"嘿，伙计。"市长回复。

我觉得一切都进展顺利。

　　乔吉给我们安排了几项类似这样"轻松"的作业，一开始，我觉得很尴尬，但总的来看，这些作业还是起到了作用，其中一项作业便是基于佛教的仁爱理念。人们信奉仁爱，将其视为冥想的一种形式，仁爱就像一层层同心圆一样恩泽四方。人们往往会把最美好的祝福致以自己和亲人，然后逐渐向朋友、熟人、陌生人，最后是全人类报以祝福。对许多人来说，这个念头似乎有点奇怪，但几项研究表明冥想者受到了何种裨益。2016年，犹他大学的心理学家伯特·尤奇诺（Bert Uchino）领导的一项研究发现，做6次以仁爱为主题的冥想可以减轻参与者的抑郁程度，缓解他们的消极情绪，增强幸福感，提高生活满意度，强化他们对社会支持和社会联系的感知，并改善现有的关系。2008年，由心理学家岑德里·哈彻森（Cendri Hutcherson）领导的一项研究发现，即使是做几分钟以仁爱为主题的冥想也能让人们与陌生人产生更强的社交感，让人们对陌生人的态度更加积极，这表明"这种简单易行的方式可能有助于增加积极的社会情绪，减少社会孤立"。

　　乔吉的冥想版本还包括默默观察一个陌生人，并祝福对方度过美好的一天。这里的理念是你注意到了他人，你意识到了你们所共同拥有的人性，你思忖着他们的生活，你积极地看待他们。我们倾向于不把陌生人当人看，而这种训练恰恰纠正了我们的这种看法。乔吉说，当她这样做的时候，她实际上祝他们度过"有生以来最美好的一天"，她觉得自己在接近别人时心里更踏实、更舒适，因为此刻的人类认可就像一段处于萌芽状态的关系。不过，这部分让我感到纠结，因为我不知道他们所谓的有生以来最美好的一天是怎样的。美好的一天是被提拔升职吗？还是中彩票呢？或者是银行抢劫吗？要不然就是杀了自己的父亲？我觉得我还没有足够的信息来做出合理的判断，所以我尝试去做各种各样的事情。我只是想象着他们在微笑。每一个面无表情的路人，我都想象他们会绽放出笑容。虽然这个练习一开始让我觉得很傻，但它确实起到了作用。我也觉得这样做让我的人类同胞更平静、更踏实、更积极。

乔吉后来又给我们布置了更多的作业，她告诉我们，要跟随自己的好奇心，对我们所关注的人做一些点评，我们的行为要"随心所欲且真实"。她告诉我们，当有人问我们过得怎么样时，要诚实回答，避免说客套话。她对我们说，要尽量用一句话和陌生人展开沟通，练习更深入地倾听。"当有人分享某些东西时，留意一下他们对哪些词汇比较在意。把你对这些词汇的意义的解读搁置在一边，鼓励他们继续说下去"，或者只是简单重复他们的话。在接下来的几周里，我就在做这些事情。我把耳机留在家里，把手机放在口袋里。我注意到一些事情，我与人交流。事实证明，这个办法确实奏效。

桑德斯特伦曾在泰特现代美术馆做过实验，我受此启发，只身前往纽约大都会博物馆。我看到一个人盯着埃尔斯沃思·凯利（Ellsworth Kelly）的画作《蓝色面板 2》（*Blue Panel II*），画中是深蓝色的几何形状。我遵照乔吉之前提过的关于人际距离的建议，走上前去，先在他旁边站了一会儿。他拍了一张照片，囊括了这幅画作和这位艺术家生平信息的牌匾。我采用了预框架的办法，上前问道："我能问你一个问题吗？你喜欢这幅画的什么部分？"

他有点尴尬地说道："颜色吧……然后这幅画创作于1977年，那年我刚出生。"他说，他是一名来自西班牙的游客，无论去哪里，他都会参观博物馆，并拍摄1977年出现的任何物品。我告诉他我也出生于1977年，他显得很惊喜，这就是人际行为中哪怕一丁点共性也具有的力量。他在手机上一连给我看了几十张艺术作品照片，这些作品都创作于1977年。

在另一个画廊，我秉持我的好奇心，问了保安一些我一直想知道的事情。我使用预框架的办法："我能问你一个奇怪的问题吗？"他有些谨慎，但表示可以问他。"有人碰过这些画吗？"他面无表情，带着一丝地方口音回答道："一直都被人碰，很多次了，每一天都是如此。"他说，有时人们似乎会忘乎所以，触摸画作，有时他们似乎不知道这么做是不对的。"这就是我们为什么在这里工作。"他好像有些疲惫。我记得科技企业家保罗·福特（Paul Ford）曾说过一句话，那是有史以来最好的开场白：当有人告诉你他们以什么为生时，总是回答"听起来真不容易"，并观察接下来会发生什么。所以我照着此法试了一下。

"啊，这工作似乎很不容易啊。"我说，"虽然你整天只是站在这里，但你也得时刻保持警惕。"

"没错，"他说，"我们必须一直都留意着。"

"要不然他们就会把所有的画都摸个遍。"

说到这里，他板着的面孔终于绷不住了，笑了一下："事情确实如此。"

我向另一名保安提出了同样的问题：人们曾经碰过这些画吗？他气恼地说："总碰。"我问他们为什么这么做，他说："坦白说，我不关心。这会损坏画作。触摸雕塑我能理解，即使那样也会损坏雕塑。你可以看到雕塑上有棕色的斑点。"我问他是否喜欢这份工作。他耸耸肩，说他自己不应该抱怨，毕竟每天都被杰作围绕着。我问他是否产生了审美疲劳，他敞开心扉说："哦，不不不不不。"他说他们是轮岗来的，画作也会定期轮换，这样他就不必每天盯着同样的作品。谈到博物馆时他说："这是一个有生命力的场所。"

"这些画作不会粘上灰尘吗？"我说。

"会的，"他纠正我，"但你知道灰尘是什么吗？灰尘来自人的皮肤，人类皮屑掉下来就成了灰，这是维护人员告诉我的。"

"所以我猜，不管你喜不喜欢，人们还是在碰这些画作。"

他笑了："我想是的。"

在外面，我从小摊上买了个脏水热狗。

"你好吗？"小贩开口招呼，他是一个中东人。换作以往，事情的走向如下：我会说还不错，点完热狗，付款，然后走人。但这一次我尝试着诚实地表达自我。

"说实话，我今天精神状态不大好，"我说，"昨晚我女儿一直吵，我大半夜才睡着。"

"她多大了？"

"三岁。"

"三岁好啊，"他说，"她乖不乖？"

"她很迷人，但一会儿哭一会儿笑。"

"我们不都是这么过来的吗？"他说。

一个杂货店的收银员是个黑人小姑娘，也问了同样的问题，我也是这般回答的。她也有一个小妹妹，她宽慰我，温和地跟我说："一切会好起来的。"她真了不起。

在练习的时候，我也意识到，为了打破套路，你可以改变问候的方式，就像乔吉所言，让人们畅所欲言。"你好吗"这样的话很少得到真正的回应。但是一些更具体的问候，比如"今天过得怎么样"，效果会稍好一些。我想出来的新问题是问他们"你身边的人对你都还不错吧"，这个问题效果很好。人们总是回应一个意味深长的微笑，有时候还会讲一段故事。一天早上，我在公寓旁边的市场上向一个年轻的收银员问了这个问题。

"今天，人们对你都还不错吧？"

"大多数还可以。"她叹息道。

"不是所有人吗？"我说。

她的同事高兴地插话道："她今天被人骂了。"

"有人朝你发脾气了？"我说，"现在才早上 8 点半啊。"

她们开始告诉我有个外表看起来很正常的女人，每天都在为一些事情对她们破口大骂。第一个女人说，今天早上尤为糟糕。她先对收银员大喊大叫，"然后她出去把一个快递员骂了一通"。我们又聊了一会儿，她们又扒出这个女人更多的黑料，谈到这女人的精神错乱，她们都直摇头。后来，当我拿着袋子要走的时候，其中一个收银员说："谢谢你的善意。"

那句谢谢又让我产生了一个想法。我开始真诚地感谢人们，看着他们的眼睛感谢他们。无论是公共汽车司机、为我开门的人，还是当我推着婴儿车走在狭窄的人行道上时给我让路的人，我都对他们报以谢意。但不要只是说"谢谢"这么简单，否则又是沿着套路运行，而是应该说得更多，比如"嘿，谢谢你这么做，我深表感激"。人们似乎会感到吃惊，但是心情会很愉快。我后来发现，这方面也是有相关研究的。2020 年，心理学家盖伊·古纳伊丁（Guy Gunaydin）进行了一项研究，以土耳其数百名通勤者为研究对象，研究发现向陌生人表达感谢会带来更高的幸福水平和更大的幸福感，而且人们越多表达感谢，他们就会感觉越好。

有一天，我看到一个小号手在公园里卖艺。他吹得相当不错，看起来像个戏剧演员，身材匀称，穿着一身黑色衣服。我一直都爱给街头音乐人打赏，但这次我在他吹完后，主动和他聊天。他说他从小开始吹小号，到现在已经 20 年了，在中央公园吹了 6 年。对他来说，一开始在公共场所吹奏令他害羞不已。"如果哪里吹得不对，"他说，"纽约人有办法让你知道。"他时不时地面临现实残酷的反馈，从艺术批评到直接的言语辱骂，但这些恰恰帮助他真正成长起来，成为一名落落大方的艺术家。

"因为如果你不沉着冷静，那就完了。"他说，"如果你疯了，导致事态严重，你甚至可能锒铛入狱。"所以他学会了读懂观众，向他们表演，平等地对待现场每一个人。他说如果你积极表演，你就会得到积极的反馈。他说话时操着口音，于是我问他是哪里人，他说他来自加纳，他的父母抽签抽到了签证。他说他经常在想，如果他不在美国，他的生活会是什么样子。他说他当了几年洗碗工，现在他玩起了音乐。"每天醒来，我都会吹奏小号。"他说。他充满自豪和感激。他会自己问自己："真的要在纽约玩音乐吗？"

一天晚上，在市中心的一家餐馆，我的一个朋友无意中尝试了乔吉之前玩过的帽子戏法。还记得吗，有一次在地铁上，乔吉指着一个戴着帽子的人说他的帽子不错，他们由此展开了一次谈话。我们坐在酒吧的角落里，一个年轻人走了过来，点了一杯浓咖啡马丁尼。"来杯浓咖啡马丁尼。"我的朋友面无表情地说道。这么说吧，我们对他点的酒水并非出于真正的好奇。然而，这个年轻人在几秒钟之内就告诉了我们，他为什么要点一杯浓咖啡马丁尼。他正在为住宅区的一次会议做准备，在那次会议上，他将辞去金融工作，他说他讨厌金融，受够了纽约。他在南方买了土地，想开一家啤酒厂。他和盘托出他所有的计划。喝完咖啡，他道了谢，然后走出门去，继续过他的生活。

但总的来看，这些"果实"都长得低矮，易于摘取。是的，和世界上任何一个陌生人开始对话都是一项挑战，但是这些互动仍然有一定的结构可言，比如店员和顾客、音乐家和听众。它们都很有趣，令人惊讶，感觉很好，但是我们在这种结构中的角色被非常清晰地定义了。我想尝试一些更具挑战性的东西，完全没有结构化的东西。于是我开始在公共交通工具上与人交谈，从这个最大的禁忌入手。

在一辆城市公共汽车上，我坐在一个年长的白人旁边，他戴着蓝色头巾。一位年轻的母亲在下一站上了车，把她的婴儿托起来，这样小宝宝就能看到窗外。那白人看着我笑了笑，然后他转向那位母亲说道："宝宝长得真漂亮。"我点头同意。这就是我们之前说过的"三角基点"。我们在看同样的事情，这让我们有了一点联系。母亲全神贯注地看着孩子，所以我问那个白人是否有孩子，他说他有一个，他今年47岁了。我问他是否为他儿子感到骄傲。"当然了，伙计，"他说，"但我为每个人感到骄傲，我爱全人类。除非外星人掌权，否则我也会爱他们。只要外星人别吃人就行！"我没想到他会说出这番话。

我在地铁上也闲聊过几次。我之前读过一些关于热情待客的文章，受此启发，我有一阵子格外欢迎外国游客。如果有人看起来迷路了，或者正在研究地图，我通常会主动帮助他们。如果人们在自拍，我通常会帮他们拍照。有一次，我领着一群比利时游客走到了目的地。我欢迎所有外国朋友，告诉他们我很高兴他们能来这里，换作以前，我对待游客的态度可并非如此。但现在这种感觉也很好，看上去他们也真的蛮喜欢的，然后我们愉快地聊了聊，帮助我用新鲜的眼光来重新看待我所在的城镇。我意识到，重新看待自己的故乡，这种事是不多见的，虽然有时颇具挑战性，但也非常有趣。

正如"城市自白"项目创始人马西斯所说，我现在正是在展示我的开放，宣传我的平易近人，结果就是，人们会更频繁地与我交谈。"地铁书评"博主科恩也经历了和我一样奇怪的现象，乔吉也概莫能外。当我告诉她我身上发生了这些事情时，她说："我很高兴，这件事终于被别人再次证实了，因为我正在和一个朋友谈论这件事。我说：'突然之间，我所到之处，人们纷纷找我交流。有时他们会在街上拦住我，甚至在我戴着耳机的时候跟我说上几句，以前可没有出现过这种事。'"对我来说，也是如此，哪怕现在，也总有人找我攀谈。

一天在地铁上，我碰到了一个五大三粗的拉丁美洲人，大概年近 40 岁吧。他穿着运动裤和卫衣，飞快地跑上 6 号列车，一屁股蹲儿坐在座位上。当时我能感觉到我好像对陌生人施了魔法，我感觉到他正在关注着我，太不可思议了。我坐在他旁边，他朝我看了看，然后很快对我说"你好啊"。

我不会只干巴巴地回一句"你好"，因为那是客套话。我尝试说一些更具体的东西。我说："我今天一切都很顺利，你呢？"

他说他也很顺利，我等待着他继续说下去。当时，一个深色皮肤的女人站在靠近车门的位置，然后这大块头向我靠过来，悄悄告诉我，他喜欢这女人的身材。谈到这儿，我有一丝不安，因为我感觉接下来的话我不太爱听，但我毕竟一直在为此练习。我做过无偿倾听，也上过相关课程。我知道给予对方发言的空间，也会给自身带来乐趣，所以我极力压抑自己的不适，随即附和他。

"哦，你喜欢这种身材啊。"我附和道，声音很小，地铁上没有别人能听到我说这话。

"对啊。"他详细描述了自己的偏好。他说他喜欢这种身材的原因是，任何看起来"完美"的人，他都打心底里不信任。我兴致勃勃地点了点头，努力保持眼神交流。他说他更喜欢妊娠纹和脂肪团，因为"这就是生活的真相，这标志着你真正活在了自己的生活里"。

"所以你也活在了你自己的生活里。"我附和道。

"对啊。"他说。他说他已故的母亲教会了他。

然后，我们就进入下一个话题了。

他说，母亲去世时，许多亲友前来参加葬礼吊唁，他们告诉他，他的母亲教会了他们如何生活。他说，母亲从不遵守任何禁忌。有个妇女说，几十年前，她爱上了一个黑人小伙子，但当时忧心忡忡，不敢和小伙子在一起，怕人们说闲话，那时他的母亲就劝她和小伙子在一起。当时他的母亲坐在她身旁，让她别管那些人，去追求自己的幸福。那个妇女听从了她的建议，最后两人结婚过上了幸福的生活。

说话时，我带着几分迟疑，会去澄清一些问题，他说了自己想说的话。他追忆着往昔，告诉我，他的母亲住在波多黎各，像他的外婆一样，经常抽烟。他恳求她戒烟，要不然就像外婆一样活不长，但母亲不听。然后她患上了肺气肿，疾病使她看上去老了。她开始接受整形手术，试图恢复年轻的容貌，手术结果让他难过不已，他几乎不认识他的母亲了，这真的让他很难过。然后，在 2017 年，飓风玛利亚袭击了波多黎各，灾难带走了他的母亲。

到我下地铁的站了，我说我得走了，"谢谢你和我说这些，我对你母亲的事深表遗憾"。他告诉我他的名字，并伸出了一只手。我握住了他的手，他用另一只手拍了拍我的手，什么也没说，然后两手紧握了一下我的手。我走到第五十九街的站台上，地铁开走了，他也走了。

然后我就碰到了 L 女士[①]。那是一个阳光明媚的夏日，我认识了她。她在第四十二街野营露宿，正做着填字游戏，面前放着一个装满零钱的塑料杯，还有一些待售的水彩画。我们知道，有家有室的人往往看不见无家可归的人。我也不能免俗地是个睁眼瞎，但 L 女士引起了我的注意，因为她挂了一块牌子（与次级心理问题背道而驰），上面写着："我失去了一切，除了我的微笑和希望。"所以我走上前去，问她如何保持希望。"因为我知道不会一直这样下去的。"她说。我问能不能给她买杯咖啡，她欣然答应了。然后我就去买了杯咖啡，回来后便问起了她的故事。

"我可不是你在街上随便遇到的普通人，"她告诉我，"我受过教育，什么瘾都没有。所以当人们真的和我说话时，他们会意识到我和他们之间并没有区别。"通常你会认为这是一件好事，他们在她的身上看到了他们自己，而问题恰恰就是"他们在她的身上看到了他们自己"。也就是说，她可能并不受欢迎，这提醒着人们，自己的生活并不稳定——这证明了没有人能躲过不可逆的灾难，这个世界远比我们所适应的复杂。她说："这种不可逆的灾难很快就会变成恐惧，而恐惧又会很快

---

① 她让我不要把她的名字写出来，因为她不希望自己这一部分的生命永垂不朽。

演变成仇恨，任何可能无家可归的人都会产生我这样的想法。我的未来原本一片光明，几年前的一次意外让我变成了这样。"

她在新泽西州长大，年轻时曾是一名舞蹈演员，但她受伤了。后来她康复时，叔祖父给她买了一个素描板和几支画笔，她以此打发时间。她报名参加了所有有用的课程，尽她所能地学习绘画。她在洛杉矶上美术大学，并被研究生院录取。

然而，福无双至，祸不单行。她父亲患了癌症，她回到了东部。父亲以前年轻健康，但很快就不幸去世。她没有兄弟姐妹，父母双亡，祖父母也不在人世，无依无靠。葬礼结束后，她正准备返回加利福尼亚，却惨遭抢劫。抢劫犯抢走了她的身份证，或者至少把她的钱包卖给了别人。那个人盗用了她的身份，取走了她银行账户中的存款，毁了她的信用。她从此穷困潦倒，只好一直在街上流浪。她说："要是我父亲还活着，哪怕再过 100 万年，我都不会沦落至此。"

我问她现在过得怎么样，她说过得糟糕透顶。"我讨厌这种生活，无比讨厌。"后来，有个男人引诱她去电影院，强奸了她，为了让她陪睡，男人给了她 100 美元。她成了警察的眼中钉，警察给她开罚单，警告她非法举办展览。他们把罐子里的零钱全部倒出来，驱赶她离开卖画的地方，她失去了几个月的收入。还有一次，在一个周日的早上，一个男人抓住她的脚，试图把她拖进公园，当她大声呼救时，路人只是走了过去。

她问我是否听说过美国土著的民间故事，这个故事是关于一条受伤的狗。我表示没听过。"我不知道这个传说准确的版本是什么样的，"她说，"但大概意思是，我们人类中，最善良的人和最坏的人都会被一只受伤的狗吸引，因为善良者能感受到它的痛苦并想帮助它，最坏的人会因为痛苦而被吸引，因为小狗很脆弱，他们反而更想欺负它。我现在的感觉就是如此，有好人找上我，也有坏人来骚扰我，因为最善良的人想帮助我，最坏的人想利用我，而其他人都迷失在海洋中。"

她笑着告诉我，一个看起来很富态的老女人几乎每天都来，用拐杖打她，并告诉她去找份工作。"而且她是一个小老太太，所以如果我说什么或做什么，人们会因为我对老太太大喊大叫而开口骂我。"我问她如果有机会，会对老太太说什么。"我可能会告诉她：'试着把我当成你的孙女吧。如果她们处在我的境遇，你希望有人这样对待她们吗？'我的意思是，我不认为人们对我的愤怒是因为我犯了什么错，在这里我就像人们情绪的垃圾桶。好像他们通过欺负我，就可以立马摆脱生活中的一些愤怒或焦虑。"

然而，她仍然怀揣希望，脸上洋溢着微笑，就像牌子上写的一样。对她来说，陌生人代表着黑暗和恐惧，但他们也是希望的源泉。"有一些人会特意过来看我，"她说，"有人给了我他们的手机号码，他们每天都会问候一下我，确保我没出什么事，我交到了终生挚友。"附近一家酒店的夜班经理在每个周日都会给她带一份早餐。当那男子试图把她拖进公园时，这个经理跑了出来，抓住了袭击者，警察赶到前，经理一直坐在他身上。另一个在警方有点人脉的朋友听说有个警察经常欺负她，去市长办公室投诉。她说，不久之后，那个警察就被解雇了。

她保持着自己的那份乐观，还有了一些兼职教画画的渠道。

一名律师无偿接手了她的案子，试图帮助她解决个人征信上的麻烦。她仍然想继续回学校读研。我问她，当从这一切脱离时，第一个大型的艺术课题会是什么。她说她想创作一本图文小说，内容是关于她的这段经历。她想让这本书"足够严肃，可以启发人们"，但她也希望它有趣，毕竟她是一个非常有趣的人。

"有趣胜过一切。"她说，"如果你想接触人们，你必须让他们开怀欢笑。"我告诉她，我曾经看到一封寄给爱尔兰喜剧作家弗兰·奥布莱恩（Flann O'Brien）的信，这封信哀叹人们认为活得有趣比坠入悲伤更容易。"这总结得很好，"她说，"笑着面对一切比郁郁寡欢困难多了，难过不是一件难事，也没有人想要悲伤。这才是经历了一连串不幸之后的意外的结局。没有人愿意看到有人哭泣，讨厌自己，自暴自弃。人们喜欢救赎的故事，人们喜欢开怀大笑。要是知道你在努力，人们都会很高兴。"

这项研究告诉我们，当我们与陌生人交流时，会帮助我们感觉到扎根自身世界，帮助我们更好地理解身边人，并帮助他们更好地理解我们。这些都是与陌生人交流的好处，我可以证明，当我寻找这些互动时，我深有体会。我感到更平静、更安心，也笑得更多了。我所展现的一些友好是因为紧张，另一些无疑与心理学家所说的积极的自我呈现有关，人们往往乐于积极地表现自我。研究人员发现，当我们把自己最好的一面呈现出来时，人们往往会做出同样的反应，从而形成一个正向循环。当我们开始提问时，会使对方引发真正的情绪反应，而当他们对我们示好时，我们也会感觉真的很好，这有助于接下来展开有意义的互动。

还有一个更大的好处，一个更重要的好处，但接受起来可能没那么愉快。当你和一个陌生人交流时，这个陌生人的生活和你完全不同，那么就会迫使你面对一些不舒服的事情。你意识到虽然你们生活在同一个空间，但他们看到的世界与你看到的世界大不相同。可能一条你熟悉的甚至令你愉快的路，对他们来说则充满了恐惧和危险。之前，我们曾谈到布赖恩特公园是一个完美的公共空间，我在那里度过了很多时间，那个地方只给我留下了正面的回忆。然而，对 L 女士来说，那里却是一个陌生人试图把她拖进来奸污她的地方。

我的观点是，如果你不知道坐在你旁边的人眼中的世界和你所见的完全不同，你就无法真正成为一个好公民，你就不能成为一个真正有道德的人。他们眼中的陌生人未必是你眼中的陌生人，而理解这一点的途径就是与他们交流，以此来跨越社会界限、种族界限、意识形态界限，或者任何阻碍我们彼此的界限。

第 18 章
与"他们"交流

我们将了解到,为什么与另一个群体的人交流会让人
感到如此畏惧,什么因素会让这种交流变得更加困难,
我们又能做什么来加以克服。

托马斯·诺克斯(Thomas Knox)自己都无法解释的是,
为什么有一天他决定买一张桌子和两把椅子,然后去地铁站摆
个摊,等着人们找他说话,但他确实这么做了。"我甚至不知
道我为什么心血来潮,兄弟,"他告诉我,"虽然我收获颇丰,
但仍然不知道为什么。我只是善于和人打交道,从小就是这样。
我就是喜欢和人说话,并为之着迷。他们为什么今天穿这身?
他们为什么会见解不同?我认为,如果我们能更好地传达出我
们所适应的和不适应的,那么我们的社会就会变得更好。"

但具体该怎么付诸行动,诺克斯毫无头绪。"第一天,我
只是带了一束花,"他说,"我说:'我要把花送给每个人,不
论是男人、女人还是小朋友,每个人都会收到花。'我坐在那

里，人们不停地和我说话。"诺克斯及时安排了一个新项目："4号交流"游戏。现在人们可以坐着边等地铁边聊天，也可以玩游戏，或者做任何他们想做的事情。诺克斯只是让自己陪伴他人。谈话一开始，他就全神贯注了。不管谈到什么话题，他都会跟着这个话题，那是他的天赋所在。"这件事一直都很容易，"他说，"我想我的个性也是这样塑造的。"

"事情通常是如何发展下去的呢？"我问。

"每个人都有自己独特的个性。有些人很粗鲁。'你该是有多渴望啊？'他们说。人们认为这种行为说明我内心孤独，或者渴望爱情和浪漫，但我这样做不是为了爱情。一旦我把爱情的幻境打破，所做只不过是为了彼此成为好朋友。一开始，他们十分警惕，"他笑着说，"大概15分钟后，就敞开心扉了。"

2019年年初，我和诺克斯一起喝咖啡，那时我发现他精力充沛，喜欢游戏人间，魅力四射，不可抵挡。不难看出，在地铁上，他打消了人们的戒备。考虑到我们所了解的地铁上应遵循的礼貌，这算不上多大的成就。"一开始，我们都会产生戒备心理，"他说，"因为在成长过程中，我们被教导不要和陌生人说话，要小心提防，在纽约更应如此。但我一直都在探索着，我每去一家咖啡馆，都会和咖啡师交谈。每个人都想讲故事，无一例外。他们只需要觉得很舒服，就会告诉你。我现在要把那些世俗的枷锁打个粉碎。只需和别人待上10分钟就好！也许我应该成为一名心理医生。特蕾西·摩根（Tracy Morgan）告诉我：'你像一个不收费的心理医生！'"

作为一个在纽约长大的孩子，诺克斯一直处于离开的困境中：走出教室，迈出母校，前往公园。"兄弟，我只是在过我自己的生活。"他说，但这让他的父母感到抓狂。他说，他们过去常常打电话给警察，让警察去找他，但最终他们放弃了。没什么能阻止他，而且他最终总会回家。他的父母分居两地，父亲在布鲁克林居住，母亲生活在斯塔滕岛，他在两地之间来回周转。"要是我在一个地方遇到麻烦，他们就把我送到另一个地方，"说完他笑了，"我就像爱探险的朵拉——托马斯以不断离开的方式成为爱探险的朵拉。我喜欢这种生活方式。我想去哪座城市就去哪座城市，我只去没人想去的地方。那正是我的风格。只要我口袋里有 100 美元，我就能让它发挥作用，我觉得我能应对任何情况。"

他第一次坐地铁，就开始了他所谓的"边等边约会"。2015 年，大量媒体争相报道他在地铁上组织的沙龙。当时，诺克斯为苹果公司工作，不得不请假一周来专门回复他收到的数千条留言。时至今日，仍有相关报道。他拿出手机，给我看脸书上人们给他的留言，人们感谢他这样做，请求他的帮助，不断有消息过来。从那以后，他一直在做公开演讲，向教师、搬运工和运动员提供沟通方面的建议，并向学生们讲述人际交往的重要性。

"有些人并不想和陌生人说话。"他说，"当你对某件事感到不舒服时，你会自动地认为它是负面的。但如果你能将其一分为二地看待，你就会了解他人无穷无尽的信息。"

他想发现什么？

"我只是对这个人感到兴奋，"他说，"比如，你是哪里人？你这一生做过什么？你为什么爱你所爱，又为何恨你所恨？我会和讨厌黑人的人坐在一起，我就是这种人，一个真正的种族主义者，我们不会成为最好的朋友。那我会说：'你为什么讨厌我们，伙计？告诉我你为什么讨厌我们。'他会说：'我不知道，伙计，一个黑人杀了我妈妈。'我会说：'我完全能理解，我非常同情你。很抱歉让你经历了这些，我尊重你的感受。'我们尊重彼此的感受。有相互尊重就足够了，我俩不必成为最好的朋友。"

我告诉他，他看起来很自信。"我不害怕，"他说，"没有人比我更好，但我也并不比其他任何人优越。"这是最典型的美式思维，从诺克斯那儿听到这种话，让我觉得，在我见过的人中，他是最美国范儿的。

起初，诺克斯在边等待边约会的过程中得知，一个年轻女人担心她的朋友。她说，她的这个朋友是个脸皮很薄的艺术家，她认为诺克斯可以帮他。诺克斯说："当然可以了，这我何乐不为呢？"于是他便和这位艺术家取得了联系。一来二去，诺克斯为这个年轻人设计了一个小规模实验。"我训练过他，"他笑着说，"我对那个年轻人说：'要去训练你的思想，让它适应被他人拒绝。'如果你能坦然接受别人的拒绝，你就会感觉良好，无人可挡。"

给这个年轻人上的第一课很简单。"我跟他说：'每天早上，主动向每个人问好，要包括所有人，不管他们是谁，不管是男是女，进行眼神交流，说早上好。'"年轻人同意了，然后离开了。一周后，他躲着诺克斯。他承认自己没有完成课程。诺克斯给他下了最后通牒：要么完成这个任务，要么我就不帮你改变了。一周后，他们又聊了起来。第一项任务已经完成。"他四处走动，向每个人打招呼。"诺克斯回忆道，"我问他：'现在情况怎么样了？'他说：'嗯，有些人认为我有病，不搭理我，有些人会点头，有些人会回一声早上好。'我说：'很酷，你这周做得很好。到了下周，那些之前说早上好的人就会跟你问好。'接下来的一周，他打电话来说：'兄弟，我真不敢相信这真的奏效了，我和路人竟然有差不多三次谈话。'"

几个月后，我跟诺克斯和这个名叫弗朗西斯·埃尔南德斯（Francis Hernandes）的年轻人见了面，一起喝了咖啡，他们谈到了诺克斯是如何帮助他的。埃尔南德斯是一名艺术家，25岁左右。几个月前，两人相遇时，他正处于低谷期。"那段时间，我没有作品产出，我没有什么灵感，感觉被困住了。"他说，"当时的情况就是这样。很明显我停滞不前。当时就感觉没什么希望了。一旦你开始感到没有希望，你就知道会发生什么事情。"埃尔南德斯是个孤僻的孩子，生在波多黎各，在布朗克斯长大。"我的房间非常封闭，困在房间里太糟糕了。"他说。他从不喜欢上美术课，但他还是开始创作作品，"当时我只是太生气了，就产生了'全部全部都统统滚开吧'这样的理念，并将其投射到画布上，没想到真的有人买了。他们认为这是艺术"。

"我最大的问题是，我不想被归为内省的艺术家门类，成为一种迷思。"他说，"从小到大，我经历过一些抑郁，也遇到过一些事情。我不想成为割掉自己耳朵的艺术家，你明白我的意思吗？我不想被人看作一个隐于世俗中的天才艺术家，直到死后，才为人所知。谁想在死后才出名呢？"

"没人愿意这样！"诺克斯喊道。

埃尔南德斯承认，一开始他对诺克斯的计划有抵触情绪。"我觉得自己很蠢。"他说，"我打招呼，没人回应，然后我就会觉得，问题出在我身上，你懂我的意思吗？"他说他知道如何跟人交流，但在开始的时候，他会僵在那里，在思想里就受困了。然后他会强迫自己去做，但他的语气有些强势，剑走偏锋。最后他还是坚持了下来，情况开始好转。埃尔南德斯说："一切都开始发生变化，当诺克斯告诉我要去完成这些任务时，我知道完成这些任务是正确的事情。"

"也许这些事也说不上一定正确！"诺克斯说道。

"但它们看起来非常基础、简单和人性化，"埃尔南德斯说道，"这些都是非常简单的事情，一蹴而就，对此我很抵触。现在一切都很顺利，现在我体面了，不再是一个差劲的人了。"

"我没觉得你以前很差劲！"诺克斯说，说完他转向我，"看他现在，自信多了。当初我遇到这小子，头发乱糟糟的，看起来就像他正在努力渡过难关。现在他看起来更强大、更有活力了。"

我问埃尔南德斯他是否有这种感觉。

"是的。"他说，"因为我展示了更多的自我，特别是在艺术上。"他说，随着他更善于与人交往，他也注意到，越来越多的人愿意帮助他。他在健身房工作时的老板们成了他的导师。

他的母亲总是告诉他永远不要向任何人寻求帮助，所以他从来没有这样做，但现在他这样做了。"寻求帮助是我接下来要解决问题的出路。"那个把他介绍给诺克斯的朋友推动并帮助他组织了他的第一场艺术展。大家对他的支持增强了他的信心，已经渗透到了他的作品之中。

"这一切都是互相关联的，"他说，"因为我没有与人交往，所以大体上来说我陷入了自闭的状态。我让人们和我保持距离，而这恰恰影响了其他所有事情。"

"现在事情都步入正轨了，"他说，"都开始顺利进行了。"

"你正在走上坡路啊，兄弟，"诺克斯说，"慢慢来，不用着急。"

"现在这么多人不求回报地帮助我，这让我感觉有点压力。"埃尔南德斯说。

诺克斯说："你可以为我做的最好的事就是继续进步，不断解放你的思想。我觉得你可以的，拓宽你的思维吧，兄弟，生活没那么难的。"这时咖啡馆里一个玻璃杯正好打碎了，诺克斯看了看。"如果我不小心碰掉了杯子，他们会打扫干净的，"他说，"这不是世界末日，这就是我看待事物的方式，这就是我要给你的挑战。心胸开阔一些，一切都会好的。"

埃尔南德斯点点头："我正在把脑子里所有负面的东西扔出去。"

我们初次见面时，诺克斯正在纽约和费城两头忙，我们谈论起了纽约。他对陌生人充满乐观和热情，我深受鼓舞。我告诉他，我发现纽约比人们想象的友好得多。当然，纽约比我的家乡更友好。我告诉他，搬到纽约后，我回到波士顿过圣诞节，参加了一个高中朋友的圣诞聚会，结果大家胡扯一通，让人只想离开。"纽约多棒啊，了不起的纽约先生。"他叫道。我告诉他，在纽约地铁站里，当人们看到别人艰难地把重物搬上楼梯时，他们会主动提供帮助。我告诉他，换作在波士顿，要是前面的人推着婴儿车，上楼梯时困在那儿，我想那后面的人只希望他摔倒。我的朋友想了一会儿，回答道："你知道吗？你说得对。你知道还有什么吗？如果你不喜欢那里，换个地方生活就是了！"然后他和另一个朋友击了掌。

　　和诺克斯谈论纽约，我有点忘乎所以。我告诉他，纽约人有些急躁，总是匆匆忙忙的，如果挡了他们的路，他们会发出不耐烦的声音。但他们也会相互关心，而且会帮你渡过难关。我告诉他，上千万的人聚在一起，都没有让这里混乱不堪，我觉得唯一的原因是每个人每天都在努力维持着这座城市的和谐。我告诉他，我经常看到人们帮助别人搬运婴儿车或行李箱，而且基本上每次我的什么东西掉了，都会有人捡起来主动还给我，我女儿也有同样的体会。我说，天寒地冻的时候，我在市中心的人行道上滑倒过不下 4 次，每次都有几个陌生人在半秒钟内扶我起来，不用说任何客套话，不用连连道谢，但他们会让我振作起来，继续前行。

　　现在，诺克斯脸上的表情很是客气，所以我停下来问他："这种事之前你碰到过吗？"

　　"那倒是没有。"他说。

时值冬季，我俩决定去散步。在我们收拾东西时，他意识到他的东西丢了，他转过身，看见自己的围巾掉在地上，没留神被别人踢到了一边。他捡起来给我看，似乎在说：现在你看到了吧？

诺克斯是一个与陌生人交流的专家，我也希望能成为这种人。但我是白人，而他是黑人，而且这是在美国，他所遇到的陌生人和我遇到的表现是不同的。

你如果生活在一个移民不断涌入或日渐多元化的城市，就可以看到另一个巨大的讽刺之处。理想情况下，生活在不同类型的人之间，我们获得了成长学习、接触新思想和拓展社交网络的机会。例如，研究人员已经证实，群体的多元化和创造性之间存在相关性。然而，更重要的是，正如我们的朋友科恩在运营"地铁书评"账号时所揭示的，与其他群体的成员接触也有助于我们了解彼此的生活，我们面对的现实未必是他们面对的现实，这是一个多元化国家所要求的健康的民主，也是智慧的体现。正如约翰·斯图亚特·穆勒在 1848 年所写："让人类接触与自己不同的人，其价值再怎么强调也不为过。无论过去还是现在，这样的交流一直都是人类进步的主要来源。"

然而，人类的心理和文化可以合力反抗人们建立这种联系，尤其是当我们之间的界限因为冲突、隔离或根深蒂固的偏见而被强化时，这方面的例子并不少见。但我们还是举个例子，来看看美国的种族吧。

例如，2017 年，蒙特克莱尔州立大学的约翰·保罗·威尔逊（John Paul Wilson）领导了一项研究，实验参与者是除黑人之外的美国人，该项研究给了参与者一些照片，照片里分别是白人和黑人，他们体形相当，都是年轻小伙子，让参与者来比较。参与者一次又一次地认为，黑人比白人更加高大强壮，也更具威胁性。结果是，参与者认为警察对黑人使用武力更为合理。此前，已经有了相关研究，并已产生了大量相关的发现，比如，非黑人参与者更有可能在脑海中留下错误的印象，记成了拿着武器的是黑人，而实际上并没有。也就是说，他们更有可能把一个普通的物体和一个黑人手中的武器联想在一起。要是白人、黑人脸上都流露出了愤怒迹象，那么其他白人会对黑人的愤怒情绪更敏感一些。他们不太能区分黑人的脸，除非这些脸充满愤怒，他们才记得黑人的样子。

这有助于解释，例如，为什么非洲裔美国人被警察枪杀的比例明显高于美国的白人。这就是为什么我可以毫不犹豫地告诉我的小女儿，如果遇到了麻烦，她就去找警察，同时我也非常清楚，如果我的孩子是黑人，尤其是男孩，我是不大有这种自信的。或许这就是为什么在咖啡馆没人愿意捡起诺克斯的围巾吧。

在偏见程度较高的人群中，这种现象会更突出，这一点并不令人感到意外。即使有些人不觉得自己持有偏见，他们也会将其他群体的陌生人去人性化看待，认为他们的思想不那么高尚。美国黑人作家哈尼夫·阿卜杜拉基卜（Hanif Adburraqib）完美地捕捉到了这种作为接收者的感受。"现在，人们最常对我说的话就是我很善良，"他写道，"大多数都是白人们告诉我的。不太了解我的人都会谈到关于他们在我的眼中看到怎样的善意，或者感受到了我内心深处的善良。我通常会笑笑，不自在地耸耸肩，道声谢谢。尤其是那些不熟悉我的人，我知道他们其实是在赞美他们所感知到的，也许是在赞美他们所期望的。"

但是，去人性化不分种族。性别歧视的历史是一场长达数千年的去人性化运动，在 1997 年上映的浪漫喜剧《尽善尽美》（*As Good as It Gets*）中体现得淋漓尽致，由杰克·尼科尔森（Jack Nicholson）扮演著名浪漫小说家，当有人问道他是如何写出这么优秀的女性角色的，他的回答是："我先是想到了一个男人，然后从男人身上拿走了理智和责任。"这就是去人性化。

我们也经常在城里人和农村人中看到这种情况。我熟识一个来自东北的犹太人，她在俄克拉何马州上大学，一个看似友好的同学问她，她的牛角在哪里。[①] 与此同时，任何在北方上大学的美国南方人都可以告诉你，当他们发现北方学生有多聪明时，他们感到多么惊讶。在芝加哥土生土长的南方人惠特·莫泽（Whet Moser）写道："我的南方口音比我小时候轻了很多，几乎无法察觉，一旦你接受了高等教育，你就会很快学会通用的集体口音。"

新移民经常处于类似的恐惧、优越感和去人性化之中——被类比成动物或病毒，被对方认为认知能力低下，无法控制野蛮的欲望。历史学家约翰·海厄姆（John Higham）在美国本

---

① 这是我听过的最精彩的反驳，她笑着告诉他们："它们只会在我生气的时候出现。"

土主义里程碑式的历史中，汇编了一份人们口中有关移民的可怕的史实目录：当地人称他们是"有毒的入侵爬行动物"，"来自外国的长发怒眼、气味难闻、不信神灵、粗鲁莽撞的可怜虫，一生中从未努力工作过一个小时"，"莱茵河、多瑙河、维斯瓦河和易北河恶魔的乌合之众与短尾杀手"，以及"欧洲的人类和算不上人的垃圾"。

那时，人们被日耳曼人吓坏了。今天，许多非欧洲国家的移民和难民纷纷涌入欧洲大陆，接纳国也同样惨遭攻击。我时常回想起，几年前，圣迭戈的一名男子抗议一车超载的难民儿童抵达加利福尼亚州，他高声长叹，向一名记者表达了担忧："不知道以后这里会发生什么罪行？"①

所以，我们会产生一种将不同的群体去人性化看待的倾向，认为他们有某种缺陷，当文化强化了我们的这种观念时，这种倾向尤为明显。鉴于此，与他们展开互动会让我们充满焦虑，尤其是当我们过去和他们几乎没有过积极的互动时，这种焦虑也有理可据了。有一个术语专门描述这种现象："群际焦虑"。

---

① 这世上确实存在一些因素可以激活这种反移民情绪，但恰巧这种恐惧不用扎根于现实。事实上，如果恐惧不是扎根于现实的，就会变得更强烈。历史学家和政治学家阿里亚娜·舍贝尔·达波洛尼亚（Ariane Chebel d'Appollonia）已经表明，反移民情绪并不像你想象的那样，与一国的经济状况直接挂钩，而更有可能是对某种象征性威胁的回应——比如，他们认为移民对我们的生活方式构成威胁。部分原因是人们长期以来高估了移民规模。例如，2006 年，12% 的美国人口出生于美国国外。然而，25% 的受访美国人认为这个数字接近 25%，28% 的受访美国人认为这个数字更高。她写道，这些"感知到的种族威胁在很大程度上与现实不符"。

心理学家沃尔特·斯蒂芬（Walter Stephan）多年来一直研究这一现象，根据他的说法，"这就是不同群体之间的互动通常比与群内成员的互动更复杂和更困难的原因所在"。

　　某种程度上来说，几乎每个人都受到群际焦虑的影响，但对于那些之前就被偏见化看待的人群、那些对自己的群体有强烈认同感的人、那些之前很少接触其他群体成员的人，或者更糟糕的是，那些与另一个群体有过负面接触的人，这种焦虑现象尤为明显。此外，在存在竞争或者数量或地位不平衡的情况下，这种焦虑也很突出。这种焦虑不仅体现在心理和情感层面，而且体现在身体层面，这些相互作用被证实会导致血压升高以及压力激素皮质醇水平升高。

　　现在，我们很清楚哪些因素能够阻碍我们与陌生人交流，大到社会规范，小到行走速度。此外，斯蒂芬又补充说明了我们会感觉到的 4 类恐惧情绪：我们担心他们会伤害我们、骚扰我们、欺骗我们或者把疾病传染给我们，我们担心会"感到尴尬、被误解、充满恐惧和困惑、恼怒沮丧或是无能为力"，我们担心他们会不喜欢、嘲笑或拒绝我们，我们担心自己的亲友不赞成我们与他们交往。多年来的其他研究表明，人们不愿意与其他群体的成员交流，因为他们认为彼此之间的差异是不可逾越的，或者是因为他们所要面临的无外乎负面的刻板印象，再或者，正如我们在第 2 章中看到的，他们认为对方与他们交谈时根本提不起兴趣。不管这个人是多数派还是少数派的成员，都会产生这样的观念。一般人可能会对与同性恋者交流感到焦虑，反之亦然；研究发现，白人和黑人、美国人和非美国人皆是如此。

很明显，对偏见更大的人来说，他们往往会避免与来自两类群体的陌生人展开交流，一类是他们不喜欢的群体，另一类是与他们意见相左的群体。但是，因为有些人一想到要越过这些界限进行交流就会感到焦虑不安，哪怕是在不那么带有明显偏见的个体中依然如此，所以群际焦虑会促使人们干脆完全避开对方，只和自己的同类沟通。毫无疑问，我们在政治中也看到了这一点。记者比尔·毕晓普（Bill Bishop）认为，美国日益严重的自我隔离（他称之为"大隔离"）是政治两极分化背后的主要驱动力，这一点令人信服。当我们避开其他群体时，我们永远不会对另一个群体产生更加复杂（即更准确）的认知。我们从未开始了解对方的生活。这样下来，刻板印象就依然摆在那儿，偏见也不断恶化，严重阻碍了心理学家所说的群际接触，而我们都知道，群际接触是缓解不同群体之间紧张关系的最有效方式。（我们等一下还会谈到这一点。）

尽管历史上的移民使整个社会弥散着和谐的氛围，人们会更善于表达情感，但更奇怪、更阴险的是，不同群体的陌生人纷纷涌入，这实际上会阻止人们与自己群体内部的成员交往。至少短期看来，情况如此。这是伟大的政治学家罗伯特·帕特南所发现的不幸的事实，他在 2007 年发现，当一个地方日益多元化时，人们往往会表现出一种退缩的倾向——不仅远离其他群体，而且远离自己的同类。帕特南指出，长远来看，移民和多元化"很可能会带来重要的文化、经济、财政和发展等方面的红利"。他还指出，多元化会导致人们"畏葸不前"，导致人们难以相互信任，纷纷变得精致利己，也不再参与社区活动，朋友圈子也越来越小。

"至少短期来看，多元化似乎能让我们所有人都变得更好。"他接下来继续写道：

> 我们的研究发现，多元化不会衍生"不融洽的种族关系"或是种族所定义的群体性敌意。相反，不同社区的居民倾向于脱离集体生活，不信任他们的邻居，不管他们是什么肤色，甚至远离亲密的朋友，对他们的社区及相关领导抱有最坏的期望，不怎么从事志愿活动，不怎么为慈善事业和社区项目捐款或参与投票，他们更倾向于鼓动社会改革，但也并不认为他们真的能做出成绩，总是意兴阑珊地挤在电视机前……尽管在衡量男性和女性的社交能力时标准略有不同，但多元化对两性的影响似乎无甚差别。在社交能力方面，多元化对保守派的影响更大，但对自由派的影响也不小。多元化对白人的影响更大，但对非白人的影响也很明显。

没有一个群体可以垄断这种趋势，而且这似乎对男性和女性产生了同样的影响。当多元化程度加剧时，保守派更有可能从中撤出，但自由派亦是如此。

然而，政治学家埃里克·乌斯拉纳并不赞同帕特南的结论。乌斯拉纳发现，导致不信任和疏远的不是多元化本身，而是种族隔离。他写道："当人们分开生活时，不太会进行有意义的接触，而这种接触本身是建立信任和宽容所必需的。"缺乏交流不仅会降低群体之间的社会信任，而且会降低社会之间的信任。让各大城市和越来越多的城镇跟随多元化的浪潮并无不妥，但是如果居民分开生活（要么是他们自己选择的，要么是他们被迫接受的），那么接下来，他们的大部分生活都不会与其他群体的成员展开有意义的接触。这意味着，他们一想到要与其他群体的陌生人进行交流，便会感到焦虑，所以也就沉默不语。他们对陌生人的刻板印象将保持不变，而这些刻板印象将强化这种不与之交流的状态。他们和陌生人将老死不相往来，彼此的社会也会如此。

这听起来很残忍，但事实的确如此，这是一个异常复杂的问题。但保守来看，好消息是，如果我们努力与这些不合群的陌生人正面互动，而不是在一场大声争吵或内战中"互动"，事情可能会比我们预期的要好。在第 2 章中，我们了解到，人们往往很不看好与陌生人交流。他们害怕去这么做，因为他们认为如果这么做了，事情会变得很糟糕，而当事情没有变得糟糕时，他们会感到意外的惊喜。此外，人们对与其他群体的陌生人交流感到更加悲观。

2008 年，心理学家罗宾·马利特（Robyn Mallett）领导了一系列实验，以观察这些恐惧能否在现实中找到依据。首先，研究人员让参与实验的白人想象坐在一架飞机上，旁边是一个黑人或一个白人，并让他们预测"当与邻座互动时，他们有多大可能会感到恼火、怨恨、紧张、愤怒、害怕、热情、放松、快乐、兴奋和欢快"。很明显，要是黑人坐在旁边，参与者对互动过程会更加焦虑一些。在接下来的一项研究中，参与者大多是白人，但也有亚洲裔、黑人和拉丁美洲裔学生，他们被分成两组。第一组人是预测者，研究人员要求他们预测，在不同的场合中，他们与不同群体的成员（不同的性别、种族、性取向、阶级等）进行互动时，互动的走向会怎样。第二组是体验者，研究人员要求他们与这些不同群体的成员进行交流，并报告最后交流的情况。实验进展得很顺利。作者写道："正如预测的那样，相对于体验者的切身感受来说，预测者预计他们在群际互动中会感受到更多的负面情绪。"无论对方性别或种族如何，这种情况都会发生。

接下来的一项研究主要集中在感知的差异上。研究发现，不管是黑人参与者和白人参与者，还是预测者和体验者，他们都认为不会与另一群体的成员有什么共同之处。然而，一旦体验者真的与另一群体的人进行交流，他们就报告称他们确实有共同之处，并且比他们预期中的更享受这次谈话。此外，参与者报告称，他们觉得与另一群体的人有很多共同之处，就像他们与群体内的伙伴一样。"在许多情况下，人们在飞机上发现自己坐在来自不同社会群体的陌生人旁边，觉得自己将会经历一段漫长而不舒服的旅程。"作者总结道，"我们的数据表明，如果他们与陌生人开始交流，互动会比他们预期的更加愉快。"

帕特南创作了极具影响力的《独自打保龄球》一书，他在书中写道："要想缓解美国的种族和民族冲突，第一步就是应该包容差异的存在。为了加强共同的身份认同，我们需要进行更多有意义的交流，以跨越种族界限，让美国人（无论长幼）

都愿意在这里工作学习、娱乐生活。"换句话说，在孤立回避恶化成仇恨和暴力之前，我们需要学会率先与这些陌生人交流。

在美国，少数有志之士正试图改进这一现状，他们纷纷在群体之间架起桥梁。其中一位是杰出的思想者丹妮尔·艾伦（Danielle Allen）。

艾伦性格内向，但她也会和陌生人说话，这一点她是从父母身上学到的。她说："从某种意义上说，抚养我长大的人总是善于看到他人的长处。"她在南加利福尼亚州长大，从这块土地上学到了如何看到他人的长处。"在我长大的镇上，不管你是否认识街上路过的陌生人，都要和他们打招呼。"她说，"后来，我在东海岸的普林斯顿上了大学，这对我的观念产生了一个巨大的冲击。我记得刚上大一那会儿，我会在校园里走来走去，向每个人挥手，向每个人问好，没人理睬我。我想不明白。我来到的这所大学是什么样的地方，人们甚至都不认可对方的存在？在那儿，我产生了这样的思考。"

艾伦是黑人，当她在普林斯顿的时候，关乎种族问题还存在很多争议。那时，她与人交往不多，加上种族压力，这让她思考信任的作用机制是怎样的——是什么让人们信任社区中的其他人，又是什么导致了人们不信任他人？她开始认为，东海岸不如西海岸友好，有历史渊源：在种族和阶级方面，东海岸比历史上的加利福尼亚州更加苛刻，阶级更加分明。她开始称这些为"僵化的差异界限"，这些界限让人们彼此疏远。那么艾伦当时是如何应对这种社交冷淡的？她说："坦白说，我当时只想置身事外。"

后来发生的一些事改变了她的态度。首先,她在英国学习。尽管伦敦人不大相信别人,但她发现每个人都很容易交谈。"英国的文化是会说话的,是一种更口头化的文化——这种文化更有乐趣、更爱开玩笑。在英国,陌生人之间交流的文化很悠久,看到这样的地方真是振奋人心。"她说。然后她来到芝加哥大学,开始研究学校内部社区和周围社区之间的分界线:芝加哥南区。她说:"人们认真地告诉我,别走到那儿去,也别开车去那里。我能感觉到我的一些基本能力正在退化,我能感觉到我的社会知识和我与周遭环境交流的能力正在萎缩。所以我开始思索,我的同事们对芝加哥这个更大的世界的恐惧实际上正在削弱他们的智力。"正如我们所知,与陌生人接触,可以丰富自我,而他们却错过了。

"人们对陌生人的恐惧正在侵蚀他们的智力和社交能力,这种恐惧是个陷阱,"艾伦随后开始思索,"如何让人们摆脱这种陷阱……这让我开始关注建立社会关系所具备的价值。这种价值关乎智力、关乎人性、关乎情感。这并不意味着陌生人没有危险,但关键是你可以真正学会如何防备、管控、减轻和减少这些危险。"抱着这些见解,她在芝加哥南区展开了一项很有名气的研究,随后又做了一些令人敬畏的工作,一举帮助她获得了哈佛大学的教授职位、麦克阿瑟"天才奖",以及作为美国顶尖思想家之一的国际声誉。

2004年,她创作出版了《与陌生人交流:布朗诉教育委员会一案以来的公民焦虑》(*Talking to Strangers*:*Anxieties of*

Citizenship Since Brown v. Board of Education）一书。艾伦在书中指出，美国各个种族之间存在着不信任，但要缓解这种局面，并非束手无策，她指出了一条根植于美国历史和希腊哲学的途径，搭建了一个让人们学会与陌生人交流的框架。她写道："让一个陌生人跨越种族、民族或阶级界限来进行对话，一个人不仅会获得一种视角，还能去理解自己未知的世界。真正去了解自己认知范围之外的事物才能治愈恐惧，但只有通过与陌生人交流，我们才能获得这种知识。"她继续写道：

> 我们大多数人在和陌生人生活在一起时，会从中获得积极的乐趣。对我们来说，他们往往是让我们感到惊讶的源泉，而正如亚里士多德所说，惊讶是哲学的开端。陌生人会帮助人类满足学习的欲望。一般来说，关于我们目前所生活的世界，我们不能从书本上直接获得智慧，因为这些智慧还不能立马付梓成书，传播供人阅读。陌生人是最好的来源。以苏格拉底为例，他通过与所遇到的雅典人或外国人交谈，让"认识你自己"这种箴言立马生动起来。一个人要想直接治愈对陌生人的恐惧，就需要尽力与那些来自令人害怕的地区的陌生人进行交流。

她也养成了与陌生人交流的习惯，这让她在日常生活中感到更安全。"我对令人恐惧的人身攻击并不陌生，但陌生人现在对我来说是一种非凡的快乐来源，而并非恐惧的来源。除此之外，他们可以赋予我知识，使我能够在世上自由行走、尽情漫游。一个人可以通过与陌生人交流来宣称自己在政治上是多数派，由此所获得的自信是最大的回报。"

我问艾伦，她从这些互动中学到了什么，她和陌生人打交道的方法是什么。我还问道：正如我们所知，在进行跨越种族界限的对话时，往往令人担忧，那么如何让这种对话更加富有成效？"我认为我学到的一点是，与陌生人交流和赠送礼物大有关联。"她说，"我认为赠送礼物意味着你分享了一些你的另一面，而这正是别人本来无从得知的。"

尚在儿时，她就试着让自己摆脱内向，她认为要开始对话，首先要学会提问。"我会给自己列一个问题清单，按照这个清单来和人们交流。当然，所起到的效果只是让人们觉得自己在接受采访。"说着她笑了起来，"我逐渐明白，和陌生人交流的关键在于互惠。没错，你要问人们过得怎么样，你会听到他们的回答，但是同时你也要回报，你需要分享你自己生活的一部分，或者你自己的一些观点，等等。在这方面，你分享时的状态越舒服，对方也会越舒服，赠送礼物和接受彼此的弱点之间有某种关系。这是人们展开互动的起点。"

艾伦毕竟性格内向，在和许多陌生人交流过后，仍需要一些时间独处。不过，现在和陌生人交流对她来说容易多了。更重要的是，她因此能更乐观地看待这个世界，这对整个职业生涯都在研究社会、种族和政治分裂的人来说是个不小的成就。"因为我和陌生人说话，我更喜欢整个人类了，"她说道，"我学习新鲜事物，因为我对人们敞开心扉，从人们那里得到的东西令我感到惊讶。积极面远大于消极面。"所以后期她希望和更多陌生人交流。

2018 年，艾伦签任了民主公民实践委员会的联合主席，这是一个由美国艺术与科学院召集的两党组织，由学术界、商界、法律界、非营利部门、科技界和政界的一些最优秀的人才组成。该委员会旨在解决美国公民生活迅速解体的问题，并有望帮助扭转这一局面。2020 年，该委员会发布了一份充满雄心的报告，名为《我们的共同目标》，其中包含 31 项行动计划，旨在改革我们的政府体系，重振公民参与的热情，并把那些目前更喜欢生活在不同星球上（或至少更喜欢另一方生活在不同星球上）的美国人凝聚在一起。该委员会在全美各地举行了大约 50 场民意调查，不止一次地发现，即使是"在这个两极分化严重的时代，美国人也渴望有机会聚集在一起，互相展开讨论交谈"。

在我们追求和陌生人沟通的事业中，很难对社会的共鸣充耳不闻。人们想和陌生人说话，但不得其法。也许他们不知道去哪里做这件事；也许他们认为其他人不像他们一样对谈话抱有兴趣；也许他们感到害怕，或者担心他们会口不择言，或者担心因为与敌人称兄道弟而受到自己人的蔑视或排斥。不管出于什么样的原因，该委员会提议建立一个公民基础设施国家信托基金，该基金将利用公共空间组织相关项目和活动，努力将不同背景和不同信仰的人凝聚在一起。归根结底，他们提议举全美之力来帮助人们重新学习与陌生人交流。

现在，假设他们确实无法把这些人放在一个有限的空间里，他们会做什么？他们会传授什么样的技能来让这些人真正说上话，而不仅仅是让这些人在一扇塑料玻璃门的两边互相尖叫？当门被打开时，他们如何阻止这些顽固派冲进去把对方撕得粉碎，让他们仅仅看到对方就会称心如意，触摸对方的手指，开心地喘着大气，把香蕉分给对方？好吧，这个比喻可能很不妥当。但是，怎么才能让彼此怀有敌意的陌生人开口说话呢？为此，我邀请你们和我一起进行最后一次旅行，前往密苏里州的圣路易斯，那儿有数百名政治党派人士在等着我们。

第 19 章
如何与抱有敌意的陌生人交流

我们将学会如何束缚我们内心的黑猩猩，召唤我们内心的倭黑猩猩，并开始与我们的敌人交流，以便在一切毁灭之前及时拯救我们的国家。

霍利（化名）是一名私人家庭学校教师。我答应不透露她的真实姓名，因为她认为如果我指名道姓就会让她断了生计。她生活在南方一个以民主党为主的小城市，而她本人则是共和党人。然而，她所经历的比典型的意识形态案例更不寻常，因为她的学生中，有一半来自共和党家庭，一半来自民主党家庭。"当然，我保持完全中立，这一点适合任何老师，"她说，"我的政治、哲学或宗教结构都不适合放到课上来说。"尽管如此，如果民主党家庭发现她是共和党人，她相信她会失去一半的生意。一些共和党浸礼会家庭对她心存戒备，可能是因为她拒绝透露自己的政治立场。例如，一些人会礼貌地询问她是否曾涉足巫术。（当然，她并没有。）

所有这些都意味着，霍利必须小心翼翼，经年累月，皆是如此。她的中立态度有助于她保持双方的信任，这一点做起来很不容易，因为在过去的五六年里，她看到学生之间的关系因党派界限而分崩离析，她为此感到十分沮丧。她告诉我："我注意到一个明显的集体分裂成两派。"在上学期间，学生们能够友好相处，相互合作，没有冲突地共享着空间。但是一旦出了校门，就没有多少联系了。这些学生打小就是朋友，她说，他们彼此之间变得越来越陌生了。

随着人们在社会交往中接触得越来越少，对他人的刻板印象也越发根深蒂固。共和党学生认为民主党学生道德沦丧，而民主党孩子则认为共和党人是白痴和基督怪胎。霍利跟我谈到了一个来自民主党家庭的"聪明的小伙子"。有一天，她正在租的教堂里上课，这个孩子不肯进去。"他在外面徘徊逗留，看起来很尴尬。"她说，"我轻声唤他进来，对他说：'你在干什么？你迟到了。'他说：'走进浸礼会教堂让我感觉不舒服。'好像里面的人会不由自主地抓住他、辱骂他，甚至动手教训他一顿。他都吓坏了。"

霍利将这种疏远视为思想滑坡的先兆。她担心"一旦他们思维僵化，一旦他们陷入政治上的自我定义，就不会产生什么交集，所留下的只会是对陌生人的负面评判"。他们彼此已经认识多年了，但他们正渐行渐远。她认为，在这件事情上，孩子的家长难辞其咎。"双方都是很好的人，却不会彼此往来。跨越界限塑造的友谊和家庭之间形成的联盟实在不多见。我希望这些孩子能打破界限成为朋友。"她说，"这些孩子没有找到终生的伙伴，我为此感到悲哀。"

她说："为此，我加入了'勇敢的天使们'①组织。"

显而易见的是，在这一点上，政治两极分化使陌生人不再是同胞关系——既是因为他们互相不再说话，也是因为他们彼此缺乏准确的了解。2018 年，一项民意调查曾发表在《政治杂志》（*Journal of Politics*）上，发现共和党人远远高估了民主党人中同性恋、黑人和无神论者的数量；同样，民主党人也高估了共和党人中老年人、富人、福音派和南方人的数量。意识形态斗争抹杀了我们对人类复杂性的理解，在当下尤为如此。这个分歧如此之大、仇恨如此之深，以至一方不仅憎恶另一方，而且把拒绝与另一方接触变成了一种道德上的美德，甚至视作一种命令。由此，两极分化开始演变成更危险的东西——宗派主义。礼貌被人理解成顺从，愿意与对方交流被认为是在背叛自己一方。显然，这是寄生虫压力。冒险与外部群体成员接触就是在冒着被外人感染并将病毒传染给你的同类的风险。

"勇敢的天使们"这一组织旨在让共和党人和民主党人共处一室，教他们互相交流。这提示着我们，人类与另一个人交流这样最基本的能力突然变得如此令人望而却步，以至一个组织需要把它重新教给成年人，这不得不令人沮丧，但这就是我们的处境。现在我们知道症结在哪儿了。人类对陌生人常常怀揣着矛盾的情绪。但是，当受到威胁甚至被迫感到威胁时，我

① "勇敢的天使们"是民间发起的项目，旨在缓解美国政治两极分化现象。——译者注

们会紧密团结在一起，宣誓凝聚一心，消灭对方。这是催产素在起作用，你应该还记得，催产素会帮助我们筑墙，也会帮助我们搭建桥梁。当我们感到相当舒适时，可以扩展我们的小圈子。我们想方设法地与陌生人联系，获得对方的支持，一起精诚合作、发明创新和分享想法，这正是人类文明的基础。

这便是"勇敢的天使们"的使命。他们试图尽可能向更多的成年人传授基本的社交技能，希望这些成年人在和政治上的陌生人相处时会更加自在，从而会对对方有更加细致入微的了解。这有助于他们发现彼此的共同点，从而使双方有机会进一步展开一些小的合作。最终，如果老天保佑的话，这个国家就会走上正轨。这个目标既小得可笑，又雄心勃勃。但这不是我们第一次看到人们尝试做这样的事情。不管是问候仪式、待人接物的方式，还是文化或宗教的兴起，长期以来，人类一直在设法调和对陌生人的恐惧和他们所代表的机会。一旦调和成功，陌生感便会消除，从而为更广泛的合作和归属扫清道路。

"勇敢的天使们"是三个男人想出来的点子，其中两位是资深政治活动家戴维·布兰肯霍恩（David Blankenhorn）和戴维·拉普（David Lapp），还有一位是优秀的家庭治疗师，名叫比尔·多尔蒂（Bill Doherty）。2016 年，美国大选后不久，布兰肯霍恩致电拉普，讨论他们能否在俄亥俄州召集 10 名希拉里的支持者和 10 名特朗普的支持者，看看他们能否互相交谈。布兰肯霍恩打电话给他的老朋友多尔蒂，说出了他俩的想法。多尔蒂说，这两人让他设法组织这场聚会，尽量让这件事富有成效，且尽量避免人们像大选时那样吵吵闹闹。多尔蒂同意了，认为这个想法有几分大胆，于是试着找一群可能对这种事感兴趣的两党人士。

2016 年 12 月，第一组成员在俄亥俄州的南黎巴嫩召开了为期两天的研讨会。目标不是改变任何人的政治观点，而只是探究有没有可能让他们进行富有成效的对话。多尔蒂为这场聚会制订了计划，包括以下几个部分。首先，参与者轮流说他们愿意参加的原因。多尔蒂回忆道："他们中的大多数人给出的原因是：'我们要在此管理一个社区，在此修建道路，让医院、学校运作下去。尽管我们之间存在分歧，但我们必须找到方法来完成这些目标。'"换句话说，他们压力很大，需要找到合作的方式。

一旦他们达成了这个共识，他们就必须克服第一个障碍——摆脱对对方负面的刻板印象。我们现在知道，刻板印象会加剧群际焦虑，并阻碍人们相互交谈。因此，多尔蒂把他所谓的"红派"和"蓝派"①分成两个房间，让两队列出一份清单，清单上写着他们观念中对方对他们小组持有的前四大刻板印象。举个例子，共和党人指出，对方控告他们都是种族主义者，而民主党人则认为，对方批判他们希望更强大的政府出面解决所有问题。然后一个工作人员问了参与者两个问题：第一，真相究竟是什么？第二，刻板印象中有真相的内核吗？

做这个练习是为了直面负面的刻板印象，但要避免在对话开始之前就扼杀对话。如果要求每一方说出对另一方持有的前

---

① 在美国，红派代表共和党，蓝派代表民主党。——译者注

四大刻板印象，那么感觉就像是在攻击，现场气氛就会剑拔弩张。但是如果让他们说出对方对自己一方的刻板印象，承认其中可能有一些道理，而后对其进行一定的反驳，那么参与者便会有自知之明，展现出克制、谦逊、智慧和诚意。这种练习就像一种问候仪式。最初，双方都很谨慎，但一旦开始，就让彼此更认可对方所具备的人性，一条通道便自然而然地打开了，这一步至关重要。多尔蒂说："如果人们抓住了真相的内核，研讨会便会轰然一声产生质变。"

其次是鱼缸会议①。一组坐在中间，另一组围着他们坐成一圈。坐在中间的小组被问到两个问题：为什么你方的价值观和政策对国家有利？你对自己的一方有什么保留意见或是担忧之处？随后，中间的小组内部讨论这两个问题，与此同时，外圈的小组也在认真倾听，然后双方交换位置。双方都不允许讨论或随意界定对方的观念。"你不可以说：'不像另一方，我们相信负责任的政府。'"多尔蒂说。因为在不同群体之间的交流中，大多数谈话破裂往往是在人们任意界定另一个群体的立场时发生的。当这些讨论发生时，每一方都能看到另一方展现出智慧、自省、自我审视、质疑、真诚等，这些都是人类所具有的复杂特征，而我们可能不愿赋予我们不喜欢的群体这些特征。会议结束后，人们自行两两配对，被要求回答他们从另一方那里了解到了什么，以及双方之间是否有共同之处。

_____

① 鱼缸会议是一种组织会议的方式。不同的群体本着合作的精神，一起分享各自的观点和资讯。——译者注

接下来，每一方都有机会问对方问题。我们知道与陌生人交流时提问的重要性。提出富有建设性的问题，可以向其他人表示我们正积极参与对话，可以帮助对方想得更清楚，而且可以让他们更喜欢我们。但在这里，双方都表现不佳。他们已经接触了相当长的一段时间，却没有对对方感到好奇，以至忘记了他们还有求知欲这回事。

"这一点不好，"多尔蒂说，"人们不知道如何提问了。"他说，人们更习惯于"发表声明"，比如"奥巴马医改是一场灾难"，或者是"婚姻是男人和女人之间的事"，这样的话不会引发什么争议。或者，红派会讨论政策，蓝派有性别歧视或排外心理。多尔蒂说："这种发表声明的方式，只是终结了对话。"

因此，多尔蒂再次将小组分开，让每个人与一名工作人员结对，引导他们提出 4 个好问题，这些问题实际上会让他们深入了解对方的思维方式。本质上，这迫使他们对对方抱有好奇心。要是他们之后想出更好的问题并向对方提问，参与者可以只问之后想到的问题，以进一步厘清他们对对方立场的理解。

多尔蒂说，练习提问产生了一些意想不到的效果。当被问到为什么他们如此笃信自己所信的，有时候参与者也会意识到，自己对这个问题的把握并没有他们想象的那么坚定。他们和自己认同的谈话对象聊了很久，随后便产生了一种智力上的懒惰现象。对他们来说，争论不是为了改变主意或澄清观点，而是为了表明自己是这个党派的成员。其他参与者仅仅意识到，在考虑对方的立场时，即便带着一丝主观性，他们也会被认为是坏得不得了。但是他们都练习了倾听和思考，而且在这方面做得更妥当了。

多尔蒂担心第一节课会出乱子。他观察发现，课上人们展开了真正的对话，也有人跨越党派界限成了朋友。其中之一就是一个名叫库希亚尔·莫斯塔什菲（Kouhyar Mostashfi）的人，他是一名软件工程师，1994 年从伊朗来到美国，住在俄亥俄州代顿地区。2000 年，莫斯塔什菲在小布什执政时参与了民主党派政治活动，对特朗普的当选怒不可遏。"这让我对共和党失去了信心，"他说，"我完全把他们视为国家的敌人。我讨厌他们，讨厌他们所有人！在我的生活和工作中，我讨厌我周围的每一个共和党人，我不想和他们有任何交集。"尽管如此，当一位民主党主席散发一份宣传单，首次宣传"勇敢的天使们"（最初被称为"更好的天使们"）时，他立马来了兴趣。他认为他们不能做什么来改变他的想法，他也不指望他们说的话会对他产生一丁点影响，但他还是很好奇。"我真的很想见见这些人，"他告诉我，"就像当你看科幻电影时看到了外星人，你会很好奇他们在干什么。这真的是我的动力。"

第一场聚会令莫斯塔什菲感到有几分惊喜。对方党派的人士比他想象的复杂、深刻。有一位红派人士是福音派基督徒，他认为同性恋是一种罪恶，但也照顾他身患绝症的同性恋兄弟。这名男子告诉该组织，他不会让他的宗教信仰破坏他们的关系。另一个红派人士也承认，在奥巴马执政期间，共和党人不该给总统惹麻烦。还有一位红派人士是格雷格·史密斯（Greg Smith），他曾是一名执法官员，也是一名虔诚的基督徒，他热情地为特朗普投票。史密斯性情粗犷，喜好社交，有点情绪化。在会议期间，他走近莫斯塔什菲，向他询问"伊斯兰国"的情况，一连串问题让对方不想继续回答。莫斯塔什菲告诉史密斯，和其他宗教一样，伊斯兰教也有极端分子。但他们后来聊得更多，相互之间变得友好了。第一场聚会时，留下了一部简短的纪录片。片中，史密斯散会后笑逐颜开，说莫斯塔什菲是他的"穆斯林好友"。

因为举办方的规则安排和中间人调解，两派的敌意和防御心理都得到了控制——每组人员可以对另一方表示好奇，而不用担心对方反应过激。这就像一张免费通行证，暂时停止敌对状态，它对参与者有着革命式的影响。"你知道，我们倾向于把这些人一概而论，但事实并非如此。"莫斯塔什菲说，"这个练习真的有用，帮助我重新看待他们，把他们看作人类，而不仅仅是当作邪教成员来看待。"聚会过后，他和史密斯共进午餐，并就宗教问题谈了三个小时，这段友谊延续至今。他们一起合作，在俄亥俄州西南部建立了"勇敢的天使们"组织，这是一个地方分会，史密斯担任一年的主席。（2019 年，我在圣路易斯的"勇敢的天使们"年会上遇到史密斯，后来他告诉我，他相信他第一次参加那场会议，是冥冥之中的天意。他还告诉我："我负责有趣，库希亚尔负责聪明。"）

多尔蒂说，第一场聚会"大获成功，超出了我们的预期，我们决定再接再厉"。截至 2020 年 12 月，"勇敢的天使们"拥有 13 000 名成员,在全美 50 个州都设有分会。这一数据还比较保守,但在 2019—2020 年,成员数量几乎翻了一番,在我们彼此都很少为对方考虑的时代,这为他们提供了希望的源泉。"这太高尚了,"莫斯塔什菲说,"每天都不容易。我也有不愉快的时候。我实在太讨厌这些新闻了,回到家就向我的妻子发泄:'像格雷格这样的人在想什么?他们怎么会喜欢这个家伙呢?'但我还是会去参加这些聚会,还是想去聊聊。要不然生活就是一团糟。"

当然,我们可以斟酌讨论"勇敢的天使们"的长期价值。我相信许多党派人士会认为,要么是一些傻瓜参加了这个活动,要么就是正常人被秘密洗脑了。诚然,当我第一次与他们接触时,我也怀疑这样的事情是否真能产生广泛影响。我担心极端主义政党人士,也就是最分裂的人,永远不会在这个活动中与人交好。多尔蒂承认了这一点:"对于那些苦大仇深的人,我们也束手无策。"

说实话,我并非没有恨过自己。像许多人一样,我曾非常蔑视对方党派,以至我深信共和党有一天会取得完全胜利。我不确定我是否真的在乎这些,只要我不必和他们共处一室就行了。但我也会对自己身边的自由派人士感到沮丧和失望,因为他们,我也被迫成了一个卑劣的党派人士。也许还是有希望的。当然,这个项目在某种程度上吸引了我,因为虽然我一直困在深深的愤世嫉俗之中,但我发现它经常受制于个人丰富的经验。这些经验告诉我,要是人们秉持着正确的参与精神,那么他们会让你感到意外。我好奇的是,之所以有很多人会拒绝交流,是不是因为我们已经忘记了如何进行交流——关于这一点，本书中已经反复论及了。多尔蒂也曾说过类似的话。"在我看来，有些人，要是你问他们，他们会说他们愿意和人说话，"他说，"但事实是他们不懂如何去交流。"

尽管"勇敢的天使们"这个组织理想远大，但我对它的主要兴趣在于他们所使用的谈话技巧。我想看看他们如何化解敌对党派之间的敌意和不信任，如何引导人们跨越他们观念中不可逾越的障碍。正如我们所知，与陌生人交流并非易事。即使是在理想情况下，它们也可能令人胆怯。我想找到其中最困难的那场对话，看看是否有办法克服困难。我想知道，与陌生人交流所带来的切实好处，比如幸福、归属感、信任，是否会转化成美国政治的炼狱之所，或者这种努力是否注定会失败，就像在盐土里种上的牡丹注定会凋零一样。因此，我飞往圣路易斯，参加"勇敢的天使们"的年会，随后我发现自己置身于一个宏大的大学礼堂，周围是来自全美 50 个州的数百名共和党人和民主党人，他们戴着红色或蓝色的挂绳，看上去像是要革命的地下党分子，一个个唱着国歌，这种表演方式让人感觉充满神秘感又具有颠覆性。他们准备花上几天时间与自己讨厌的人好好聊聊。

所有这些都意味着，2019 年的那场聚会刚开始充满了尴尬，就算按照聚会的标准来看，多少还是有些尴尬。当时现场有 300 名党派代表四处转悠，一半是蓝派代表，一半是红派代表。他们深感焦虑，有点害羞，还有几分谨慎。按照要求，每个代表都佩戴一条挂绳表明自己属于哪一方，其中有些人说这会让他们感觉暴露在外，易受伤害，就像胸前画着一个靶子一样。新来的人不相信此举会有什么作用。其中一些人告诉我，他们的朋友认为与对方称兄道弟是个馊主意。现场还有电视新闻摄制组，只要有人拿着摄像机，一些代表就躲起来。如果你可以用群际焦虑点亮一盏明灯，那么那盏明灯所散发出的光芒会蒙蔽我们所有人。

"勇敢的天使们"面临的挑战是克服这种焦虑和不信任，设法让这些参与者感到足够安全舒适，从而开始彼此交谈，更重要的是，开始学会倾听对方。为此，他们建立的组织是一扇通向政治的"问候之门"：逐渐让陌生人习惯对方的注视，让彼此产生好奇，减少攻击的本能，在专家的密切监督下，让他们慢慢地、小心翼翼地待在一起，看看能否形成一个和谐的同盟。这是聚会需要解决的问题，"勇敢的天使们"会尝试通过研讨会、议会辩论、演讲、聚会和联谊来达到目的。

这些辩论颇为新奇，可以吸引保守派，毕竟占成员总数3/10的保守派对"勇敢的天使们"没多大兴趣。自由派倾向于私下谈话，保守派倾向于辩论，这与政治学的研究不谋而合。一般来说，自由派往往具备所谓的接近动机，这意味着他们喜欢搭桥沟通，而保守派有回避动机，这意味着他们重视计划，会谨慎地看待其他群体，并注意保护自己。换句话说，一个喜欢联系，一个喜欢防守。也就是说，有些保守派怀疑在"更好的天使们"中"到这里来吧"的口号是一群巫婆设下的陷阱，这一点不足为奇。①

就我们的目标而言，聚会最有价值的部分就是安排了一对一的对话。这将为我们提供一个模板，以此作为参照，和与我们对立的其他群体的陌生人展开困难的交流。这些对话是这样进行的：红蓝双方面对面坐着，依次讲述他们各自的生活和信仰。每一方都试着理解对方的出发点，用这种方式，他们试图找到共同点。某种意义上，我们基本上又像是回到了研究黑猩猩的机构，数不清的小矛盾会在某一刻导致谈话破裂，乃至产生更糟糕的结果。

参与者得知，他们仅仅是以个人身份来到此处，而不是代表所属的政党，也不要以己度人，除非其他人明显地表现出来。他们只能表达自己的观点，而不能越俎代庖，私加揣测他人的想法。举办方告诉他们，对话的每个阶段都有设计的相关活动，要坚持活动精神——所以如果问题是"我们每个人都从对对方的倾听中学到了什么"，那么这就是他们可能讨论的主题，即使心中涌上一股冲动想要去纠正对方，也得忍一忍。在整个过程中，他们要轮流发言，互相尊重，平均分配时间，不打断对方。只有这么多的规则和监督才能确保他们展开很基本的人际互动，虽然这个事实确实令人沮丧，但规则还是要有的。它们

---

① 同样值得注意的是，政治学家龙尼·雅诺夫-布尔曼（Ronnie Janoff-Bulman）和纳特·卡恩斯（Nate Carnes）发现，正是那些处于保守和自由两种取向之间的社会运作得最为正常。他们写道，在这样的社会中，保守派的心态"可能会最大限度地规避投机行为和社会惰性所带来的风险"，而自由派的心态可能会促使跨越群体边界进行合作交流获取的社会利益最大化。

就像儿童自行车的辅助轮，又像是拐杖，帮助参与者建立所需的肌肉记忆，锻炼他们的协调能力，而不会撞得头破血流。

对话本身分为好几个部分。举办方首先让代表们解释他们决定参加这次对话的初衷，以此表明他们的态度，他们是真的想收拾好这个烂摊子，双方有共同的诉求。接下来，他们被要求分享一些关于自己的个人信息，包括他们的家庭情况，他们住在哪里，住了多久，以及他们可能有什么爱好或兴趣。正如我们之前所了解的，这种个人披露会吸引其他人也披露自我，并增强彼此的喜欢和信任。这也是丹妮尔·艾伦在上一章中谈到的礼物法则，如果你赠送对方一份礼物，就会得到一份礼物作为回报。在这份礼物被接受，双方建立了联系之后（当然也只有在那之后），代表们才能开始谈论自己在政治上的立场，但切记以个人身份来讲述，描述是什么样的生活经历让他们持有这样的立场，并解释为什么他们会认为这些观点对国家有益无害。最后，他们要说说对自己一方所持有的任何保留意见。

这种方法的高明之处在于，它迫使参与者改变我们在政治辩论中互相发表演讲的方式。通常，我们从最热门的热点问题开始。如果辩论是在网上发生的，我们通常会对一个人的观点进行反推，以证明这种观点愚蠢至极，随后把那个稻草人痛扁一顿，这样一来，我们的盟友会开心不已。但是这样的话，就形成了一个恶性循环。我们越是诋毁、嘲笑或轻视他们，我们就越是确信他们是肤浅的非人类敌人。我们越意识到他们是愚蠢的非人类敌人，我们就越不愿意去理解他们，越不愿意和他们交流。我们会觉得，这样有什么意义呢？就像试图和蚊子讲道理一样，要么一掌拍死，要么敬而远之。对方对我们的看法也一样。2016 年，美国西北大学的努尔·克泰利（Nour Kteily）发现，去人性化愈演愈烈，最重要的原因就是我们觉得对方不把我们当人看。

然而，在"勇敢的天使们"中，因为对话是从描述个人生平开始的，当陌生人坐在参与者对面时，其复杂的人性一览无余。双方说话时，不可避免地会发现一些共同点，毕竟是人类之间的交流（至少在他们感觉舒服的时候会有此感）。也许他们都养狗，也许他们都坐过邮轮，等等，不需要太多共同点，只要有就行了。共同点只是一个小小的桥梁，一个偶然的相似之处，一些能够建立融洽关系的东西，一种两个人之间相互喜欢的感觉。当对话进入更有争议的领域时，共同点可以确保对话正常进行。没有这种联系，对话就注定失败。你不能把一个奇怪的自由派人士和一个奇怪的保守派人士放在一个封闭的空间里，喊道："支持堕胎！"因为一方会说"你是个杀人犯"，另一方则会说"你歧视女性"，接下来就是一场口水战了。

但是一旦有了一丝联系，这道"问候之门"就打开了一丝缝隙。当参与者把对方当作人来相互了解时（比如他们的生活脱离了党派政治，信仰根植于真实的经历，拥有自我觉察和自我审视的能力），对话可以转向更尖锐的问题。在这个阶段，活动要求个人谈论自己对切身大事的看法，接着别人也如法炮制，理想情况下，这样的方式可以涉及任何潜在的领域，达成某种共识。接下来双方调转顺序，往复循环，要是他们还有时间，可以讨论两个附加题，分别是"你对国家充满怎样的希望和抱负"和"关于他们的希望和抱负，你听到对方说了什么，你们之间有共同点吗"。有人告诉我们，这样做不是为了赢得争论或改变对方的想法。正如多尔蒂所说，目标是抓住对方的论点并加以总结，令他们心悦诚服地表示："没错，我说的就是这个意思。"

在这个过程中，我在一旁关注着红派和蓝派。一开始，人们有点不安，拘谨地保持着礼貌。但在他们按照规则一步步进行后，你可以看到他们放松下来，变得更加活跃，不轻易动怒，而是全身心参与其中。在讨论中，笑声不时传入耳中。10 分钟后，这个地方的气氛就像酒吧一样。之后，主持人让他们和自己那一派人说说之前的对话，每个人都表示乐在其中。他们都承认自己很喜欢他们的对话伙伴。

大量的研究基于一种叫作接触的理念，强调了这些对话中发生的事情。1954 年，一位名叫戈登·奥尔波特（Gordon Allport）的心理学家提出了接触假说。有研究发现，相比某些不经常与其他群体交往的人，在军营生活的士兵以及在集成房屋生活的居民往往偏见程度更低。奥尔波特受此启发，提出了假说，他认为，在特定条件下，不同群体的人聚在一起，可以减少偏见，培养"共同利益和共同人性的观念"。还记得西奥多·泽尔丁吧，他认为，和陌生人交流就好比"清洗衣服，清除大脑中的固有偏见"。而在这里，也是殊途同归：接触使我们对偏见免疫。不过，奥尔波特所阐明的情况非常具体。理想情况下，为了联系能产生效果，人们必须拥有平等的地位、共同的目标、共同的任务，以及对一些制裁性力量的支持，这种制裁性力量可以是群体、法律，或是规范行为的社会规范。你会注意到，"勇敢的天使们"恰恰符合所有这些条件。

然而，其他研究人员发现，即使在不太理想的条件下，接触仍会产生影响。托马斯·佩蒂格鲁（Thomas Pettigrew）和琳达·特罗普（Linda Tropp）是接触假说领域的两位首席专家，他们对数百项研究进行了全面的分析。在他们的研究中，94%的样本表明接触可以减少偏见。他们发现，为了取得进展，最理想的情况是满足奥尔波特指出的所有条件。但他们还发现，持续接触能增加彼此的好感，并将这种好感"泛化"到我们碰见过的人之外。比如，这意味着美国白人在与伊朗移民展开积极的接触后，便可从中摆脱偏见，不仅会对某个移民更加亲近喜欢，而且会对伊朗移民群体印象更好。如果他们成为真正的朋友，那么这就是我们所知道的减少偏见最有效的方法——这一点不仅适用于朋友之间，还适用于朋友的朋友之间。换句话说，假设我好友的朋友是福音派基督徒，那么这并不会让我认同福音派基督徒的观点，也不会让我无条件地接受他们作为一个群体，但会让我对他们的看法有所缓和。这有助于我把他们当成个体来看待，将有助于减少偏见。通过观察我的朋友，我会感到安心，我是可以与他所在的群体交流的，他将为我示范该怎么和他们交流。

现在，一旦在"勇敢的天使们"的活动中建立了联系，这些陌生人就可以当面说出观点，这一点也是关键所在。之前在芝加哥展开地铁实验的心理学家朱丽安娜·施罗德和尼古拉斯·埃普利与心理学家迈克尔·卡尔达斯（Michael Kardas）展开了合作，做了一系列实验，向参与者展示了一些具有争议性的观点。其中一些观点是以文字记录的形式呈现的，一些是通过录音的形式传达的，还有一些是以视频的形式呈现的。随后，研究人员问了受试者一系列问题，询问他们如何看待持有这些观点的人：在他们看来，这些人是否品德良好，是否心胸开阔，是否反应灵敏，是否让人感到温暖，或者这些人是否肤浅僵化、冷若冰霜、更像物体而非人类？换句话说，他们认为这些人在多大程度上符合他们对人类的定义？

施罗德和她的同事们发现，总的来说，人们认为持有相反观点的人缺乏人性，这一点令人沮丧。但他们也发现，相较于文字记录，人们以录音或视频的形式说出反对意见时，参与者会认为持有这些观点的人更有人情味，哪怕参与者并不认同这些观点亦是如此。我认为原因在于口头说出时存在一些副语言线索，比如声调、音量、清晰度。当我们看到一个陌生人说话时，我们很难说服自己他们并非真正的人类，这不失为对次级心理现象的一种制衡。

后来，施罗德重复了这个实验。实验首先采访了 2016 年总统竞选初选的选民，询问了他们对候选人的偏好，然后采访了候选人。她得到了同样的结果，只是这次情况更极端一些。通过书面阅读所反对的候选人的观点时，参与者往往不会对演讲者有什么好感，认为他们没什么人性可言。但是当他们能够亲耳听到这些观点时，便会对持有这些观点的人热情得多。

同样，这是一个与网上政治对话不同的世界，在那里，去人性化要容易得多，因为你看不到他们。你看不到他们的脸，听不到他们的声音，也不知道他们的故事。对你来说，他们是政治观点的化身，仅此而已。但如果是一对一当面对话的话，情况就很不一样了。

在研讨会上，我和一个叫帕特·托马斯（Pat Thomas）的佐治亚州共和党人聊了聊，他说起话来拖着尾音，给人一种慵懒的感觉。他说他的对话伙伴是变性人，而他本人认为每个人只有一种性别，仅此而已。他告诉我："她是一个非常好的女人，我俩相谈甚欢，这让我觉得，人们有这些我无法产生共鸣的经历，但我应该对此持开放态度。"同样，他认为自己对"政府应当扮演的角色"这一重大问题的看法，对方也只是知道罢了，并不会产生多大共鸣。

这些研讨会的意义就在于重新学习对话——培养纪律性和专注力，学会倾听他人的声音，说话起到让人理解的效果。一旦人们感到舒适，他们就有可能摆脱这种训练形式，在有组织研讨会的保障之外尝试新的对话。当他们准备好迈出这一步，并开始在户外进行对话时，"勇敢的天使们"又举办了一个研讨会，向他们展示其中有何窍门。

组织者告诉参会者，诀窍在于一开始就设定合理的对话基调，以免引发防御或敌意。要做到这一点，我们必须真诚地表达对对方的好奇，我们必须在一开始就提到我们的政治立场，这样就不会让人觉得这是在请君入瓮。当我们提问时，我们应该先征得对方的允许——比如"关于这一点，我能问你一些事情吗"，以此表现出我们的克制和自我意识，不要让人感觉到像是在审问。就像我们从乔吉那儿学到的，这是一个预框架结构。它确定了这种即将发生的互动的本质。之后，正如我们在无偿倾听中所看到的，我们要问一些具有澄清性的问题，比如开门见山地问"你为什么会有这种感觉"，别去问"你怎么能这么说"这样带有情绪性的问题。

组织者告诉我们，当我们的伙伴回答我们的问题时，要聚精会神地倾听，适当地点头，进行眼神交流，解释他们说的话，做他们的一面镜子，这样他们就能看到我们在试图理解，就像乔吉之前教我们的那样。在"勇敢的天使们"中，倾听至关重要。越来越多的心理学研究表明，在党派政治的背景下，对倾听者和被倾听者来说，倾听的力量有多么强大。

我们之前提到过以色列商业教授和心理学家盖伊·伊茨恰科夫的研究工作，他发现，当人们感到有人在倾听时，他们会放松下来，更可能去分享自己的真实想法和感受。伊茨恰科夫称人们此时身处一种"安全状态"。他认为这种安全感"使说话者能够更深入地探索自己的意识，挖掘出关于自己的新见解——有些见解甚至可能挑战以前他们所持有的信念和看法"。换句话说，当你觉得自己没有受到攻击时，你更有可能去思考，而不是简单地回避或排斥对方。我们都有过这样的经历，在说话的时候对方很认真地倾听着你，你会突然对自己的观点有所顿悟。这就是伊茨恰科夫所说的东西。通过认真倾听，我们可以帮助对方更好地思考。

更有希望的是，专注的倾听也能减少说话者更极端的想法。伊茨恰科夫发现，当说话者感到焦虑时，他们更有可能经历心理学家所说的"防御性信息处理"。此时，我们基本上屏蔽了所有与我们的既有观念相矛盾的信息。我们都会出现这样的情况，比如当我们压力过大的时候，但如果过头了，便会屏蔽掉所有新信息，不断放大我们的既有观念。然而，被倾听可以缓解焦虑，从而减少防御性信息处理。这时，就发生了一件奇怪的事情。演讲者会意识到自身立场并不一致，并对争论双方产生更微妙的理解，这就是所谓的"态度的复杂性"。

伊茨恰科夫和他的同事们在 2018 年发表了一篇论文，文中写道："参与者在报告中表示，当他们的对谈对象擅长倾听时，他们自身的态度更加多元复杂，也就是不再那么极端。"换句话说，对方只需倾听，而不是反驳你或是提供更准确的数据，就可以帮助你澄清信念，深化你对特定问题的细微差别的理解，并减少你个人的极端性。2020 年，伊茨恰科夫发表了另一项关于高质量倾听的研究成果，这次的研究是为了探讨倾听能否减少偏见。他让几百个以色列参与者对个人偏见展开讨论。一些人说话时，对方展现了高质量倾听——支持、同情和理解他们；相比之下，其他人说话时，对方倾听的质量并不高。伊茨恰科夫发现：那些被对方认真倾听的人，偏见强度下降了；那些没有被很好地倾听的人没什么改观。他认为，这是因为被认真倾听的人会降低防御性，从而能够更充分地探索自己的观点，更加主动地表达自我。

回到"勇敢的天使们"上来，有人告知我们，在我们表达了好奇心、提出了好问题并倾听了答案之后，轮到我们发言回应时，我们应该尽量突出个性化。我们可以使用以"我"为开头的语句，而不是直截了当地下定论。我们可以说"我担心我们正在接近全球变暖的临界点"，而不是直接说"我们正在接近全球变暖的临界点"。我们可以批评自己的党派，以证明我们不是党派的机器人。我们应该指出彼此之间的共同点，但是当我们不认同的时候，可以先说一些"我懂你的意思"之类的话，以显示你确实在倾听。我们可以通过讲故事来吸引对方，因为相比直接摆事实，讲故事更容易让人听下去。

伊茨恰科夫也研究过这个。此外，他还进行了另一项实验，让演讲者给听众讲述有意义的故事，或者是灌输一些关于建筑物的纯信息内容。事实证明，对于那些讲述有意义的故事的人，听众听得更投入。"我们得出结论，当演讲者分享有意义的故事时，他们的对话伙伴会听得更认真，演讲者从而在心理上感到更加安全，社交焦虑感也会随之减少。"

正如我们所知，不安和社交焦虑是激化两极分化的助燃剂。只要你能找到克服它们的方法，你就可以展开真正的对话或辩论。这就是在"勇敢的天使们"中使用许多技巧的目标所在。当这些技巧取得成效时，可以减少怀疑、刻板印象和敌意，播下善意的种子，让我们走上理解的道路，去理解一些既显而易见又难以捉摸的事物。我们在与陌生人交流时，脑海中经常出现一个念头：他们并非只是无脑的无人机或愚蠢的傻瓜。事实上，他们拥有复杂的人性，他们不愿意我们直接给他们贴标签。他们会向我们展现他们的洞察力、想法、惊喜乃至他们本身。要说服我们自己，这并不容易，因为我们的政治立场以及我们自身所获得的信息，都形成了统一战线，抗拒着这个念头。但是，正如我们在本书里所了解到的那样，最好的方法是冒险，鼓起信心，勇敢地和这些陌生人交流。

我得承认，他们主动找我攀谈了起来。整整 4 天，我与来自全美各地的红派和蓝派交谈。一个害羞的自由派年轻人告诉我，他觉得自己在周末学会了与人交流。在一次交流中，他说对方所展现的思想深度令他感到"震惊"。他直言："这种感觉就像是锻炼到了一块肌肉。"一位来自华盛顿特区的共和党精神病学家告诉我，她从不公开表露自己的党派立场，因为这会影响到她的事业。但正是因为她要在生活中守住这个可能会影响她生计的秘密，她成了一名对跨性别客户更有同情心的治疗师。

我看着多尔蒂对满屋子的人说："一直斗下去的话，结果就是两败俱伤，我们双方需要找到一种相处的方式。"我点头表示赞同。有人认为人们展开讨论其实是在承认自己有缺点或是缺乏决心，我听到多尔蒂的联合创始人布兰肯霍恩公开反对这种观点，他说："要是我说这样想本身就很软弱呢？毕竟，还有什么比友好地对待身边人要求更高、更严肃的吗？"小约翰·伍德（John Wood, Jr.）是来自洛杉矶中南部的黑人共和党人，我听到他向大家呼吁"爱国同理心"，即我们对国家负有义务，有义务控制自己的厌恶情绪，有义务同情我们的政治对手，我们必须对他们的生活充满好奇，并对他们的命运充满希望。这让我想起了陈腐的美式道德，我之前提到过，它经常出现于讣告之中，即"从未见过陌生人"。我头一次觉得，只要足够努力，就可以跨越看似无法逾越的界限。

聚会后期，我问佐治亚州共和党人托马斯，他都经历过什么。他吸了一口烟，说他从来没有回避过冲突。他是爱尔兰人，所以他好像并不需要所谓的安全感。但这次聚会还是让他大吃一惊。"我以为双方会有更多的激烈争吵，但这里的每个人都保持着理智。"他说，"我们都是美国人，都很讲道理。我们可以自治，我们可以互相交谈，我们共同度过了这个周末。"

我告诉他，作为一个局外人，看到这些令我感到有趣，因为我注意到每个人一开始都或多或少有些焦虑，而一旦适应了，就渐入佳境。这次聚会就像夏令营一样。午餐时间，自助餐厅里吵闹不堪，蓝派和红派正在寻找对方，打算展开交流。我告诉托马斯，我感到如释重负，当我与陌生人互动良好时，总感觉像是得到了解脱。我想知道这是不是渐入佳境的一部分。"在这里，每个人都感到如释重负，就连我也不例外。"他说，"真让人精神振奋……当我们知道可以和陌生人互相交流时，都松了一口气。事实上，我们可以说服对方以不同的方式看待某些问题。"

他靠在椅背上，吸了一口烟，说道："这种现象会像野火一样蔓延，我认为，'勇敢的天使们'运动很了不起。"

我也感觉到了个人层面的变化。作为一个生活在美国东北部的城里人，相对于生活在我家乡以北 100 英里的人来说，可能我和东京人有更多的共同点。对我来说，最陌生的人是来自乡村的共和党人，他们陌生到几乎让人无法理解的程度。我对他们的了解几乎都是官方媒体和社交媒体过滤后的，绝不是在寒碜他们。诚然，互联网的存在，会让我接触到各种各样的真知灼见，但推特的算法体系让我不断接受我已经同意的观点，后来我就把推特卸载了，还有脸书也不例外。在很大程度上，这种算法似乎是一个导火索。我发小的同事不知何故在网上看到了我的帖子，于是我与发小的同事之间产生了不合，我们都感到愤怒不已。凡此种种，都并没有让我加深对对方的认识。

我得和圣路易斯的这些人待上一阵子。尽管在许多事情上，我们的意见大相径庭，但我们可以坐在一起聊天，可以谈笑风生，享受对方的陪伴，这既是一种意外之喜，也是一种会心的释然。如今，在激烈的党派斗争中，每当内心有冲动想要把他们都驱逐殆尽时，我就会想起这些人，想起曾经和他们的交谈。长期以来，我对像他们这样的人一直心存偏见，于我而言，他们仿佛生来就是来纠正我的偏见的。关于这一点，用接触假说理论也可以解释：当你以个人身份平等地与其他党派的成员面对面交谈时，便是把自己看作了这场活动的一分子，要淡化他们的存在并非易事。你已经将他们纳入自我，自我已经得到了延伸。在一度低迷的 2020 年最糟糕的时候，我发现自己时常想起他们。人们往往会消极地来描述整个地区，我就会想："是的，但是我在圣路易斯遇到了一个人，他跟我说了一些很有意思的事情……"

我当然不是在说"勇敢的天使们"传授的方法可能会在未来解决这一切。组织者肯定也不会做出这样的承诺。对我来说，要让美国实现在建国时对所有公民所做出的承诺，需要解决的大部分是法律和政策问题。现实情况很复杂，很难达成人人获益的局面。要让这个国家完全运转起来，也许还需要 10 年、

20 年甚至更久。虽然前途坎坷,但这并不意味着我们应该放弃尝试。赫拉克利特[1]曾写道,归根结底,和谐来自对立事物之间的张力,学会与那些因文化、政治和环境的变化而走向陌路的同胞交谈仅仅是个开始。但是在一个缺少希望的时代,走出第一步至关重要。一旦开始了,就感觉什么都有了,开始交流是唯一正确的事情。

聚会结束几天后,我打电话给霍利,也就是在本章开头提到的那位老师,问问她有什么感受。她说:"那次经历之后,我的多巴胺始终维持在较高的水平,这真的是我人生中一次非常棒的经历。我与别人的思想正在融合,这种融合令人得到了改变,我现在已然成了狂热分子,唯一的愿望便是我此生能一直博采众长。"她已经开始与当地的组织接洽,跟他们讨论在当地发起"勇敢的天使们"活动。到目前为止,人们已经接受了她的倡议。她想把所学到的技巧传授给她的学生,并以"勇敢的天使们"的模式为基础举行课堂辩论。她羡慕可能会接触到这种模式的年轻人。她说:"他们需要尽早锤炼自我的思想,需要怀揣勇气和毅力,掌握这种强大的生存技能。"

然而,她说,她丈夫一开始对此深表怀疑。"他绝对属于红派,因为红派人士总是担心会受到极左翼分子的怒喝、侮辱。"她说,"极左翼人士会对他们口诛笔伐,责骂他们是蠢货,令他们深感愤怒,陷入屈辱的处境。"当她告诉丈夫她想去参

---

[1] 赫拉克利特,古希腊哲学家,朴素辩证法的代表,他有一句名言广为人知:性格决定命运。他还宣称,人不能两次踏入同一条河流。——译者注

加"勇敢的天使们"活动时，他认为这将是一个不错的社交场合，但没什么太大的意义。但是，接下来的几天里，她和陌生人展开了深入的交流，话题涉及哲学、宗教和政治，从不担心最后双方会对对方嗤之以鼻、破口大骂。她已经注意到，研讨会和辩论是怎样助推人们塑造自身行为的，又是怎样激起人们进行更高质量的讨论，促使他们展开更清晰的思考的。她说她不仅了解到了蓝派的细微差别，而且同样看到了红派的诸多差异。

"我知道，我听起来就像是某种疯狂的皈依者，"她说，"但这个过程充满了快乐——邀请某人加入令人愉悦。现在组织大概有7 000名会员，也许还不是很庞大，但备选方案又是什么呢？难道要让我们在绝望中放弃？"她不害怕前途渺茫。她笑着说道："基督教一开始也只有少数信徒，但正是这少数的信徒对整个世界产生了巨大的影响。"

一年半后，也就是在2020年12月，总统大选结束不久，我和"勇敢的天使们"项目的一位发言人聊了聊。他说，他们不得不取消聚会，但他们一直都会在数字平台上进行更多的对话。他说，人们的在线率很高，科技能够如此轻松地缩短红蓝双方的距离，这令他尤为激动。他说，在11月，就有1 300名新会员注册并缴纳了会费，占到他们全部会员的10%，这创下了一个新的纪录。他说，他们一直在和更多的有色人种、更多的工人阶级，当然还有更多的保守派进行积极的接触，通过与民间组织和教会的合作同他们产生交集。他说，要做到这一点并不容易，但目前已经取得了进展。

我也给霍利发了邮件，问问她怎么样了。邮件中使用了"勇敢的天使们"的行话——共和党人是红派，温和派是紫派。她回了邮件："我没再参加'勇敢的天使们'的活动了。我的红派朋友中，已经没有人还属于红派了，而我们当地团体中自称'紫派'的成员已经让这些红派加入了他们的组织。我徘徊于否认、绝望和愤怒之间，对此我真的受够了。现在，我们美国人又重新回到了形同陌路的局面。"

　　也就是说，我们面临的任务十分艰巨。

第 20 章
邂逅陌生人

不妨设想一下，你一起身，便来到了异域国度，摇身一变，成了一个亲外者。

清晨时分，走出家门，发现眼前是一个陌生世界。你要到哪里去？要去赶地铁吗？还是去赶公共汽车呢？倘若如此，不妨停下脚步看看身边的世界吧。欣赏一下自然的美景，打量一番身边的行人。把手机放进口袋，摘下耳机，认真地感受这个世界吧。

你身边是不是还有别人？当你看到他们的时候，要提醒自己，他们不是没有感情的工具，也不应该是障碍，而是和你一样，也富有智慧和情感。你应该对他们保持好奇心。他们在干什么？他们要去哪里？不要直接擦身而过，试着和他们交流一番吧。当你们之间只有几步之遥时，尝试进行眼神交流吧。如果他们也用眼神向你问好的话，那么你报以微笑，跟他们道声早上好。有些人也许不会注意到你的举动，但多数人会看到你在礼貌地问候，于是他们也报以微笑问好。这时，你心里的感觉是什么样的？记住这种感觉，继续往前走。

然后你走到了咖啡馆。在咖啡馆里，会出现什么情况呢？通常情况下，我们不会和陌生人讲话，而且为了能尽快买到咖啡然后离开，我们不喜欢和排队的人搭讪。但是前文提到过，人与人之间的社交摩擦可以让我们进一步融入社会。你走到了队伍的最前面，此时店员可能会和你打招呼，问你今天过得怎么样，这是最基础的客套。但你要学会反套路出牌，用真诚的语气和他进一步交流。你可以耸耸肩，回答道："如果满分是 10 分的话，我会打 6.5 分。"接着问他过得怎么样。他很有可能还是接着你的话讲，比如说今天过得还行，大概打 7.5 分。这时你就要学会接过话茬，基于对方的回答，继续交流说："我也想过得更开心点，你有什么建议给我吗？"从对方给你的回答中，你可以大致判断出他是个什么样的人，有什么样的性格特征。而且刚才你向他征询建议，其实是对他的一种赞美，因为这表明你认为他不仅仅是一个卖咖啡的店员。如果有人在排队买咖啡，那么向店员道谢，然后拿上你的咖啡离开咖啡馆；如果刚好没人排队买咖啡，那么你还可以继续和店员聊聊天。也许你会担心该如何结束对话才显得不那么唐突，试试"你好，我得先走了，和你交流很愉快"，实话实说就是很好的结束方式。

你是怎么去上班的？如果是自己开车的话，那么和陌生人交流的机会就很少。但如果是搭乘公共汽车或者地铁，那么和陌生人交流的机会还是挺多的。虽然你心里可能会有隐约的担心，担心他们会拒绝你，或者你不擅长和人交流，好像没有什么可以讲的话。你担心，和陌生人交流，并不是社会鼓励人们去做的事。这些担心完全是自然的，也完全可以理解。现在，抛去这些杂念，勇敢地去与人交流吧。

一旦你坐上了公共汽车或者地铁，可以先环顾四周，看看有没有座位，没有的话就得站着。无论坐着还是站着，你都可以试着和身边的人交流，最好是一起站着的，或者是一起坐着的。如果你是站着的，却和坐着的人讲话，那么可能会让人觉得你在俯视他们，你会让他们感到压抑。虽然这么做无可厚非，但你要注意到，这也许会导致尴尬的局面。最理想的情况是，和挨着你的人一起聊天。看看你身边的人在干什么，带着好奇心，和他们讲讲话。比如，问问他们发生了什么有趣的事情，你也喜欢他们穿的外套，或者你好像也听说过他们正在看的书。这些都是用来暖场的话题，可以帮助你们展开对话。有个社会心理学术语叫"多数无知"，意思是，有些人看上去不想和你讲话，这并不意味着他们实际上也不想和你讲话。但同时你也要学会察言观色。如果身边的人一直戴着降噪耳机，闭着眼睛，那便不要试图和他们攀谈了。

如果你感觉到身边的人还是比较外向的，那么你可以开始和他们讲话了。要判断出是否可以展开对话，这种敏感性要经历过多次实践后才能培养出来。在尝试过多次之后，你就能轻松判断出身边的人是想要和你讲话的类型，还是不想理睬别人的类型，只有这样，你才不会打扰到其他人，采取妥当的行为。你可以上来就说："不好意思，打扰到你了，我知道在地铁上，一般来说，大家都不怎么聊天，但是我真的很喜欢你的外套，所以想和你说说话。"这番话可能会出乎对方的意料，所以你可能需要重复一遍自己的话。如果对方给了你肯定的回答，你就可以继续往下说："我一直想买一件新外套，能不能告诉我你的外套是在哪里买的？"类似的话都可以。接下来你们的对话也许就会围绕外套展开了。通过这种方式，你就和对方成功聊了起来。这会儿，你感觉如何呢？还害怕和陌生人讲话吗？还是感到些许的轻松？你甚至因为和别人聊天而感到开心，因为这比你想象中的对话好得多。

也许你一下子说了不少。毕竟一旦你习惯了和人聊天，就像是打开了一扇大门，让你知道怎样才能轻松地和人交流，与他人产生共鸣，从而获得归属感。或许他们对你喜欢的东西也同样抱有兴趣呢。也许在你们谈论这件外套的时候，你也慢慢了解了对方是个什么样的人。把自己融入对话，保持微笑，点点头，对对方所说的话表示附和，让对方觉得你的确很投入。也可以问对方几个常见的问题：为什么是这样呢？你是什么时候意识到这一点的？见微知著，从细节中可以看出一个人的行为习惯。和不同的人交流，可以让你学习新的事物，或者激发出前所未有的新想法。对话中提到的某个画面、某句话或者某个视角，给你留下了深刻的印象，也有可能在未来某个时刻起到决定性作用。你甚至会觉得自己得到了升华，眼界更开阔了，对世界的理解更深刻了，对命运有了更强的掌控力。

当然，也有可能对方不想和你讲话，那也没关系。他们可能有些疲惫、心烦意乱，或者有自己的想法，不太喜欢讨论个人隐私。你要坦然接受，继续向前。

现在到了午餐时分，你刚好逛到了一个小公园里。阳光灿烂，你找到了一个阴凉处的位置，旁边还有一个喷泉。我们都知道，喷泉旁边总是会聚集很多人，他们往往是过来看看景色放松一下的。这里就好像是一条城市的街道，人来人往。与其说它像是一条河，不如说像是人们聚集的潮汐池。在这里，如果想和人讲话，便不必感到拘束，因为公园里的氛围通常是很放松的，没有那么多的条条框框，大家在公园里可以无拘无束地交流。也许你会和一个不同类型的人聊天，比如他们的肤色和你不一样，或者他们是老年人或残疾人。无论如何，你可能会感到有些紧张。你担心你们可能聊不下去，你可能会说错话，或者遭到对方的拒绝。这些担心也是很正常的。不要害怕，勇敢地去与人对话。

还记得之前提到的三角基点吧。如果你们都在看同一样事物，或者经历同一件事，那么你们之间就能建立起一个纽带，形成"你俩"的小圈子。比如，你看到有一群孩子在打篮球，你上前说："我以前也可喜欢打篮球了！"这样你们可能就展开了一段对话。你俩会开始聊聊你的童年、你平时做的运动项目，甚至还会聊很多其他的事情。又或者，你学习了英国人见面时寒暄的方式，说今天天气还不错，但是记得要说得具体些，多讲一点评论性的话。举个例子，不要简单地说"好天气"，可以展开说"天气真好啊，秋天终于来了"。虽然这一点背后没有科学的理论支持，但事实证明，如果你和一个陌生人讲到对天气的喜好程度，你们很快就会开始聊到自己的家乡，那这样，对话就会变得有趣起来。

　　如果你和对方讲述了一些私人的事情，那么对方可能也会告诉你一些私人的事情，这样你们的对话就会逐渐深入下去。只要不在对话中出现什么晦涩粗鄙或者荒诞不经的话，你们就会渐渐信任对方，进而对对方产生兴趣。在聊天的时候，要听得仔细一些，不要打断别人的发言，也不要坐立不安。注意和对方进行眼神交流，同时观察对方的肢体语言，看看对方是不是赞同自己说的话，是不是喜欢和自己聊天。要知道，你们双方都有可能低估自己的表现，以为对方不大想和自己说话，其实不然。就比如好客待人的传统吧，只要双方都觉得舒服了，差不多就是到位了。所以让对话内容自由发展吧，你可能还会感到惊喜呢。如果你们交流得还可以，那么可以试图问问对方对某件事情的建议。你可以从对方的回答中看出他是个怎样的人，而且有可能对方真的解答了你的困惑。在大多数情况下，提问都会让人显得更加谦虚。这仿佛带有一丝风险，但是提问对人们的交流来说很重要，因为人们大体上都会回答你提的问题。

　　然后结束的时候，和对方来个告别，"我得走了哦，和你聊天真的很开心呢"。现在可以回想一下，最初你觉得和人讲话是什么样的，但实际情况又是什么样的。这样一对比，你就不再担心和人聊天了。谁知道呢，也许有了这次交谈，以后遇到类似群体的人，你都不太会焦虑了。甚至有可能，你对整个群体都产生了好感。至少这表明你是能够和人好好交谈的，这便富有意义。你代表个人，也代表群体的成员，顺畅地与人交谈，对你和社会来说都是一种胜利。你了解了别人的生活方式，同时，你自己的生活也因此变得丰富多彩。

所以你有什么样的感觉呢？是疲惫不堪、如释重负还是疑虑尽消，抑或是三种情绪兼而有之？这样吧，你不妨暂且先休息一会儿，然后满血复活。因为和人聊天还是耗费精力的，如果你累了，对话就很难进行下去。如果你需要时间独处，就自己待一会儿吧。毕竟人累了，什么都干不了。

接下来，假设你要去酒吧，或者去参加市政厅会议，或者前往朋友家参加一场鸡尾酒会。任意设想一个令你感到舒适的场景。这时，有个陌生人开了一个不太恰当的玩笑，你有点被冒犯到了。你自然可以无视这些，也可以和这个人讲道理，但我给你的建议是，先深呼一口气。因为一旦你俩展开激烈的争吵，就很有可能陷入无意义、无休止的死循环。你俩都十分愤怒，分别表明自己的立场，不断激怒对方，同时又坚信自己没有问题，而对方十分差劲。有时候可能会制造出一些笑料，但到最后，你会发现你只是白白浪费了自己的好心情和宝贵的时间。

所以这次，你决定抑制住发泄情绪的冲动。这其实挺难做到的，因为一般情况下，我们习惯于发泄自己的情绪。你先深呼一口气，然后告诉对方你的立场，语气温和地说，也许对方对自己所持的观点有一些误解。你要试图缓和你俩之间的矛盾，可以说："你看，我只是共产党的一名公职人员，所以对此持半信半疑的态度。"你不必去攻击对方的论点，不要质疑对方的动机，也不要去假设什么，相反，你只需要陈述自己的想法和信念。你也别把自己的想法当作毋庸置疑的事实，毕竟上天或自然规律都没规定这一条，你也不是什么权威人士，所以最好用上"我发现了……"的陈述句，然后再开始讲讲你自己的故事，表达自己的想法。一般而言，一味地向对方输出事实道理，很有可能会造成对方的排斥与厌烦，相反，讲故事能很好地吸引人，因为故事能让你的人物形象变得更加丰满，让对方相信，你并不是在说教或者争辩。向对方表明，你并没有所谓的答案，而为了理解对方，你做出了最大的努力，同时，表明你对自己的立场也有所保留。这样一来，对方也不会对你太过分了。

现在让对方发言吧。他们为什么会这么想？他们是些什么样的人呢？你得先做好心理准备，因为有可能对方讲的话会让你再次感到生气，甚至让你产生一种扑上前去打对方的冲动。所以，你要控制住自己，不要冲动，保持好奇，问一些开放式的问题，不要让场面陷入胶着状态。千万别说"我简直不敢相信，大家能放心让这种人去骑三轮车，呵呵，就更别说参与民主投票了"。你可以问"为什么这对你来说如此重要呢"，"你的父母在政治上持什么观点"。这么问只是为了更了解对方，并且向他们表明，你可以站在对方的立场上清楚地阐释他们的态度。这么做的话，你会看起来非常友好。记得要给对方留有空间，让他们来发言。他们之前有过什么样的故事？你能从中得知哪些信息？

你们的谈话继续进行着，注意你比一开始平静了多少。一开始，你肯定不是这么想的。你的立场有没有一丝丝的改变？

对方有没有开始让步？你们双方都不必完全改变彼此的看法。在这么短的时间内，要想通过交流改变对方的看法不太可能。你能做的是达成互相理解，把看似不可调和的矛盾变得融洽，拉近彼此的距离。你们之间肯定也会有一些共同话题，聊聊可以达成共识的事情，即使只是很小的一件事，也能起到比较好的作用。即使没有找到共同话题，也没关系。至少你已经亲眼看到，在你不断练习如何对话，找人实践对话之后，你与陌生人之间已经能够有效且真诚地对话了。毕竟，你现在拥有了对话的自信。找人聊天的任务有一定的艰巨性，尽管它令人生畏，但你没有退缩。你现在是一个探索家、漫无目的的旅行者。你敞开心扉与人接触，这就足够了。

第 21 章
新的社会复兴

现在，你们大概都了解我了，我是一个喜欢讲述古老故事的人。所以在最后一章，我也同样给大家讲个古老的故事。

很久很久以前，有一个美丽的地方，上帝和一个男人在那里生活。在这个仙境般的地方，种着一棵"知识之树"，当时流传着一项规定，所有人都不许靠近这棵树。但是，这个名叫亚当的男人偏偏对知识之树充满好奇。他毕竟是人，无可厚非，人是抑制不住自己的好奇心的。奇怪的是，上帝把人设计成对万事万物怀有好奇的样子，却又把满足好奇心设定为一种罪行，这里我们暂时先不考虑这一点。

在一段时间内，亚当能够抑制住自己的好奇心，不伸出双手去触碰那棵禁树，生活一切如常。但渐渐地，他时常感受到孤独。同样奇怪的是，上帝会把人安排在天堂世界，但同时也让人容易孤独，然后上帝又创造了一个新的物种——超级合作猿，但又觉得他们过于自大，竟然开始通力合作建造巴别塔，所以惩罚他们不再互通语言。这一点，我们在这里也暂时放一放，先不考虑。

上帝接着创造了世界上第一个女人——夏娃。上帝想让夏娃来给亚当做个伴，以免亚当过于孤单。这也意味着，夏娃是第一个要为发生的事情承受责备的女人（参见：潘多拉）。夏娃当然也对这棵禁树感到好奇了，更严重的是，她被狡猾的蛇给说服了。这条蛇还是上帝放在伊甸园里的，不知道出于什么原因，而且原因在法庭上也是讲不清楚的。夏娃还要求亚当偷吃树上的苹果，亚当只好屈服了。也许是因为两人之间存在某种男女关系，如果发生了争吵，那么这方面的故事可能就少了很多。又或者是，夏娃说出了令人信服的话，所以亚当不得不去偷食禁果。

不管这背后的原因是什么，事情就这样发生了。于是危机就此降临。亚当和夏娃对自身感到羞耻，成了这个世界的陌生人。他们被驱逐出那个曾经熟悉的世界，来到了一个完全陌生的地方。如果你是一名信徒，你就会觉得，他们要满足好奇心的决定是基督教的原罪，在原罪的基础上滋生出许多其他罪行，玷污了我们以及世世代代孩子的灵魂。你会觉得，这就是我们被判以处于这一世界的原因。我们仿佛生活在一个山谷里，周遭都是陌生人。我们还需要很多这个世界上很稀缺的东西，比如人生的意义、他人的关注、安全感和归属感。在此引用伟大的哲学家康德的话，从造就出人的如此弯曲的木头中，不可能加工出任何完全直的东西。引用另一名哲学家的话，我们在这个世界上再也没有家了。亚当与夏娃的原罪也许便是其中的原因吧。

我们生活在一个奇怪的时代。世界早已改头换面，并且仍处于日新月异的变化之中，未来我们也将面对这个不断更新的世界。世上唯一不变的，就是变化。我们知道，人类生来就有迁徙的能力，不同群体之间能够相互融合，也有非凡的适应能力。我们也明白，改变是一件好事，可以帮助改善我们的命运，也可以帮助我们更好地存活下来。但是，改变也让人疯狂。许多人目睹了社会、文化、经济和技术力量的不断演进，人类曾经熟悉的世界已经随之发生了天翻地覆的变化，曾经熟悉的事物变得如此陌生。在全新的环境中，一系列社会事件的发生，让人们变得既害怕又孤独。

　　在美国（但不仅仅是美国），政治上根深蒂固的两极分化已经愈演愈烈，同胞们四分五裂，大家不再对未来充满期待，都是只顾自身利益。大家都是一国的同胞，但彼此之间都是陌生人。社会不平等现象十分严重，以至上层统治阶级用怀有偏见的眼光来看待中下层人民的生活，他们只会异想天开，满口无稽之谈，却没有了解老百姓个人真实的生活体验。他们之间都是陌生的，但问题是，只有一小部分人执掌权力。数百万在历史上被边缘化的人，现在要求得到承认和包容，要求享有他们的同胞长期以来认为理所当然的权利。他们对大多数人来说是陌生人，但他们渴望得到关注。由于世界上不少地方战火不休、经济贫困或者气候多变，当地的居民大量迁出，迁徙到陌生的地方。他们也成了陌生人，准确地说就是背井离乡的陌生人和流亡者。

　　人类面对这些变化，自然很容易感到迷失方向。很久以前，人类对自己生活的地方十分熟悉，明白自己属于哪个群体。但是随着所处地方的变化，这些群体有的互相融合，也有的解散了，或者新的群体出现了，那就意味着产生了新的事物和生活方式。在这种情况下，我们会觉得世界仿佛变成了一盘散沙，对此感到烦躁不安。如果我基于周围的世界建立对自我的认知，那么当这个世界改变时，我会发生什么？我又是谁呢？

　　这是个值得思考的问题。詹姆斯·鲍德温（James Baldwin）在 1976 年写道："一个人只有在身份受到威胁的时候才会受到质疑，比如强者开始倒下，或者弱者开始崛起，或者有陌生人进入大门。因此，永远不要成为陌生人。陌生人的存在让你成为陌生人，不仅让你对陌生人感到陌生，还让你觉得自己陌生。"如果你扎根于这个世界，这个世界却改变了，你就会成为陌生人中的陌生人。

　　我们努力理解彼此之间的关系，思考如何融入人群之中。人际关系的不确定性会转化为我们的焦虑，焦虑接着会转化为被威胁或被抛弃的感觉。这些也许可以让我们从社会中退出，但也有可能会让我们猛烈抨击这些人和物的变化，希望以此来恢复旧的秩序，重新拾起随之而来的舒适感和归属感。但那是个傻瓜的游戏。你无法将社会恢复到过去的样子，就像你无法回到自己的童年一样。当你认为可以的时候，你最后肯定会觉得失望透顶。当社会认为可以的时候，那便是战争的前奏了。

　　但我似乎有些开窍了。在某种程度上，我理解了在一片陌生的土地上成为一个陌生人的感觉。过去，归属感和认同感对我来说是相当简单的事情。我是一名来自马萨诸塞州波士顿的爱尔兰白人男性作家。我知道什么是男人，以及男人存在的意义。我也知道天主教教徒是什么样的人，作家是什么样的人，但说实话，我从来没有想过做一个白人是什么样的。我深深扎根于某个特定的地方，有某种特定的性格。我有兄弟姐妹和相当传统的父母，父母长大的地方距离我长大的地方很近，我周围还有一群熟悉的人。虽然我偶尔会对此感到恼火，感觉生活仿佛一成不变，但与此同时，我也感到极大的安慰，觉得生活安稳，我很清楚如何看待自己，现在依然如此。

　　那么过去 20 年发生了什么呢？波士顿的变化让我对它感到陌生，天主教在骇人听闻的丑闻中崩塌了。互联网摧毁了许多纸媒，重新定义了作家在社会中的地位。传统的性别角色被打乱、被遗弃、被重塑。我成为一名父亲，在全职工作的同时，人们期望我投入更多的时间和精力来养育孩子，这是以往任何一代男性都无须承受的。接着我搬到了纽约，一座堪称"美国陌生人之都"的城市。那么，在这场混乱的革命中，我是谁？我属于哪里？

　　就此而言，你是谁？你属于哪里？这是个值得思考的问题，也许是最值得深思的问题，但这个问题还是可解的。

　　这个世界很奇怪，它让我们感到孤独。新冠肺炎疫情把人与人之间的距离拉到了最远，但在冠状病毒到来之前，我们一直受困于名为孤独的流行病。自 20 世纪 70 年代以来，美国人，甚至所有西方人，已经逐渐远离了公共生活，彼此之间也越发疏离。罗伯特·帕特南称此现象为结茧。曾经有那么多和其他不同的人一起进行的活动，现在都变成了待在家里的个人活动，或者只是几个人小范围一起进行，人们不再一起跳舞、一起去俱乐部或民间组织、一起去教堂做礼拜。心理学家奥斯卡·伊巴拉写道："我们的社会似乎处于一种衰退的状态，这里的衰退指的不是一个环境混乱、人们对自己的生活感到恐惧的社会，而是一个与他人的互动较少、互相疏离的社会。"

这样的社会趋势，与社会信任度的急剧下降以及日益增加的孤独症和抑郁症是相呼应的，这会形成一个恶性循环。心理学家发现，在某些情况下，孤独的人正因为孤独的痛苦而越发远离社会。也许是因为长时间独处后，他们对人与人之间的交流感到格外紧张，或是他们的社交技能严重退步了，以至都忘记了如何社交。也许他们甚至忘记了自己需要社交。我们知道健康的人际关系对我们的身心健康至关重要，但我们没有得到所需的东西，于是不断挣扎，这种挣扎造成了巨大的破坏。

我们都是孤独的，但这并不等同于我们都是独立的个体。我们知道，在狩猎-采集时代，人类的祖先融入群体，是因为他们意识到必须相互依赖才能生存下去，部落和部落定期聚会才能维持彼此之间的和睦关系。社交就是生存，生存就是社交。这就是我们进化的过程，也是作为一个非常善于合作的物种蓬勃发展的历程。然而，具有讽刺意味的是，尽管我们在社交能力上大幅退化，但比起祖先我们更加依赖他人。[1]

就拿我自己举例来说吧。我简直是无可救药地依赖别人，我不会缝纫，不会打猎，不会钓鱼。就连有一次我种西红柿，它们长出来的样子也像是对大自然的冒犯。我甚至不确定自己能不能换轮胎。我在很多方面都是一个无能儿，但是大多数我赖以生存的陌生人对我来说都是无形的。我在手机上点了外卖，于是食物就被送到了我家门口；我又点了点手机，我的收件箱里就有了一张机票。我不用看任何人，也不用和任何人说话。我不是这方面的局外人，我们其实依赖很多人，但这些人和我们实际上没有任何社会联系。现在我们可能需要打电话给另一个人来点比萨，于是被这件事弄得心力交瘁。对一个非常社会化的物种来说，这是绕了一个大弯。

与此同时，随着科技的发展，大量陌生人仿佛变成了纯粹的工具，他们满足了我们的需求，却注定要成为永远的陌生人。第4章提到了发展心理学家迈克尔·托马塞洛，他研究道德的演变，并将相互依赖和道德联系起来。"对完全能够自给自足的个人而言，他们自己能获得他们所需的一切，也便无公平或正义可言。"这里他转述的是苏格兰哲学家大卫·休谟的话："为了实现公平正义，社会中的人们还是得对他人的依赖有所感受。"我们一如既往地依赖他人，但我们中的许多人也想出了一个办法，避免和陌生人打交道或者交流，以防产生不愉快的感觉，但正是广大陌生人使我们得以很好地存活下去。不再

---

[1] 这里值得引用爱尔兰剧作家萧伯纳的话："独立？那是中产阶级的亵渎。我们都相互依赖，地球上的每个灵魂都是如此。"

和陌生人交流是导致社会和道德危机的原因。

这一点也会让我们个人付出代价。经济学中有一个观点，即市场经济中的人际互动教会人们如何在陌生的环境中表现自己。这让人们更擅长社交，并学会相信陌生人。我们早些时候提到过人类学家乔·亨里奇，他发现，市场经济文化氛围浓厚的国家里的居民，更有可能信任陌生人，甚至是不同种族的陌生人。因为他们和陌生人面对面互动得较多，给陌生人的信任也得到了足够多的回馈，因此他们会普遍相信陌生人。然而，现在越来越多的交易行为是线上进行的，虽然效率大大提高了，但我们会失去什么？我们失去了人与人之间的联系，这需要付出很高的代价。人与人之间的互动越来越少，我们的社交能力便不用则废；社交能力越差，我们就越担心与陌生人交流；我们越焦虑，就越不可能和陌生人交流；我们越不愿意和陌生人交流，就越难理解他们，忽略了大家都是平等的人类。

这是个奇怪的时代。我发现自己的国家正处于崩溃的边缘，所以着手启动了这个项目。我快完成这个项目的时候，新冠肺炎疫情又暴发了。社会的现状加速了我们的政治隔阂，疫情的蔓延又让我们离现实世界越来越远，我们这些居家隔离的居民尤为如此。在新冠肺炎疫情危机期间，对许多人来说，很多事情都是在线上完成的。比如我们在互联网上购物，然后商品通过快递的方式被"无接触配送"到家门口，教学也是通过在线交流平台展开的。数字化原本是现代生活的一个发展方向，但现在像是一刀切一般，人与人之间的面对面交流完全被线上交流替代。

隔离对许多人来说是一种创伤。人与人之间不再接触，大家都生活在压力之下。一项研究结果显示，抑郁症患病率增长了两倍，心理学家开始担心，隔离的经历会对孩子们造成永久性的影响，导致他们患上所谓的"广场恐惧症"。

但居家隔离的经历也算是对我们的警示，因为它让我们提前感受到未来的样子，如果没有疫情，我们可能就会被动地默认这种未来。疫情给了我们一个机会，让我们能够停下来思考，扪心自问：我们喜欢这样的未来吗？我们喜欢活在线上虚拟世界中吗？还要这样保持下去吗？因为对我而言，如果不改变社会现状，那么居家隔离的样子仿佛就是我们未来的样子。大家都是独自待在房间里，盯着屏幕，很少或者几乎不去和其他人见面。人们所有的物质需求都可以通过线上操作得到满足，我们根本不需要与人交流，订单中的商品就会被无声无息地配送到门前，配送员仿佛鬼魂一般来去，不为人知。我们以为这种高效的生活方式可以带来快乐，这个想法有些愚蠢了，因为这样的生活方式恰恰让我们感受到深深的孤独。

那只是未来的一种样子，它不应该成为"我们的未来"。

我现在再来讲另一个故事。它还是一个古老的故事，但不及伊甸园那般古老。

图阿雷格部族[①]属于游牧民族，基本在西非的马里生活。这个民族的主要活动范围是他们称为"泰内雷"的西撒哈拉沙

---

① 图阿雷格部族，西撒哈拉和中撒哈拉的柏柏尔人。——译者注

漠，这是一片广袤而空旷的土地。他们想要谋生，就得远离自己的家人和爱人，离开熟悉的地方。沙漠里的生活十分艰难，望着无边无际的沙漠，时间仿佛无穷无尽，这让他们产生了"思乡"（asuf）的感觉，他们口中的这个词也可以理解成"乡愁"。但是，正如马里学者易卜拉欣·阿格·优素福（Ibrahim ag Youssouf）及其同事所指出的，对"思乡"更准确的定义是"在广袤无垠、充满敌意的神灵之地上，沙漠中绝望的人们尽力忍受无人光临的空虚，忍受在大自然面前人的渺小和脆弱"。

沙漠是危险的，沙漠里的居民也沾染了危险的气息。沙漠部落在历史上经常发起战争，互相打斗。因此，如果两人在沙漠里相遇，他们必须极其谨慎。如果一个人从很远的地方看到另一个人，必须打个招呼。否则，万一被别人看到了，然后不打招呼就消失，别人就会怀疑他们是在伏击，于是会发起进攻。如果他们经过一个峡谷，或者碰面后各自往相反的方向走去，那么有时需要喊一声示意。如果是迎面走的话，那么肯定会碰上别人，也需要问候一下。

图阿雷格部族人为了适应这里的生活，不得不出此下策。但其实他们的心里十分矛盾，毕竟他们心系故乡、怀有浓浓的乡愁之情，渴望和人接触交流。可是他们同时也明白，"人与人之间的互动并非总是和谐的，人们受到的伤害大多是别人带来的"。他们必须遵循这里的问候仪式。首先，人与人见面的时候，按照当地的习俗，要行额手礼，接着两个人要握手。这个仪式十分微妙，光握手这一项就比我们平常的握手复杂，这里连续的问候动作更为如此。一切主要还是因为人内心的矛盾感：一方面，思乡的男性渴望和其他人有身体接触；另一方面，这种身体接触可能会让他们从骆驼身上被拉下来，死于泰内雷。

所以他们握手的时候一定要非常小心。如果手抖得太厉害，可能会被认为是不信任对方的表现，便会遭到对方的攻击。而图阿雷格部族人也很讨厌被怀疑的感觉，他们并没有什么恶意，不过是想缓解乡愁罢了。双方都需要很小心，不可以表现得太过可疑，也不能太过傲慢。他们需要对对方表现出好奇的样子，但又不能太过好奇。

同时，图阿雷格部族人必须有礼貌，因为在荣誉文化的国家中，侮辱别人是一件很严重的事情。骑骆驼的时候，他们逢人就得打招呼。先握手，握完手之后再做完其他问候仪式。双方可以互相交流信息，问路或者给对方指路，告诉对方哪里可以补充水分或者食物，哪里有营地。大家都是孤独的人，生活在一个这么危险的地方，在这片令人迷失方向的广阔天地中，与个人的渺小做斗争。和陌生人接触交流，可以让生活变得更加容易承受，也不那么孤独。在前文中，我们已经讲了很多和陌生人交流的重要意义，人类需要克服内心的恐惧，因为和陌生人交流可能会带来不一样的机会，这是人类物种进化成功的原因，也是社会进步的源泉。西撒哈拉沙漠的故事是一个缩影。我们在人生的道路上，也仿佛身处撒哈拉沙漠，难免会产生思乡的情绪，所以需要学习图阿雷格部族人和别人握手的艺术。

这是一个奇怪的时代，但历史上并非没有先例。正如我们一次又一次看到的那样，人类在面对外界威胁、社会崩溃的时候，总是能找到与陌生人合作的新方式，知道如何适应这个不断变化的世界。从狩猎-采集时代到城市和主要宗教的出现，社会不断发展，超级合作猿的能力也提高了许多。再到后来民主的诞生、启蒙运动的兴起、关于民权和人权观念的传播，使人类交流的能力大大提升，这与陌生人之间的交流密切相关。

众所周知，上述这些活动并非完美无瑕，很多把女性排除在外，或者并没有让所有人都享有平等的公民权，有一些小的矛盾冲突甚至演变为大的斗争。我意识到自己是站在一个特权阶层的视角来表达的，我并没有因自己是异类而惨遭折磨或者被迫害致死，我不是异教徒，也非少数族裔。当不同国家或者文明之间发生冲突时，我也并没有成为政治上的炮灰。但我深知，人类内心深处藏有令人感到恐惧的东西。我寻思着人性的善与恶，对我而言，人性既能激发希望，也能激发恐惧，但我对此充满希望。

我认为你也可以对人性抱有希望。

"陌生人不再是例外，而是常态化的存在，"社会学家莱斯利·哈曼（Lesley Harman）写道，"一旦陌生人被边缘化，他们便会被载入史册。"那么我们该如何在这个新世界里生活呢？第一，我们要认识到，彼此之间越是疏远，我们实际上拥有的共同点越多，这不失为一种矛盾的观点。我们看到，在堕落的世界里，西方宗教的早期信徒成了陌生人和寄居者。这非但没有使他们一直疏远下去，反而成为力量和团结的源泉。哈曼认为，这个世界变得越发陌生了，早期信徒因此回想起自己作为陌生人的经历，于是创造出一种新的归属感和认同感来应对周遭的变化。在理想的条件下，这可以让他们拥有更强的同理心。他们知道陌生是什么感觉，所以他们可以想象别人深有同感是何种心情。老话说得好，当每个人都是陌生人时，那么谁也不再是陌生人。曾经让我们分裂的原因，也会是我们团结的动力。

几千年来，无权者、被奴役者和被压迫者在这个世界里一直充当着陌生人的角色。他们总是受制于许多恶意的力量，这些力量尝试分散他们，践踏他们的人性，把残酷的命运强加给他们，还宣告其他文化表明这些陌生人是次等人，让大家不要与之交流，因为他们令人费解，而且永远不能真正融入主流文化。

当今世界，人与人之间的隔阂程度虽然不像以前那么严重，但仍然令人苦闷，对单一文化造成了冲击。单一文化指以前代表大多数人利益的集体，我也算得上其中一员。目前的社会文化发展，让我们觉得人与人之间又有了疏离感，我们可以试着做点什么来改变这一现状。但这行不通，这些努力都以失败而告终。相反，如果我们承认自己感到无所适从、困惑不已、有些害怕，便可以推己及人，想到其他人可能也是如此。如果我们都感到孤独，那么那些处境更差的人怎能不孤独呢？这便是道德责任感的开始，也是解决我们当前困境的开始。"认识自己就是认识他人。"詹姆斯·鲍德温写道，"如果我知道我的灵魂瑟瑟发抖，我就知道你亦是如此。要是我能保持敬畏之心，我们都能好好活下去。"

我们将如何生活？我们会是谁？这就是问题所在。在我为撰写本书做研究的时候，我经常想到世界主义的概念。长期以来，我一直对世界主义持怀疑态度，因为它要求消除国界，去除国家和群体特征，倡导全人类团结起来形成一个集合部落。首先，我对此观点持保留意见，毕竟世界上有各式各样的人，管理难度大。其次，我要找谁来帮忙打造这样一个部落呢？我甚至不确定我们是否需要一个更大的新团体，但至少不是我们想象中的那种通常意义的团体。在我参加"勇敢的天使们"的聚会的时候，一个由哥伦比亚移民抚养长大的共和党人正在讨论"合众为一"的概念。她说：现在有"众"的部分，但到哪里去找那个"一"？如果我们都要变成那个"一"，那么"一"应该是个什么样子？

　　我在书中提到过政治学家丹妮尔·艾伦，她认为，我们需要放弃对"一"这个概念的偏执，而应该把注意力转移到"一体"上来。她写道："一体意味着公民可以多元化地发展。真正的融合并非彼此同化，而是互相交流、资源互通，让不同群体之间流动起来。事实上，不同群体之间的交流碰撞以往已经发生了，并将一直进行下去。"我对她的观点深表赞同。我认为，组建更大的团队也许是未来发展的一个方向，但我不认为这是正确的发展方向。借用科学的概念来讲，我怀疑我们需要的不是网络电视，而是区块链。换句话说，我们需要的不是去减少大物件的数量，而是更多能够协同工作的小物件。简单地概括来说，就是我们并非一模一样，但我们都在这里。

　　这就是世界主义与我们的项目相吻合的地方。"世界主义"这个词看上去比较"高大上"，但它并不是说大家要有一个群体身份，它指的是个体如何在群体中表现的一种观念模式。加利福尼亚大学洛杉矶分校的历史学家玛格丽特·雅各布（Margaret Jacob）曾很好地定义了"世界主义"，她称之为"带着愉悦、好奇和兴趣去体验不同国家、不同信仰和不同肤色的人，而不是带着怀疑和鄙夷，对各式各样的人毫无兴趣甚至厌恶他们。"这种世界主义观认为，生活在一个多样化的世界中，人们要训练自己对他人感到好奇，而且这种好奇不是病态的，是建立在你们共同拥有的人性的基础上的。要相信无论各自的地位如何，你们都是平等的。这并非说，你不能为你的民族遗产、国籍或者信仰感到骄傲，而只是意味着，你认识到原来世界上还有其他不同的可能，并对这些丰富多彩的人和事感到好奇。

世界主义观于我们而言是一次挑战，从某些方面来讲，这违背了我们的本性，至少我们天生会对文化层面的陌生人选择保持距离。在历史长河中，这种谨慎的态度可能是一种优势。"部落心理学思维定式的一个结果是，人们可能倾向于感知不存在威胁的地方。"研究群际关系的心理学家沃尔特·斯蒂芬这样认为，"当威胁不存在的时候感知到了威胁，可能比威胁确实存在时却没有感知到威胁的成本更低。因此，人们自然而然地倾向于感受到来自外部群体的威胁。"然而，在如今多样化的世界里，错误地感知外部群体的威胁并非小事一桩，这是一个代价极其高昂的错误，甚至是一个致命的错误。想要避免这个错误，就要对其他人的生活抱有好奇心。

正如我们刚才说的那样，好奇心有利于瓦解偏见和分歧，因为对一个陌生人感到好奇，相当于减少了次级心理问题发生的可能。原先你或者你所在的文化会对陌生人有一些偏见，但保持好奇有利于增进对他们的了解，并让你相信好奇心最终会带来回报。这就是为什么狂热者厌恶好奇心。维也纳心理学家阿尔弗雷德·阿德勒（Alfred Adler）写道："对自己的同伴不感兴趣的人在生活中会有很多困难，也会对他人造成很多伤害。"

我认为，上述世界主义观是对此的解药。这是一种新的公民信仰，可以通过每天与陌生人交流来练习，学习如何做到好客、认真倾听、礼貌问候、友好询问，这些都是我在书中讲到过的。你练习得越多，与陌生人的互动越多，你就越能自如、熟练地打破人与人之间的藩篱。

当然，这件事具有挑战性，需要一个飞跃性的改变。但是，我们可以向陌生人灌输信念。另外，与陌生人交流并没有我们想象的那么困难。如果你愿意和陌生人面对面交流，或者哪怕是在网上和陌生人聊天，只要是以正确的态度对待这件事，就能抚平这个时代带给人们的一些伤痛。和其他人交流能让你感觉到更有价值、更加快乐。有了和其他人的联系，便少了许多孤独感。同时，这也会让你的思路变得更加清晰。在当今世界人与人之间普遍不再互相信任的情况下，这能让你对周围的人们感到些许信任，也能让人们更加信任你。这也能让你看到，我们的世界是丰富且复杂的，你会学着慢慢了解该如何在世界上生活。我们之间存在差别，并非都是一样的，但也只有这样，生活才是有趣的。虽然偶尔有反面案例存在，但总体而言，与陌生人交流可以让你明白，尽管人与人之间有差异，但我们还是能够友好地沟通与合作。

　　然而，这种信念的源泉并没那么神秘莫测，它无关什么仪式、信仰。它完全来自你周围的人，只要你愿意与陌生人交流，你每天都会有不一样的新鲜体验。你和人们讲话的时候，会变得更加快乐、更加健康。一旦有了足够多的人这么做，世界就会变得更加美好，尽管这不能解决我们所有的问题。如前所述，为了实现物种的进化，许多系统需要重建。我们经常因身边的威胁或者感知到的威胁而倍感压力，在生活中因艰难困苦而挣扎，但我们应该减少这些焦虑感，从而缓解对陌生人的恐惧。我深知这样的改革有多艰难，但也相信，如果我们彼此永远互不相识，那么将一事无成。改变始于学着去和陌生人交流，无论是和我们一样的人，还是不一样的人，都最好尝试去讲几句话，通过一天天的进步，重建自我成为社会性生物。我相信，参与他人的生活，彼此之间产生交集，将是我们下一场的社会复兴。

　　我认为我们有能力迎接这个挑战。这是一个令人眼花缭乱的世界，但我们并不像想象中那般跌跌撞撞。相反，之前发生的一切让我们为此做好了准备。康德将世界主义定义为自然的"终极目的"，即顶点。我同意他的观点，几千年来，我们在往世界主义的方向发展，社会的发展与创新就像是引擎，推动了我们对陌生人的信任，且范围逐渐扩大。如果我们不因生态灾难或核灾难而遭到灭绝，社会继续发展的话，我们就有机会继续前进。

与陌生人交流的成果将与每个人息息相关。以往的社会创新让我们趋于一致，我们受到外部的控制，遵循仪式、传统和单一文化，相信一旦犯错就会受到上帝或者法律的惩罚，但现在这些控制许多已经不复存在了。从某种意义上来说，这似乎让世界陷入了不可挽回的混乱状态。但从另一种意义上来说，我们可以感受到，这些过去发生的事能让我们更好地应对未来。我们同样看到，作为个体是享有能动性的，毕竟人类的进化不光是先天或者后天决定的，事实上是两者共同发挥作用。在整个历史长河中，人类形成了一种行事习惯。只要是对人类的繁荣有利的事，我们就把它奉为惯例，视作传统，根植于内心深处，随着时间的推移，它仿佛被刻入我们的基因里，成为我们的天性。

然而，人们的天性也是不断变化发展的，最终会变成什么样子，将取决于我们自身。虽然我们对世界、对彼此都比较粗心，但事实上，我们是唯一一个对自己的命运有如此大的控制权的物种。我希望我们能迎接时代的挑战，在一个不确定的时期蓬勃发展。1751 年，法国哲学家德尼·狄德罗（Denis Diderot）将世界主义定义为"世界上不再有陌生人"，希望这句话可以成为我们未来的样子，人们之间不再感到陌生。让我用一句老话来结束这段话：从未见过陌生人。这句老话就像是一种祝福，为我们指明了前进的方向。

我们开头谈论的是伊甸园。我可以看到伊甸园的吸引力，这是一个温暖、安全、无忧无虑的地方，一小群互相熟悉的人居住在这里。偶尔我觉得世事艰难的时候，也想生活在这种地方。但是我也很容易感到无聊，我喜欢新的面孔、造访新的地方，想听新的观点、新的笑话、新的故事，想吃新的食物，喝新的饮料，听听新歌。我还喜欢它们相互混合的样子，从而产生更加新奇和意料之外的东西。我个人理解了泽尔丁关于与陌生人交流的创造性想法，从无到有地发起对话、形成见解，同时它也改变了我，我通过接触他们的生活和故事得到了成长。我对这个世界的设想受到了挑战，但我还是感到安心，即使周遭的世界在嗡嗡作响。

所以我对伊甸园的故事有不同的理解。我不认为这是人类的陨落和原罪，相反，我认为我们应该为夏娃建造纪念碑，也许还要为那条蛇造一座碑。我认为冷漠才是真正的罪恶，而好奇是治疗孤独和冲突的良药。在我看来，要是亚当没有被逐出伊甸园，他会保持原来的样子，继续做一个没有文化的人，待在这个美好的伊甸园，脑袋空然无物，一直做一个陌生人。他永远无法变成现在人的样子。如果是我，我也会选择偷食禁果，然后离开，去往一个新的世界，和陌生人一起在那里生存。

致　谢

　　我发现，要写好一本书绝非易事。我读了好几年的书，一直错误地以为写书和阅读一样，不存在什么难度。哈哈，我在开玩笑啦，但说实话，本书的构思、宣传、报道、撰写和编辑各个环节都富有挑战，再加上我身为父亲，在这一年里需要陪伴睡觉不安分的孩子，这时新冠肺炎疫情又暴发了，国家濒临崩溃，让本已充满挑战的工作变得更加艰难。在这里，我第一个需要感谢的人是我的妻子琼（Jean），感谢她在整个过程中忍受了我的疯狂，感谢她多年来对我的关爱和支持。我非常幸运，20年前在马萨诸塞州的剑桥遇到了这个陌生人，当时的我吵吵闹闹、固执己见，还没有工作，而她正好在那里出现了，碰巧是正确的时间和正确的地点。

　　我也要向女儿琼表示一点感谢，她试图用她的睡眠问题影响我，但她后来明白了，我不是那么容易被影响的。孩子，你是快乐、欢笑、古怪和灵感的无限源泉。虽然你不喜欢赞美，但我为你骄傲，我很爱你。不管你喜不喜欢，你都是我的宝贝。

我非常感谢我的母亲琼·基奥恩和父亲埃德·基奥恩。我很开心看着你们两位能够按照自己的方式生活：经常搬家，和别人聊天，总是交新朋友。我认为这是成功生活的典范，我打算到我老了的时候也和你们一样。谢谢你们，本书很大程度上是献给你们的。我也要感谢我的兄弟姐妹们：克里斯（Kris）、约翰（John）和邓恩（Den）。你们三个很聪明，生活总是很快乐，是你们的力量成就了今天的我，无论如何这都很有价值。

　　本书之所以问世，是因为有一天早上，我和《时尚先生》的前老板戴维·格兰杰（David Granger）在曼哈顿艾森伯格的三明治店里共进早餐时聊到了这一点。格兰杰曾被称为历史上最伟大的杂志编辑。我和他讲到在楠塔基特岛遇到的出租车司机，我们便在想这里面的东西是不是可以写一本书出来，这正是本书的起源。于是我写了一个简要的文案，他表示很不错，然后我又修改了那个文案，但他消失了，并开始不接我的电话，也许他觉得我写得很糟糕吧。幸运的是，他后来又重新出现了，然后我们顺利完成了方案。感谢他杰出的编辑能力，更重要的还有他的热情和支持。如果没有他的参与，本书绝对不会出版，为此我很感谢他。他是一名伟大的编辑、一个伟大的人，能点燃人们对文学创作的热情。

　　几年前我在《时尚先生》工作的时候，遇到了马克·沃伦（Mark Warren），当时我为了能够有地方刊登自己的文章，就把他的一篇文章删掉了，从他对我生气的那一刻起，我就知道我们注定要一起完成一项大工程。在我写书的时候，他为我提供明智的建议，一直陪伴着我，同时帮助我编辑了本书，给了我许多帮助。他是一位伟大的编辑、一名认真守法的文人，在他身上能看到幽默感和道德感的完美融合。此外，他给我的编辑意见，可以说是我收到过的意见里面最好的。他说："在这一章的结尾发生了一些事情。我们一直哼着歌，想着确立一个观点，然后我们的话题分散了，开始泛泛而谈，偶然之间谈论到陌生人，谈着谈着忘记了时间，忘记了原先要做的事。如果还有下一次的话，希望我们能专注点，围绕一个话题集中展开。感谢我的朋友！"真的希望所有作家都能够如此幸运。谢谢你，马克，好好休息。

同样，我要感谢兰登书屋的安迪·沃德（Andy Ward）、汤姆·佩里（Tom Perry）、蔡纳·斯基特（Chayenne Skeete）和丹尼斯·安布罗斯（Dennis Ambrose）对本书的悉心编辑，而且在协商的过程中他们也十分有耐心。

在整个过程中，凯文·亚历山大（Kevin Alexander）更是汇集了各种想法、灵感、见解，给我发各种短信和图书行业的动态新闻。他帮助我解释我难以解释的事情，让我在最疯狂的时候保持理智，即使碰到火烧眉毛的事情，他也十分平静。他对初稿的批注还是一如既往地准确到位，彰显出他的聪明、有趣和活力。亚历山大是我最喜欢的作家之一，也是我最喜欢的合作对象，但我现在没办法，欠了他的人情。这一切结束后，我要请他去拉乌尔酒吧喝酒。

内特·霍珀（Nate Hopper）是我的同事，也是我的朋友，偶尔还会跟我一起做些恶作剧。他为我的初稿提供了非常明智且有益的修改意见。他作为编辑，天赋异禀，可谓真正的天才，对糟糕的文笔、陈词滥调和粗制滥造的论点疾恶如仇。要是没有他敏锐的洞察力，本书会漏洞百出、文理不通。内特，谢谢你所有的帮助，也谢谢这些年来你的陪伴。很抱歉我和尼扎（Nizza）在你的新秀赛季对你如此刻薄，但那只是生意而已。

感谢维拉诺瓦大学已退休的罗伯特·威尔金森（Robert Wilkinson）博士。您是我遇到过的最好的老师，没有人能比得上你。如果没有您的热情鼓励、宽容以待以及谆谆教导，我不会以写作为生。我希望无论您在哪里，都能有优秀的伙伴、动听的音乐以及好书陪伴，手边还有一瓶很棒的苏格兰威士忌。谢谢您。

我还要感谢很多帮助过我的朋友，不言而喻，要不是他们慷慨地抽出时间到我这儿来闲逛，并且回答我所有愚蠢的问题，本书也无法诞生。他们个个才华横溢、业务繁忙，依然抽空帮我，令我十分感动。特别感谢吉莉恩·桑德斯特伦、乔吉·奈廷加尔、妮克（Nic）、朱丽安娜·施罗德、波莉·阿克赫斯特、罗恩·格罗斯、乔伊丝·科恩、迈克尔·托马塞洛、道格拉斯·弗里、乔·亨里奇、波莉·维斯纳、加布里埃尔·卡亨、安德鲁·施赖奥克、本·马西斯、萨拉·特蕾西、尼基·特鲁谢利、克里斯·蒂特索特、拉里·扬、亨特·弗兰克斯、克利夫·阿德勒、华金·希莫、朱达·伯杰、辛西娅·尼特金（Cynthia Nitkin）、宰·奎因（Jae Quinn）、L女士、罗纳德·英格尔哈特、奈兰·拉米雷斯-埃斯帕扎、杰伊达·贝尔克-瑟德布卢姆、西奥多·泽尔丁、劳拉·科尔贝、阿列克西·内乌沃宁（Aleksi Neuvonen）、卡尔·沃尔什、穆罕默德·卡尔库特利、乌利·博伊特·科恩、托马斯·诺克斯、丹妮尔·艾伦、"霍利"、比尔·多尔蒂、夏兰·奥康纳（Ciaran O'Connor）、厄尔·池田（Earle Ikeda）、伊玛目哈立德·拉蒂夫、拉比·伊桑·塔克（Rabbi Ethan Tucker）、托马斯·里斯（Thomas Reese）神父、马特·麦克德莫特（Mat McDermott）、史蒂文·安格尔（Steven Angle）。我还要感谢耶鲁大学让我使用人类关系区域档案。感谢回复我电子邮件的其他几十人，总的来说，他们给我指明了正确的方向，减少了我犯错的概率。感谢琳达·罗斯特（Linda Rost）和尼克·托马斯（Nick Thomas），当我旅居伦敦时，两位留我在他们可爱的家里过夜。

本书起源于楠塔基特岛半夜的那辆出租车，而我能去楠塔基特岛是因为编剧协会给我提供了资助。不然，我永远也不会有撰写本书的念头。因此，我要感谢莉迪娅·卡瓦略·扎萨（Lydia Cavallo Zasa）和埃里克·吉利兰（Eric Gilliland），抱歉我至今未能卖出一部剧或一部电影剧本，也未能在好莱坞推出任何有意义的作品，但我希望本书的出版能让你们感到欣慰，不觉得花在我身上的钱打水漂了。感谢和我一起出国的另外三位编剧伙伴——梅格·法夫罗（Meg Favreau）、凯特琳·丰塔纳（Kaitlin Fontana）和贾伊·贾米森（Jai Jamison），我们之间的短信联系是我一生中最频繁的了。除此之外，你们都非常有趣、天资聪慧，无条件地支持我，而且都是很棒的人。

感谢让·约翰逊（Jenn Johnson），他是我见过的最有能力的人。感谢埃玛·惠特福德（Emma Whitford）这位王牌记者，当我在研究遇到困难时，帮助我解决许多难题。感谢布鲁克林中央图书馆的史蒂维（Stevie）和马丁咖啡馆的珍（Jen），我之前并不认识他们，但在我撰写本书的时候，他们总是十分友好，笑嘻嘻的，我每次需要咖啡的时候，珍都会给我马上送达。

最后，我在新冠肺炎疫情期间编辑、撰写了本书，并完成最后的修改和定稿。我看到繁华的纽约都市里，好多陌生人聚集在一起，那个样子我永远不会忘记，同时人与人之间也彼此保持安全距离。美国对这场危机的应对措施不能再糟糕了，但纽约对我来说是一个灵感来源。我永远不会忘记，所有纽约人在情况最糟糕的时候，探出窗外，一起敲打锅碗瓢盆，高唱"纽约，纽约"。我永远不会忘记，人们走在街上的时候，向陌生人打招呼，问他们是否还好。人们坚强勇敢，又温柔细腻，简直太棒了。因此，致谢伟大的纽约市，感恩生活在其中的每一个人，致敬在那段难熬的日子里离开的人。谢谢你们，爱你们。本书也是献给你们的。

关于资料来源的说明

　　《陌生人的力量》这本书，是我阅读了数十本书、看遍了一个图书馆的研究后才写出来的。为了节省纸张，也为了避免读者在阅读本书的过程中觉得书过于笨重，我便不在这里添加尾注了。如果有人想查看来源的话，可以参考 joekeohane.net/strangersnotes 网站上的信息。我在那里详细列出了本书的参考书目，包括本书引用的每一部作品，以及许多我无法放到书里的东西，因为我想把本书控制在 8 000 页以内。对任何有兴趣深入挖掘本书所述主题的人来说，网站上有很多东西可以帮助你入门。

　　现在，去和陌生人讲话吧。

关于作者

　　乔·基奥恩是一名资深记者，曾在《媒体》《时尚先生》《企业家》《半球》担任高级编辑职务。他的作品覆盖了政治、旅行、社会科学、商业和技术等领域，已经刊登在《纽约杂志》《波士顿环球报》《纽约客》《连线》《波士顿杂志》《新共和》等期刊上，好几本教科书上也有他的文章。他热衷于收藏富有年代感的唱片，偶尔还会当一名音乐家。他在编剧方面很优秀，2017 年得到编剧协会的资助，当时他制作的电视喜剧片试播了，但是可惜还未制作完成。